1290

ŒUVRES COMPLÈTES
(THÉATRE ET POÉSIES)
DE
ROBERT GARNIER

ROBERT GARNIER

ŒUVRES COMPLÈTES
(THÉATRE ET POESIES)
DE
ROBERT GARNIER

AVEC

NOTICE ET NOTES

PAR

Lucien PINVERT

—

TOME PREMIER

PARIS
LIBRAIRIE GARNIER FRÈRES
6, RUE DES SAINTS-PÈRES, 6
1923

NOTICE
SUR
ROBERT GARNIER

Il y avait au Mans, dans le dernier tiers du XVIe siècle, un magistrat lettré qui partageait son temps entre les devoirs de sa charge et de studieux loisirs. En moins de quinze ans, il écrivit et publia huit tragédies en vers français, presque toutes inspirées de l'antiquité grecque ou romaine. Or il se trouve que ce passe-temps d'humaniste a doté la langue d'ouvrages tout à fait intéressants et fait faire à la scène un progrès dont il est impossible de ne pas tenir compte quand on étudie les destinées de notre théâtre national.

I

Robert Garnier naquit à La Ferté-Bernard, dans le Maine (aujourd'hui arrondissement de Mamers), en 1544 [1].

---

[1] La date de 1534, donnée par divers biographes, est une erreur qui vient des *Elogia* de Scévole de Sainte-Marthe. Voir sur ce point H. Chardon, *Robert Garnier, sa Vie, ses Poésies inédites...*, Paris-Le Mans, 1905, pp. 5-8. — Malgré un certain nombre d'inexactitudes (relevées par M. Paul Laumonier, *Revue critique*, 5 février 1906 : on pourrait en signaler d'autres), cet ouvrage est utile pour la biographie de Garnier, principalement en raison de la recherche locale sur la vie de Garnier au Mans. — Un ouvrage antérieur, S. Bernage, *Étude sur Robert Garnier*, Paris (1881), thèse de doctorat ès lettres, ne s'était intéressé qu'aux œuvres, considérées surtout dans leurs sources, sans s'occuper de la biographie.

On est peu renseigné sur sa vie en général ([1]), sur sa jeunesse en particulier. On ne sait ni où il étudia les humanités, ni pourquoi c'est à Toulouse qu'il étudia le droit, ni à quelle époque il arriva en cette ville. Ce fut certainement avant 1562, puisqu'il y fit amitié avec un jeune conseiller au Parlement, Gui du Faur de Pibrac, le futur auteur des *Quatrains*, qui, à cette date, quitta Toulouse pour se rendre, comme ambassadeur de Charles IX, au concile de Trente.

Toulouse était déjà une grande cité, où la vie universitaire, la vie parlementaire, la vie municipale étaient intenses. Le malheur des temps ne l'avait pas épargnée. La Réforme, introduite par des étudiants étrangers, y avait fait des progrès. Le Parlement résista; des bûchers rougirent de leurs lueurs les façades de la place du Salin. En mai 1562, catholiques et huguenots se battirent dans la ville, dont une partie fut détruite. De telles convulsions, au XVIe siècle, n'arrêtaient pas les travaux de l'esprit. Jamais l'étude du droit, du droit romain surtout, puisque nous sommes en pays de droit écrit, ne cessa d'être en honneur dans la patrie de Du Ferrier, de Coras, de Cujas. La poésie non plus. En 1563, les troubles empêchèrent les célèbres et très orthodoxes Jeux Floraux. Ils reprirent l'année suivante. On donnait en ce temps un premier prix, appelé l'Églantine, et deux seconds prix, appelés la Violette et le Souci. Le 3 mai 1564, l'écolier qui obtenait la Violette était Robert Garnier.

([1]) Le précieux manuscrit de Guillaume Colletet, *Les Vies des Poëtes françois*, qui a péri dans l'incendie de la Bibliothèque du Louvre en mai 1871, comprenait une Vie de Garnier. Dans une *Contribution à un essai de restitution du manuscrit de G. Colletet (Revue d'Histoire littéraire de la France*, 1895, p. 74), M. Paul Bonnefon a indiqué cette Vie de Garnier comme étant de celles dont il subsisterait une copie. Je n'ai pas pu la découvrir.

Un de ses concurrents malheureux était Guillaume Salluste, seigneur du Bartas.

Du Bellay, dans sa *Deffence et Illustration*, n'avait eu que du dédain pour les Jeux Floraux, auxquels il reprochait d'encourager des formes surannées de poésie, des « espiceries ». Ils allaient pourtant, en 1554, décerner une récompense exceptionnelle à Ronsard. Mais, en dépit de cet acte de clairvoyance et de cette accession d'un jour aux tendances novatrices, il retardait, le « Collège du gay sçavoir ». Nous avons le poème de Garnier : *Chant royal allégorique des troubles passés de la France* [1]. C'est une ballade, sur un rythme imposé, avec refrain et envoi, produit parfait d'une poétique agonisante. En termes amphigouriques, l'auteur se réjouit de la fin des tempêtes. La mer (c'est le refrain) « n'est pas toujours boillonante en oraige ». C'était se réjouir bien tôt : la paix d'Amboise, hélas ! n'était pas la fin des tempêtes.

Au début de 1565, la reine-mère et le jeune roi Charles IX faisaient un grand voyage dans le Midi. Le 2 février, ils arrivaient à Toulouse. Entrée solennelle, grande liesse. Aux portiques, des inscriptions, dont quelques-unes, que nous avons, étaient de Garnier [2]; aux carrefours, des poètes appostés, leurs feuillets à la main. Garnier devait lire au roi deux églogues, que nous n'avons pas, et trois sonnets, que nous avons [3]. Il y comparait l'allégresse que répandait le seul aspect du souverain au rayonnement bienfaisant du soleil,

quand joyeux il retourne
Sur le printens verdi pour nous souffler le chaud.

---

[1] Publié pour la première fois par Chardon, *op. cit.*, p. 22. Voir ci-après, Poésies diverses, I.

[2] Chardon, pp. 27-28. Voir ci-après, Poésies diverses, II.

[3] Publiés pour la première fois par Chardon, pp. 28-30. Voir ci-après, Poésies diverses, III.

Malheureusement, il faisait tellement froid qu'il fallut abréger et que les poètes durent se contenter de remettre leurs manuscrits à Sa Majesté.

A en croire Garnier, il aurait fait exception et le roi n'aurait pas échappé à une de ses églogues. En effet, il publia peu après un recueil de poésies, parmi lesquelles des vers que lui avait inspirés son amour pour une jeune Toulousaine, et le tout portait ce titre : *Plaintes Amoureuses de R. Garnier, Manceau, contenant Élégies, Sonnets, Épîtres, Chansons. Plus deux Églogues, la première apprêtée pour réciter devant le Roi, et la seconde récitée en la ville de Tholose devant la majesté du Roi ; imprimées à Tholose, in-4º, par Jaques Colomiez*, 1565. Je transcris ce titre d'après Du Verdier. Aucun autre biographe n'a parlé des *Plaintes amoureuses*, et les bibliophiles ont cherché vainement ce recueil, qui paraît perdu sans espoir.

Nous ne saurions donc rien de cet amour de jeunesse, si, plus tard, le poète lui-même n'avait laissé échapper quelques renseignements assez vagues sur ce sujet. Dans une Élégie à Nicolas de Ronsard, écrite en 1573 [1], il se rappelle son idole de jadis, à laquelle il donne le nom d'Agnette, nom, bien entendu, conventionnel, suivant l'usage du temps :

> Rien ne sonnoit qu'Agnette; Agnette estoit à l'heure
> Le nom de ma maistresse...

et il se rappelle les pleurs qu'il versait pour elle et qui alimentaient le fleuve languedocien. Je n'invente pas :

> Je souspiray pour elle, et renflay de mes larmes
> Tes roides flots, Garomne...

Agnette ne le regardait pas d'un mauvais œil, mais son père disposa d'elle autrement :

---

[1] Voir ci-après, pp. x-xi.

> Enfin, voyant ma vie, à son regret, donnée
> Par un rigoureux père au pouvoir d'un mary,
> Je laissai ma liesse au jaloux Hyménée
> Et triste abandonnay ce rivage chéry.

Pas tout de suite. Dans ces rapides souvenirs de ses jeunes années, Garnier fait bon marché d'un de ses succès poétiques. En 1566, il concourait de nouveau aux Jeux Floraux, et, le 5 mai, y obtenait cette fois la plus haute récompense, l'Églantine. Nous avons sa pièce de vers [1]. C'est encore une ballade : *Chant royal en allégorie*. C'est un éloge du roi, « l'Hercule qui dompta les monstres de son aige », autrement dit « les hommes factieux ». L'allégorie est assez claire et nous confirme dans ce que nous savions déjà des opinions et tendances politiques de Garnier.

II

En 1567, il est à Paris, avocat au Parlement. Il y retrouvait Pibrac, que L'Hospital avait, en 1565, nommé Avocat général. De sa carrière au barreau, qui durera trois ans, nous ne savons rien, sinon qu'il mit bien ce temps à profit pour la poésie.

Dès 1567, il publiait un assez long poème, *Hymne de la Monarchye, A Guy du Faur de Pibrac, Advocat du Roy au Parlement de Paris* [2], *par R. Garnier Fertenoys* [3]. Notons cet hommage à Pibrac. A la fin, un sonnet, madrigal ampoulé, à Madame de Pibrac [4].

L'Hymne de la Monarchye est un manifeste royaliste et catholique [5], et comme une réfutation anticipée du

---
[1] Publiée pour la première fois par Chardon, p. 33. Voir ci-après, Poésies diverses, IV.
[2] Voir ci-après, Poésies diverses, V.
[3] C'est-à-dire né à La Ferté-Bernard, au Maine. On dit aujourd'hui Fertois.
[4] Voir ci-après, Poésies diverses, VI.
[5] Cf. Vauquelin de la Fresnaye, *Pour la Monarchie de ce Royaume, contre la Division*, Paris, 1563.

Contre Un, qui allait être le manifeste de certains protestants. La monarchie est le meilleur des gouvernements, meilleur que la démocratie, meilleur que l'oligarchie.

Mais les tyrans? — Garnier répond : il n'y a pas de tyrannie que des souverains et la tyrannie d'un seul vaut mieux que celle de plusieurs :

> Les horreurs et les immanités
> Que les Tyrans félons trament en leurs cités,
> N'entachent plus souvent les Empereurs uniques
> Que ces beaux magistrats qui sont aux Républiques.

N'ayons qu'un maître, et ne nous laissons pas leurrer par le mot de liberté :

> Nommez-vous liberté licence au populaire
> De faire uniquement tout ce qu'il voudra faire?...
> Et bien que sous un Prince il y eust du servaige,
> Le règne de plusieurs en couve davantaige.

Pour la forme, ce n'est pas l'âpreté hautaine, l'éloquence des grands discours politiques que Ronsard avait fait entendre à la France. Pour le fond, c'en est très voisin, et il se peut que la communauté de sentiments sur ces graves sujets ait été ce qui a rapproché les deux poètes. Car on ne sait pas quand a commencé leur liaison. On a dit : lors de l'entrée de Charles IX à Toulouse, Ronsard ayant fait partie du cortège royal. Mais il est établi que Ronsard, qui partit avec la cour, ne la suivit pas jusqu'à Toulouse [1]. — En cette même année 1567, Garnier adressait à Ronsard un sonnet relatif à ses *Amours* [2], dans lequel il le saluait comme l'introducteur en France de la poésie sentimentale.

---

[1] P. Laumonier, *La Vie de P. de Ronsard de Claude Binet*, éd. critique, Paris, 1910, p. 157.
[2] Ce sonnet de 1567 ne fut publié que dans l'édition collective des Œuvres de Ronsard de 1584. Voir Ronsard, éd. Marty-Lavaux, revue et mise au point par P. Laumonier, Paris, 1914-1919, t. VII, p. 282. — Voir ci-après, Poésies diverses, VII.

L'année suivante, Robert Estienne mettait en vente un petit volume qui portait ce titre explicatif : *Porcie, Tragédie françoise, représentant la cruelle et sanglante saison des guerres civiles de Rome : propre et convenable pour y voir dépeincte la calamité de ce temps. Par R. Garnier...* L'ouvrage est dédié (au titre, sans dédicace proprement dite) à Étienne Potier, seigneur de la Terrasse, maître des requêtes. Ce personnage est un Toulousain. En tête, trois sonnets liminaires de Ronsard, de Belleau, de Baïf. C'est l'aube de la gloire. Chose amusante, Ronsard voit dans Garnier un tard-venu, de talent certes, mais dramaturge d'arrière-garde :

> Sur Hélicon tu grimpes *des derniers*,
> Mais tels derniers sont souvent les premiers
> En ce bel art, où la gloire est commune (¹).

Pour Ronsard, la tragédie française avait dit son premier mot avec Jodelle, son dernier mot avec Grévin. C'est ainsi que les chefs d'école jugent de leur époque.

Porcie, c'est la fille de Caton d'Utique, l'épouse de M. Brutus, la femme forte dans le secret et dans la mort, qui ne trahit pas les conjurés de 44 et dont le bizarre suicide fut un épilogue de la défaite de 42. Shakespeare lui a donné un rôle important dans son *Jules César*. Pour sa *Porcie*, Garnier a lu Plutarque (²), Dion Cassius (³), Appien (⁴). C'est un travail d'humaniste. C'est aussi un écrit de circonstance. On saisit comment l'idée lui en est venue. Spectateur affligé de discordes et de violences, il a cherché dans l'antiquité un temps de violences et de discordes : il ne pouvait pas mieux trouver que le temps

---

(1) Ronsard, éd. citée, t. VI, p. 423.
(2) Vies de Cicéron, de Brutus et d'Antoine.
(3) Livre XLVII.
(4) Livres IV et V.

de Philippes. La tragédie est une longue allusion. On lui a beaucoup reproché, — trop peut-être, — de manquer d'action. Le tort de l'auteur a été de lui donner le nom de tragédie : on n'avait pas le choix alors pour les appellations. Elle se propose de peindre une époque par des discours. De nos jours, on a vu des pièces historiques se donner pour tâche de faire connaître une époque par des tableaux : la différence n'est pas si grande. Le poète royaliste a pris comme centre de sa composition et pour l'exalter une figure républicaine. Y a-t-il là de quoi nous embarrasser ? Nullement. L'admiration pour les derniers tenants de la liberté romaine, plus généralement la détestation des tyrans, étaient au XVIe siècle un lieu commun d'école auquel les érudits sacrifiaient « par manière d'exercitation seulement », comme dit Montaigne à propos de la *Servitude volontaire*, et sans que leur loyalisme pût en être suspecté. Ce lieu commun s'offrait tout naturellement à notre poète pour sa tragédie.

Une tragédie, et, comme il écrivait fièrement, une « tragédie française ! » Garnier à vingt-quatre ans avait trouvé sa vocation, sa véritable voie. Tout à l'heure, nous l'entendrons remercier celui qui l'y avait poussé, à qui il a de ce chef tant d'obligation, à qui nous en avons tant nous-mêmes, M. de Pibrac.

III

Garnier était encore à Paris au commencement de 1569. Nous en avons la preuve dans deux opuscules très rares, deux *Tombeaux*, auxquels, selon la mode du temps, ont collaboré les poètes en vogue. Ils contiennent chacun un sonnet de Garnier ([1]). C'est le *Tombeau* d'Élisabeth de

---

([1]) Voir ci-après, Poésies diverses, VIII et IX.

France, reine d'Espagne ([1]) et celui de Jacques de la Châtre, seigneur de Scillac ([2]).

La fille aînée de Henri II, devenue reine d'Espagne en vertu du traité de Cateau-Cambrésis et dont Grévin avait chanté les noces ([3]), était décédée le 3 octobre 1568, prématurément, à vingt-trois ans, mais non tragiquement, comme l'a voulu une légende qui n'a plus aujourd'hui comme caution qu'un drame de Schiller et le livret d'un opéra de Verdi. Cette légende, des contemporains y ont cru. Garnier y a-t-il cru? En aurait-il pris l'idée de sa prochaine tragédie, *Hippolyte?* Elisabeth était-elle à ses yeux une Phèdre chrétienne?... Il faut en ces matières se garder de conjectures trop hardies.

La Châtre, pleuré aussi de Ronsard ([4]) et d'un porte-lyre fort oublié, Louis d'Orléans ([5]), était capitaine des gardes du duc d'Anjou (plus tard Henri III). Il avait été tué à Messignac l'année précédente ([6]).

Bientôt, Garnier quittait le barreau et la capitale. Il devenait conseiller au présidial du Mans. Il fut installé le 12 mai 1569 ([7]).

Les présidiaux étaient des tribunaux qui connaissaient sans appel des demandes d'un chiffre peu élevé. L'ordonnance de Moulins (1566), en diminuant leur nombre, venait d'augmenter l'importance de ceux qui subsistaient. Cette judicature occupa Garnier en des années qui, malgré la

---

[1] *Tumbeau de treshaulte, trespuissante et trescatholique princesse Madame Elisabeth de France, Royne d'Espagne...*, Paris, 1569. Bibliothèque nationale, Réserve, Ye. 442.
[2] *Sillacii Castraei... Tumulus...* — *Le Tumbeau du seigneur de la Chastre, dict de Sillac...* Paris, 1569. Bibliothèque nationale, Réserve, Ye. 440.
[3] J. Grévin, éd. Garnier, pp. 185-188.
[4] Ronsard, éd. citée, t. V, pp. 287-290 et VII, p. 516.
[5] Brunet, *Manuel du Libraire*, t. II, p. 822, col. 2.
[6] Le P. Anselme, *Histoire généalogique*, t. VII, p. 370 A.
[7] Chardon, p. 51.

quiétude relative du Maine, y furent cependant comme partout un temps d'alarmes et d'angoisses. L'art dramatique n'y perdit rien : en 1573, paraissait *Hippolyte*.

L'auteur dédiait sa tragédie, « à Messeigneurs de Rambouillet ». C'était le nom d'une famille très brillante. Charles d'Angennes, cardinal de Rambouillet, un des protecteurs ecclésiastiques de Ronsard et de Baïf, était évêque du Mans. Son frère Claude était son vicaire général. Un autre frère, Nicolas, était sénéchal du Maine. Parmi les liminaires, sonnet de Ronsard :

> Il me souvient, Garnier, que je prestay la main
> Quand ta Muse accoucha ([1])...

et sonnet d'un poète du cru, Nicolas de Ronsard. Ce nom étonne. Ronsard n'a jamais reconnu cet homonyme pour un parent. Bien lui en a pris. C'était, dit La Croix du Maine ([2]), un gentilhomme et un poète. Soit, mais un poète qui n'a rien laissé et un gentilhomme qui devait finir bien mal. Nous aurons à reparler de lui.

Hippolyte, c'est le fils de l'Amazone, le chaste « fillâtre » qui repousse un amour criminel, la victime innocente des fureurs de Phèdre et de l'aveuglement de Thésée. Ce sera la donnée même de la tragédie de Racine. Seulement, Garnier s'est inspiré non du chef-d'œuvre d'Euripide, mais de l'*Hippolyte* de Sénèque, qu'il suit pas à pas. Bien entendu, nous lirons la tragédie de Garnier sans penser à celle de Racine; encore est-il bien flatteur pour celui-là que celui-ci n'ait pas dédaigné de lui faire un certain nombre d'emprunts.

A la suite d'*Hippolyte*, on trouve une *Élégie* de Garnier

---

[1] Ronsard, éd. citée, t. VI, p. 434.
[2] Vº Nicolas de Ronsard.

à Nicolas de Ronsard, seigneur de Roches, du Vivier, etc.([1]).
Elle a pour nous un double intérêt. C'est là, nous l'avons dit, que le poète nous parle de son amour de jeunesse pour l'inconnue Agnette, et, en même temps, il nous y fait la confidence d'une nouvelle et plus durable passion :

> Le dieu porte-sagettes
> Le petit Cyprinet s'est relogé dans moy...

Il est très épris. Comme tous les poètes du temps, il note la minute et le décor de l'apparition qui allait changer sa vie. C'est l'année précédente, au coucher du soleil :

> Jà la lune refait son onzième voyage...
> Ce fut un soir, alors que la charrette claire
> Du soleil redévale aux ondes d'occident...

Il chante son *Ut vidi, ut perii :*

> Si tost que je l'eu veue, aussi tost une flame
> Descendue en mes os me parcourut soudain...

Nous attendions tout cela, et une devise encore. La voici, où le magistrat se retrouve : *Nec prece, nec precio*, et le poète est en règle avec toutes les bienséances du genre. Pour finir, il a exhalé ce souhait :

> Permette Amour, mon maistre, et les Grâces pucelles
> Que je l'ayme tousjours et qu'elle m'ayme aussi.

C'est ce qui eut lieu. Garnier devait trouver le bonheur dans l'union qu'il contracta, à la fin de 1573 ([2]), avec Françoise Hubert, de Nogent-le-Rotrou.

Nous savons par La Croix du Maine que Garnier avait composé en son honneur « plusieurs fort beaux et très doctes sonnets », où il la célébrait sous le nom de Martie. Il ne les publia pas. Elle fit, elle aussi, des vers. Elle ne

---

(1) Voir ci-après, Poésies diverses, X.
(2) Chardon, p. 84.

les publia pas. Déplorons cet assaut de modestie. La Croix du Maine écrivait d'elle en 1584 [1] : « Cette Dame mérite d'avoir rang entre les plus excellentes, tant pour son éloquence et sçavoir que pour être assez bien versée en notre poésie françoise. Le respect et l'amitié que je lui porte, et à ceux auxquels elle appartient, m'empêche d'en dire ici davantage, pour éviter le soupçon d'un ami trop affectionné. » Donnons acte à La Croix du Maine de la pureté de ses sentiments et concluons que Françoise Hubert était digne d'être l'épouse de Robert Garnier.

IV

Dans son *Élégie à Nicolas de Ronsard*, Garnier faisait allusion à une tragédie en préparation, *Cornélie*. Elle parut tout au début de 1574. Elle est dédiée à Nicolas de Rambouillet, qui tenait en Pologne « en l'absence de Sa Majesté, ranc et grade de Roy ». Le sénéchal y avait devancé le duc d'Anjou, qui y arriva en février.

Parmi les liminaires, un sonnet de Ronsard [2], qui s'amuse à employer le style judiciaire, et un quatrain signé Françoise Hubert.

Cornélie, c'est la fille de Métellus Scipion, la veuve en premières noces de P. Licinius Crassus, fils du triumvir, et tout récemment, quand s'ouvre la tragédie, la veuve de Pompée. Voilà encore une héroïne républicaine. Elle se lamente sur la mort de son époux, elle se lamente sur les périls auxquels est exposé son père en Afrique, et on lui apporte les cendres du premier, et on lui apprend, on lui raconte la mort du second après sa défaite à Thapsus.

---

[1] Vº Françoise Hubert.
[2] Ronsard, éd. citée, t. VI, p. 434.

C'est encore du Plutarque ([1]), de l'Appien ([2]) et du Dion Cassius ([3]) en vers, et aussi du Lucain ([4]), car c'est Lucain qui a immortalisé Cornélie. Et enfin, c'est encore une pièce sans action. Un monologue de Cicéron, sorte de conférence historique, forme à lui seul le premier acte. On entend ensuite Cassius et Brutus, César et Antoine. La pièce pourrait porter comme sous-titre : les idées politiques de la société romaine en 46. Mais tous ces discours et tous ces récits sont d'un ton qu'on n'était pas habitué à entendre sur notre scène. Le caractère de Cornélie, le caractère bien autrement complexe de César ressortent de leurs monologues ou entretiens avec un relief qui vaut l'action, au moins pour l'intelligence historique. *Cornélie* est l'œuvre d'un poète qui avait compris la grandeur romaine. Shakespeare s'en est souvenu. Corneille s'en est largement inspiré pour sa *Mort de Pompée*. Les deux tragédies présentent des différences : Corneille place la scène à Alexandrie et non à Rome et laisse de côté toute la deuxième partie de *Cornélie*. Elles offrent aussi de curieuses similitudes. Il en est qui n'ont pas échappé à Voltaire dans son *Commentaire sur Corneille*, et il en est d'autres.

C'était la dernière fois que Garnier prenait au titre d'un de ses ouvrages la qualité de conseiller au présidial. En mai, le roi le faisait lieutenant criminel ([5]), c'est-à-dire chef de toute la justice répressive du Maine. Les lettres de provision contiennent une expression qui ne devait

---

[1] Vies de Pompée, de César, de Caton.
[2] Livre V.
[3] Livre XLIII.
[4] Livres VIII et IX.
[5] Chardon, pp. 53-58. La prestation de serment de Garnier au Parlement est du 14 avril. On lui contesta le droit de s'appeler lieutenant *général* criminel, qualité qu'il prit cependant au titre de ses ouvrages.

pas être « de style », comme on dit en procédure : elles sont données « à plaine confiance des sens, suffisance, *littérature*, loyauté, preuves, expérience au fait de judicature et bonne diligence de la personne ».

Le 30 mai 1574, Charles IX mourait. Un tel événement exigeait un *Tombeau* (1), et il fallait des noms. Quels sont les collaborateurs? Ronsard, Amadis Jamyn et Garnier, dont la part est de deux sonnets (2). Il s'écriait :

> Ce creux tombeau cache un riche thrésor :
> Celuy qu'il serre enclos est un nepveu d'Hector...

flatterie à la fois pour la mémoire du souverain qui l'avait pourvu et pour Ronsard lui-même. L'auteur de la *Franciade* devait goûter ce rappel de la généalogie mythologique qu'il avait forgée pour le défunt roi.

Des fonctions absorbantes, compliquées par ces éternels conflits de préséance et d'attributions dans lesquels se débattaient tous les magistrats provinciaux, telle fut la tâche de Garnier au temps de la cinquième guerre de religion, à l'aurore et pendant les débuts de la Ligue. En septembre 1576, il prit part à la réunion des trois ordres pour nommer des députés aux États généraux. Il ne fut pas choisi. C'est peut-être dommage. Qui sait s'il n'eût pas joué un rôle à Blois? Je cite encore La Croix du Maine : « Je dirai de luy ce que peut-être tous n'ont pas connu aussi bien que moi, c'est que outre la perfection qu'il a de composer en toutes sortes de vers, il a encore ce rare et excellent don d'orateur, qui est une chose fort peu commune, de voir un bon poète et excellent orateur tout ensemble; mais il a tellement les deux

---

(1) *Le Tombeau de feu Roy... Charles IX... par Pierre de Ronsard... et autres excellents Poëtes de ce temps.* Paris (1574).
(2) Voir ci-après, Poésies diverses, XI.

perfections jointes en un, qu'il est mal aisé de discerner auquel genre d'écrire il excelle le plus... »

V

Au Mans, dans les heures dérobées aux affaires, ou près de la Ferté-Bernard, sous les ombrages de sa retraite, la Papillonière (1), Garnier a continué ou a repris après une courte interruption le culte des Muses : en trois années, de 1578 à 1580, il va donner trois tragédies.

En 1578, c'est *Marc-Antoine*. L'auteur prend au titre la qualité de « Conseiller du Roy et de Monseigneur, frère unique de Sa Majesté ». (Il s'agit du quatrième fils de Henri II, François, duc d'Angoulême, puis d'Anjou.) Ce sont là des dignités purement honorifiques. Nous savons par La Croix du Maine que le roi aurait désiré attacher Garnier à sa personne, mais que le poète n'avait pas voulu aliéner sa liberté.

Marc-Antoine est dédié « à Monseigneur de Pibrac, Conseiller du Roy en son privé Conseil et président en sa Cour de Parlement ». Pendant que son ami repoussait la faveur royale, Pibrac n'avait cessé de grandir. Après avoir accompagné le duc d'Anjou en Pologne, il y était retourné pour négocier afin de conserver au nouveau roi de France le titre de roi de Pologne. Henri II tenait à la possession nominale d'une couronne dont il avait fait si peu de cas en réalité. A son retour, en 1577, Pibrac était investi d'une charge de président à mortier au Parlement (nous dirions aujourd'hui président de chambre à la Cour d'appel). Garnier le félicite de ses nouvelles

---

(1) Chardon, p. 115.

fonctions; il fait allusion au talent poétique de Pibrac (la première édition des *Quatrains* avait paru en 1574) et à leur vieille amitié : « A qui doy-je plus justement présenter de mes poëmes qu'à vous, Monseigneur, qui les avez le premier de tous favorisez, leur donnant hardiesse de sortir en public?... Les autres ouvrages qui viennent après se hasteront de voir le jour pour marcher en toute hardiesse sur le théâtre françois, que vous m'avez jadis fait animer au bord de vostre Garomne. » Nous voilà bien fixés sur la genèse d'une vocation, question toujours si intéressante.

Parmi les liminaires, un quatrain de Françoise Hubert.

Marc-Antoine, pour lequel l'auteur se déclare redevable de Plutarque et de Dion Cassius, est encore « une représentation tragique des guerres civiles de Rome », sujet qui obsédait Garnier. Son drame est comme un trait d'union entre Jodelle et Shakespeare, moins simple et moins naïf que *Cléopâtre*, moins complexe que *Antony and Cleopatra*, au reste d'un mérite soutenu, d'une conduite adroite, d'une psychologie très déliée pour l'époque, « la première pièce vraiment recommandable de Robert Garnier ». (Faguet.)

La Troade parut en 1579. Elle est dédiée « à Révérend Père en Dieu Messire Regnaud de Beaune, évesque de Mende... et chancelier de Monseigneur, frère de Sa Majesté ». Petit-fils de l'infortuné Samblançay, Renaud de Beaune sera plus tard archevêque de Bourges et jouera un rôle important dans l'abjuration de Henri IV. Garnier l'appelle « un personnage accompli de toutes espèces de littérature ». Ses contemporains vantaient son éloquence. Après cette dédicace vient un sonnet de Ronsard [1],

---

[1] Ronsard, éd. citée, t. VI, p. 434.

qui place Garnier au-dessus d'Eschyle, « singulière illusion de l'amitié et d'une sorte de patriotisme littéraire », s'écrie le commentateur le plus autorisé d'Eschyle [1].

Si encore Ronsard avait parlé d'Euripide ! Garnier s'est servi ici d'Euripide *(Les Troyennes, Hécube)* et de Sénèque *(Les Troyennes)*. C'est le tableau tragique de tous les malheurs qui ont suivi la chute de Troie : enlèvement de Cassandre à sa mère, enlèvement et mort d'Astyanax, enlèvement et mort de Polyxène, meurtre de Polydore, châtiment de Polymestor. Et toutes ces tueries servaient à l'auteur à déplorer d'autres tueries, que les contemporains connaissaient bien. Il le dit lui-même, en des termes qui rappellent la thèse pseudo-historique de Ronsard : « Les passions de tels sujets nous sont jà si ordinaires, que les exemples anciens nous devront doresnavant servir de consolation en nos particuliers et domestiques encombres : voyant nos ancestres Troyens avoir... souffert jadis toutes extrêmes calamitez, et que toutefois du reste de si misérables et dernières ruines s'est peu bastir, après le décès de l'orgueilleux Empire romain, ceste très florissante monarchie. » Cependant l'allusion aux guerres civiles est ici beaucoup plus générale et plus vague. L'auteur a cherché à introduire sur la scène française un des chefs-d'œuvre du théâtre grec. C'est la première tentative de ce genre : notons-le. Et il y a progrès dans l'exécution comme dans l'inspiration. Si la pièce est trop surchargée d'épisodes, le style a gagné en pureté, en noblesse, en énergie.

En cette année 1579, le 12 mars, il naissait à Garnier un premier enfant, une fille : Diane [2].

---

[1] Patin, *Études sur les Tragiques grecs*, Paris, 1879, t. I, p. 419.
[2] Chardon, p. 85.

VI

En 1580, Garnier réunissait ses tragédies dans un recueil collectif, qui contenait en outre une tragédie nouvelle, *Antigone ou la Piété*. Pas de poésies liminaires d'amis : Ronsard maintenant se taira, j'ignore pourquoi. Une épître dédicatoire présente l'œuvre à Barnabé Brisson, qui, après avoir succédé à Pibrac comme avocat général, venait d'acheter une charge de président à mortier au Parlement. Éloge dithyrambique de ce personnage : « Qui est le François chez lequel n'ait pénétré la célébrité de vostre nom? qui n'ait l'oreille repue et traversée du son de vos louanges?... » Les Seize, un jour, ne partageront pas cet enthousiasme quand ils pendront le président Brisson.

Mort d'Etéocle et de Polynice, mort de Jocaste, amours d'Antigone et d'Hémon, ensevelissement de Polynice par Antigone, mort d'Antigone, mort d'Hémon, nous sommes en pleine histoire des Labdacides. Le titre pourrait être : la famille d'Œdipe. L'auteur se mesure avec Sophocle, avec Sénèque, avec Stace : c'est une mosaïque, et c'est une pièce où l'excès des emprunts et l'habileté même de leur agencement nuit à cette unité dramatique sans laquelle l'intérêt languit et l'admiration hésite. Dans le détail, c'est une œuvre d'un grand mérite, « qui renferme, dit Faguet, plus de beaux morceaux qu'aucune de celles de Garnier ». Ne manquons pas d'y saluer un vers qui se retrouvera dans *Cinna* ([1]) :

> Encore dégouttant du meurtre de son père,

([1]) Acte I, sc. 3.

et de remarquer que l'auteur y a fait un pas de plus dans la voie du culte désintéressé de la scène. Nous avons avec *Antigone* le pur souci d'édifier une œuvre d'art. Plus d'allusions aux événements contemporains. Le temps n'est plus où la tragédie servait à Garnier comme d'une chronique qui recevait la confidence voilée de ses opinions, de ses doléances, peut-être même (je pense à *Hippolyte*) de ses soupçons. Quelques mots sur les misères qui adviennent au peuple du fait des rois ne sont qu'une paraphrase banale du *Quidquid delirant reges*...

> Cependant le peuple en endure;
> C'est lui qui porte tout le faix;
> Car encor qu'il n'en puisse mais,
> Il leur sert tousjours de pasture.

Ces amplifications d'école gênaient si peu l'auteur que, donnant deux ans après un nouveau recueil collectif de ses tragédies, il en faisait hommage cette fois « au Roy de France et de Polongne ». Je l'ai dit : Henri III s'était pris d'affection pour ce dernier titre depuis qu'il n'obligeait plus à la résidence. Dédicace en prose. Le poète souhaite au roi longue vie et postérité, deux vœux qui ne devaient s'accomplir ni l'un ni l'autre. Dédicace en vers :

> Les Rois, enfans du Ciel, sont de Dieu les images...

Contre-partie courtoise au *Quidquid delirant*. Il y a de bons despotes. Henri de France est bon, il « abhorre les cruautez ». Il est beau de visage et de corps. Il est éloquent, sa « voix sucrée » est un charme. Il est brave; les « champs poitevins » en savent quelque chose (allusion à Jarnac et à Moncontour). Les « Sarmates » ne se sont pas consolés de le perdre, les Français ne se lasseront pas de le posséder : il vivra cent ans. Une telle flatterie ne reste pas beaucoup en deçà de la platitude.

Comme le recueil de 1580, ce recueil de 1582 contient une œuvre nouvelle, qui est placée en tête : *Bradamante*, « tragecomédie ». Remarquons ce mot encore peu usité et qui n'a même pas pris sa forme définitive : le mot et la chose sont dans leur nouveauté. Leur apparition ne doit pas nous laisser indifférents. Le genre va se développer avec succès. Parallèlement, un autre genre fera tapage : le ballet. Au siècle suivant, le ballet deviendra littéraire, la tragi-comédie deviendra musicale, et de la fusion des deux genres naîtra l'opéra.

Bradamante est une tragi-comédie parce que le sujet en est moderne, parce qu'il s'y trouve des scènes gaies, parce que le dénouement en est heureux, parce qu'elle ne possède pas de chœurs : elle ne saurait avec tout cela prétendre à la dignité des pièces inspirées du théâtre antique. L'auteur la présente à M. de Cheverny, chancelier de France, qui venait d'être élevé à cette fonction après avoir été successivement, sous le règne précédent, conseiller-clerc au Parlement et chancelier du duc d'Anjou. Par sa mère, il tenait à la famille de Beaune. C'était aussi un ami de Ronsard, qui le célèbre pompeusement dans le *Bocage Royal* [1].

Garnier, nous le verrons plus loin, était lié avec Desportes. J'imagine que c'est Desportes, grand admirateur de l'Arioste, qui lui a indiqué le sujet de *Bradamante*. Garnier trouvait dans ce sujet l'occasion d'un effort de variété et comme de rajeunissement de son œuvre. *Bradamante*, c'est le mariage de la sœur de Renaud avec Roger, mariage traversé d'abord par l'opposition des parents de Bradamante, qui veulent l'unir à

---

[1] Ronsard, éd. citée, t. III, pp. 343-349.

Léon, prince de Constantinople, mariage consacré enfin grâce au renoncement chevaleresque de Léon. C'est la mise en action dramatique des trois derniers livres du *Roland furieux*, avec une fin imaginée par le poète français : Charlemagne, pour dédommager Léon, l'accommodant Byzantin, le marie à sa fille Léonor. L'abus du monologue, quelques invraisemblances et quelques naïvetés (on nous parle de la France et du Louvre) n'empêchent pas *Bradamante* d'avoir son prix. Inférieur à l'Arioste dans les passages de tendresse où il le traduit, Garnier possède sa grâce à lui quand il invente, et dans le tragique une noblesse précornélienne, et dans le comique une verve divertissante, et le mélange de ces deux éléments, toujours un peu périlleux pour notre goût français, produit ici une œuvre originale, ingénieuse, amusante, et, en un mot, charmante. En son temps, elle a peut-être plus fait que les tragédies pour la gloire de l'auteur.

Le 23 mars de cette année 1582, il naissait à Garnier une seconde fille : Françoise [1].

VII

L'année suivante, ses admirateurs pouvaient lire une nouvelle tragédie de lui, qui sera la dernière : *Les Juives*. Elle était dédiée « à Monseigneur de Joyeuse, duc, pair et admiral de France », grand favori du roi, dont il venait d'épouser la belle-sœur, Marguerite de Lorraine-Vandemont, ami de Ronsard, de Baïf, de Desportes, gouverneur du Maine. A ce « Mécène des Muses », Garnier se confie sur un ton désabusé, ses peines en poésie « ayant

---

[1] Chardon, p. 85.

esté autant infructueuses que les assidus et désagréables labeurs de sa vacation ». Il semble que le poète comme le magistrat se soit morfondu dans l'attente d'une récompense qui n'était pas venue le chercher au fond de sa province. Et que voulait-il donc? Il avait dédaigné les avances de la faveur royale; comme poète, la faveur de Ronsard aurait suffi à le faire connaître, et les éditions collectives de ses tragédies attestent la faveur du public. Mais y a-t-il un homme qui n'ait jamais médit de son art ou de son métier?

En même temps, il revient à la lamentation sur les tristesses de son époque : « Je me suis advisé, dit-il,... de chanter quelque cas de nostre Dieu, digne d'un homme chrestien... Or vous ay-je icy représenté les souspirables calamitez d'un peuple qui a comme nous abandonné son Dieu. C'est un sujet délectable et de bonne et saincte édification. » *Les Juives* sont tirées des Livres Saints et de Josèphe. Une fois encore, constatons le souci de Garnier de se renouveler, d'élargir le champ de son inspiration en la demandant tout à l'heure à l'Italie, sujet à la mode, maintenant à la Bible, sujet éternel. Le résultat ici est particulièrement heureux, et parce que nous avons autre chose que le travail toujours un peu froid d'un homme d'études, nous nous trouvons en présence d'une œuvre vivante. « Car il y a dans *Les Juives* des êtres vivants, et qui le sont parce que l'auteur en a trouvé les modèles ou autour de lui ou en lui, dans les croyants qu'il voyait à ses côtés ou dans le croyant qu'il était lui-même [1]. » Faguet appelait cette tragédie « l'*Athalie* de Garnier et du XVIe siècle [2] »,

---

[1] J. Vianey, *La Bible dans la Poésie française depuis Marot*, dans la *Revue des Cours et Conférences*, 15 avril 1922.
[2] É. Faguet, *La Tragédie française au XVIe siècle*.

formule élégante et, en gros, exacte, qui, prise dans un sens trop précis, a choqué et provoqué des réserves. On a dit : une *Athalie* bien païenne, dont l'auteur est nourri de Sénèque beaucoup plus que de la Bible ([1]). Nous devons reconnaître qu'il s'est encore souvenu de son cher Sénèque, des *Troyennes* pour le plan, de *Thyeste* pour le dialogue. Allons plus loin : il se peut que *Les Juives* soient nées de la lecture de *Thyeste*. *Thyeste* est, comme *Les Juives*, l'histoire d'une vengeance atroce, exercée sur des innocents. On peut penser que la donnée du drame païen, délaissée par Garnier comme trop répugnante, lui a suggéré l'idée d'une transposition biblique. Mais le résultat a été une pièce sincèrement religieuse. Sédécias, roi de Juda, s'étant révolté contre Nabuchodonosor, le roi de Babylone a pris Jérusalem pour la seconde fois et emmené en esclavage toute la population (587 av. J.-C.). C'est la captivité de Babylone qui va commencer. Comment une telle infortune est-elle arrivée ? Parce que Sédécias « a fait mal devant le Seigneur ([2]) », en dépit de tous les avertissements de Jérémie. Maintenant il va expier, et son peuple avec lui. Cette expiation, c'est le sujet des *Juives*. Quoi de plus religieux ?

Brunetière déclarait ne pas saisir pourquoi l'on regarde *Les Juives* comme la meilleure des tragédies de Garnier ([3]). Les raisons ne manquent pas. Il n'y voyait qu' « une homélie ». Faguet la définissait mieux : « Une élégie dramatique et théâtrale. » Disons donc une tragédie. Unité d'action, intérêt progressif, situations pathé-

---

[1] Abbé L.-Cl. Delfour, *La Bible dans Racine*, Paris, 1891, pp. xvii-xix.
[2] IV, Les Rois, XXIV, 19. Cf. *Paralip.*, II, 36, et Flavius Josèphe, *Antiquit.*, X, 9, 10.
[3] F. Brunetière, *Histoire de la Littérature classique*, t. I, p. 557.

tiques, péripéties émouvantes, dénouement suspendu
et brusque, tous les ressorts de la tragédie sont ici en
jeu, avec ce mérite, très remarquable pour l'époque,
que nous voyons un conflit moins de personnes que de
forces, le choc de deux puissances, matérielle chez
le féroce vainqueur, morale chez le noble vaincu, rede-
venu sous le fouet de la colère céleste l'esclave docile
et repentant de son Dieu. L'intérêt ne prend même pas
fin avec la pièce; il se prolonge en quelque sorte au
delà, quand à la fin « le Prophète » ranime son peuple
consterné en lui criant la promesse solennelle de la
revanche, de la gloire et de la nouvelle alliance avec le
Tout-Puissant.

Garnier a employé tout son talent à ce sujet grandiose.
Dans les dialogues, dans les récits, dans la peinture des
caractères il a parfois atteint à l'éloquence. Il a donné
aux chœurs une importance toute particulière : le titre
même de la tragédie, *Les Juives*, montre que « le Chœur
des Juives », indiqué à la didascalie, est, aux yeux de
l'auteur, comme un véritable personnage de la pièce,
chargé d'en exprimer et d'en commenter les tristesses,
et qui le fait avec une mélancolie touchante et dans
une langue d'une harmonie préracinienne. Cette tragédie
est une très belle chose. Qu'on ne m'accuse pas d'être
partial. J'invoque encore Faguet, qui l'appelle « le plus
grand effort du génie dramatique au XVIe siècle ».

Ne quittons pas cette année 1583 sans mentionner
une anecdote rapportée dans les *Elogia* de Scévole de
Sainte-Marthe. La peste régnait au Mans. Elle faillit
être funeste à Garnier et aux siens. Je transcris la traduction de Colletet : « Il s'en fallut bien peu que celuy
qui représentoit si dignement sur la scène françoyse

les accidens tragiques des autres ne fournist en sa personne mesme un funeste subject de tragédie. Car la trahison de ses domestiques fut telle, et leur meschanceté parvint à un si haut point, qu'ils conclurent malheureusement entre eux d'empoisonner Garnier, sa femme et leurs enfants pour piller leur maison et s'enrichir ainsi laschement de leurs despouilles; et ce qui facilitoit d'autant plus ce damnable dessein estoit la peste générale qui couroit alors; pource que c'estoit à sa fureur qu'ils vouloient imputer les violents effects de leur funeste poison. Mais la justice du ciel en voulut ordonner autrement. Car à peine la femme de nostre Garnier eust-elle innocemment pris un breuvage mortel qu'ils luy présentèrent en luy donnant à boire que les signes du poison parurent d'abord en elle par des pasmoisons et des syncopes qui la saisirent incontinent : ce qui obligea Garnier de mettre ces malheureux entre les mains de la Justice. »

On rappela à la vie la femme de Garnier et l'on pendit les malfaiteurs.

VIII

Nous connaissons maintenant toute la production dramatique de Robert Garnier. Portons sur elle un jugement d'ensemble.

Il y a trois hommes à considérer en Garnier : le dramaturge (invention, composition, action); — le poète dramatique (style); — le poète lyrique (les chœurs).

Jusqu'aux *Juives*, Garnier pour l'intelligence de la scène, de ses besoins et de ses ressources, n'est guère supérieur à ses devanciers. Même mépris de l'action, le drame tout en discours. Avec *Les Juives*, progrès. L'auteur tient le spectateur en haleine. Quel sera le sort de Sédécias? L'acte III se termine sur des paroles ambiguës et inquiétantes du vainqueur. Le sort de ses enfants ? L'acte IV se termine sur leur enlèvement dans un but inconnu. A l'acte V, on connaît l'affreuse vérité ; au plus fort des lamentations, Sédécias apparaît, les yeux crevés. L'auteur ménage ses effets ; c'est « du théâtre » au sens moderne de l'expression. L'art a fait un pas.

Le style a des qualités de dignité, d'éloquence par éclairs, de concision dans les maximes. Il y a trop de maximes, parce qu'il y a trop de Sénèque, et ceci est à noter en passant, notre tragédie classique ne devant jamais s'affranchir tout à fait, avant Racine, des brassières avec lesquelles Sénèque a soutenu ses premiers pas. Avec ces qualités et ces défauts, et des inégalités, et la rudesse et la rouille du vieux temps, Garnier a créé, on peut le dire, tant il est supérieur à ses devanciers, la vraie langue de notre tragédie, le moule où se couleront les vers de ses grands successeurs. Dans *Les Juives*, Sédécias se désole de n'avoir pas péri en combattant. Quelqu'un lui demande : « *Et qu'eussiez-vous pu faire ?* » Il répond :

> Un acte magnanime,
> Qui malgré le destin m'eust acquis de l'estime.
> *Je fusse mort en roy* ([1])...

En entendant : « Que vouliez-vous qu'il fît ? — Qu'il mourût ! » plus d'un spectateur de 1636 a dû sourire à un souvenir de sa jeunesse. Patin, le commentateur enthousiaste des tragiques grecs, est sévère pour le style de Garnier. Il écrit cependant : « On peut prévoir, quoique de bien loin, l'idiome encore inconnu de Corneille, de Racine, à des vers qu'ils n'eussent point toujours désavoués ([2]). » Patin a d'ailleurs une idée qui lui est

---

([1]) *Les Juives*, Acte III, sc. 1.
([2]) Patin, *op. cit.*, t. III, p. 416.

chère, c'est que Garnier a fait faire des progrès à la langue de la tragédie, non à la tragédie elle-même. Jugement injuste, si l'on se rappelle *Les Juives*. Mais Patin ne s'intéressait qu'à Garnier imitateur des Grecs, et n'a pas dû lire *Les Juives*. Et même à ne parler que du style, quelle pitié chez Patin pour la pauvre imitation ! Il a sur l'*Antigone* de Garnier une bien jolie phrase : « De tels ouvrages sont comme ces masures qui couvrent encore aujourd'hui le sol désolé de l'antique Grèce, et où brillent, parmi les vulgaires matériaux d'un art grossier, quelques débris arrachés aux temples de Phidias ([1]). » Corneille n'avait pas été si dédaigneux ; il savait, à l'occasion, ramasser un fragment de l'art vétuste et le retailler.

Dans les chœurs, le style de Garnier est de premier ordre pour son temps ([2]). Il a l'élégance et la variété, le rythme approprié, l'envolée, la grâce. Si Garnier s'était consacré à la poésie lyrique, il aurait peut-être donné après Ronsard, et, qui sait ? mieux que Ronsard lui-même, non les modèles, certes, mais les prémices d'un genre si conforme au génie français, si longtemps délaissé par les Français, et qui ne produira son plein épanouissement que le jour où les descendants littéraires de Ronsard s'appelleront Lamartine et Victor Hugo. Et parce que le talent est précurseur, et de loin, nous ne nous étonnerons pas de trouver parfois chez Garnier une forme poétique que les âges classiques ne connaîtront pas, qui ne viendra en usage que de nos jours. Croquis d'été :

<blockquote>Quand les cuisantes ardeurs
Du jour estant retirées,</blockquote>

---

(1) Patin, *op. cit.*, t. II, p. 288.
(2) « Quelques strophes atteignent à la perfection lyrique L. Becq de Fouquières, *Œuvres choisies des Poètes français du XVIe siècle...*, Paris, 1880, p. 178.

> On dançoit sous les tiédeurs
> Des brunissantes soirées (¹)...

Croquis d'hiver :

> Quel plaisir de voir par les landes,
> *Quand les mois tremblent refroidis,*
> Les cerfs faire leurs viandis,
> Faute de gaignages, aux brandes (²)...

Un feu qui couve en jetant des lueurs, c'est notre art dramatique avec Garnier. On est injuste pour Garnier si on le juge sans se placer à son époque. Parce qu'il a fait bien, on voudrait qu'il eût fait mieux encore et atteint d'un coup à la perfection. On a souri de la note que lui a donnée Faguet : « Corneille en rhétorique. » Oui, c'est bien cela : la jeunesse de l'art. Mais n'est-ce pas là précisément ce qui ravit les dévots du XVIe siècle ? L'apogée viendra en son temps. Le charme de l'aurore ne fait pas méconnaître la splendeur de midi. C'est autre chose, que d'aucuns préfèrent.

IX

Et tout de suite une question se présente à la pensée au sujet des tragédies de Garnier : ont-elles été jouées, et quand ?

Au premier abord, la question peut sembler oiseuse et résolue d'avance, puisqu'un document répond oui, en donnant des dates. C'est le *Journal chronologique du Théâtre françois*, du chevalier de Mouhy.

Pauvre hère à toute besogne, écornifleur de cafés littéraires, romancier à ses heures, plastron de Rivarol et de Palissot, Mouhy, qui avait su se concilier Voltaire

---

(1) *Les Juives*, Acte IV, sc. 3.
(2) *Hippolyte*, Acte I, chœur final.

en lui envoyant de menues chroniques, est un personnage assez suspect. Dans ce gros *Journal* manuscrit que possède la Bibliothèque nationale, il indique imperturbablement les premières représentations et les reprises de toutes les œuvres théâtrales qui, selon lui, auraient été jouées publiquement depuis le XVIe siècle. Nous y voyons en quelle année les contemporains de Garnier auraient pu applaudir *Porcie*, *Cornélie* et *Hippolyte*. Il y a un malheur, c'est que le recueil de Mouhy n'est qu' « un amas d'erreurs et de mensonges [1] », une impudente mystification. Il faut écarter entièrement ce faux témoignage.

M. Rigal, qui en a fait la démonstration, est allé plus loin. Il a soutenu que les pièces littéraires de la Renaissance n'ont été écrites qu'en vue de la lecture et non de la représentation et qu'elles n'ont jamais été représentées sur un théâtre régulier [2]. — Mais, dira-t-on, que jouaient donc les théâtres réguliers? (Basochiens, jouant rarement; Hôtel de Bourgogne, qui avait un privilège; troupes de province, qui venaient braconner sur le privilège). — M. Rigal répond : ils jouaient le répertoire de l'âge précédent, mystères, moralités et farces. Cette thèse absolue [3] a suscité des contradictions [4] et des réserves [5]. M. Lanson a dressé une assez longue liste des

---

[1] Eug. Rigal, *Alexandre Hardy*, Paris, 1889, p. 691. — On a fait grief à l'auteur d'une mémorable thèse de doctorat sur *La Tragédie française au XVIe siècle* d'avoir cru à Mouhy, sans en démordre dans des éditions ultérieures. — Écrivant naguère sur Grévin, j'ai trouvé Mouhy coupable d'inexactitude certaine : *Jacques Grévin, Théâtre et Poésies choisies*, éd. Garnier, p. XVII, note 2.

[2] Rigal, *op. cit.*, pp. 86-94, et dans Petit de Julleville, *Histoire de la Littérature française*, t. III, p. 268.

[3] Un peu atténué ensuite : Rigal, *Le Théâtre français avant la période classique*, Paris, 1901, p. 116.

[4] J. Haraszti, *La Littérature dramatique au temps de la Renaissance*, dans la *Revue d'Histoire littéraire de la France*, 1904, pp. 680-686, et pp. XXXIII-XXXVI de son Introduction à *Tyr et Sidon* de Jean de Schelandre, Paris, 1908.

[5] G. Lanson, *Études sur les Origines de la Tragédie classique en France*, dans la *Revue d'Histoire littéraire de la France*, 1903, pp. 191 et suivantes.

tragédies représentées (en province), liste, disait-il récemment ([1]), qui devrait être complétée. J'y relève deux pièces jouées à Saint-Maixent, un *Hippolyte* en 1576 et un *Marc-Antoine* en 1578, qu'on nous déclare être les tragédies de Garnier ([2]). Si Garnier a connu ces solennités, il n'a pas dû en être surpris, lui qui allait donner dans l'Argument de *Bradamante* ce conseil de mise en scène : « Et parce qu'il n'y a point de chœurs comme aux tragédies précédentes, pour la distinction des actes, celui qui voudroit *faire représenter* cette Bradamante sera, s'il luy plaist, adverty d'user d'entremets, et les interposer entre les actes pour ne les confondre et ne mettre en continuation de propos ce qui requiert quelque distance de temps. » On ne connaît pas, dit Brunetière, d'anecdote qui se rapporte à la représentation d'aucune de ses pièces ([3]). De son vivant, non. Après sa mort, on peut citer quatre anecdotes, que je veux rapporter, parce qu'elles ont toutes les quatre quelque chose de pittoresque.

La première nous apprend qu' « en 1594 ou 1595, les religieuses que l'on appelait les Dames de Saint-Antoine [à Paris], dont était abbesse Madame de Thou [sœur du premier président et tante de l'historien], très honnête fille, jouèrent une tragédie de Garnier appelée *Cléopâtre* [*Marc-Antoine*], où les filles étaient vêtues en hommes pour représenter les personnages... ([4]) » Pour honnête que fût l'abbesse, elle ne gouvernait pas un couvent très austère.

---

[1] G. Lanson, *Esquisse d'une histoire de la Tragédie française*, New-York, 1920, p. 23.
[2] J. Haraszti, *La Comédie française de la Renaissance et la Scène*, dans la *Revue d'Histoire littéraire de la France*, 1909, pp. 293, 294.
[3] Brunetière, *op. cit.*, p. 554.
[4] Sainte-Beuve, *Port-Royal*, Paris, 1888-1891, t. I, p. 93, note.

Nous trouvons la deuxième anecdote dans les lettres de Malherbe à son ami Peiresc. Une de ces lettres se termine ainsi : « De Paris, ce premier d'août [1611], prêt à partir pour aller voir la Comédie de Madame, qui est la *Bradamante* de Garnier. » Malherbe avait d'abord écrit : « qui est prise de Garnier. » Et, en effet, il s'agit d'une adaptation. Qu'on en juge par la lettre suivante : « A Paris, ce 4ᵉ août. Hier, je revins de Saint-Germain voir jouer la Comédie... Je ne vous en dirai autre chose sinon que tous les personnages y firent des miracles. Madame (1), qui étoit habillée en amazone comme représentant Bradamante, étonna tout le monde par sa bonne grâce ; Monsieur (2) et Monsieur le Duc (3) y firent plus que l'on ne pouvoit espérer de leur âge. Monsieur, pour prologue, récita les six vers que vous trouverez en ce paquet ; il avoit une pique en la main, qu'il mania en fils de maître. Ils avoient tous deux des hauts de chausses, dont ils étoient, à mon avis, merveilleusement empêchés ; aussi les quittèrent-ils aussitôt et reprirent leurs robes. Madame Chrétienne [Christine] (4) ne parut sur le théâtre qu'en la fin du dernier acte, où elle dit un mot, seulement pour en être comme les autres. »

Nous avons donc, grâce à Malherbe, les six vers du prologue, supplément imprévu à l'œuvre de Garnier :

> Charlemagne, Léon, Roger et Bradamante
> Sont de gaze et carton à la comédiante ;
> Je suis le vrai crayon des illustres Césars ;
> Des lis j'arborerai les braves étendards ;
> Du Gange jusqu'au Rhin, et sur les bords d'Afrique,
> Pour mon petit papa donrai des coups de pique.

---

(1) Madame Elisabeth, la future reine d'Espagne.
(2) Ce jeune prince devait mourir en novembre suivant.
(3) D'Anjou : prit le titre de Monsieur en novembre 1611, à la mort de son frère. C'est le futur duc d'Orléans.
(4) La future duchesse de Savoie.

« C'est le Roi, dit Malherbe, qu'il appelle son petit papa. » Un papa de dix ans. Peut-être le prologue avait-il été fait et la représentation projetée au temps, récent encore, où Monsieur avait un papa. Malherbe ajoute : « Vous verrez que ce ne sont pas vers d'un bon maître; mais puisqu'ils ont eu l'honneur d'être prononcés par la bouche d'un si bon prince, j'ai pensé que vous prendriez plaisir de les voir : je les ai retenus par cœur, et crois que ç'a été fidèlement; quoi que c'en soit, s'il y a du change, il ne sauroit être bien grand. J'oubliois à vous dire qu'ayant achevé de prononcer ces vers, il tenoit une pique qu'il branloit vers la compagnie de si bonne grâce, que cette action, et un petit saut qu'il fit en achevant, lui attira un monde de bénédictions [1]. »

Bradamante avait neuf ans, les autres artistes cinq ans, quatre ans et trois ans. On n'avait pas confié de rôle à Madame Henriette [2], le dernier enfant de Henri IV, âgée de deux ans. On pense bien que cette jeune troupe n'avait pas appris les tirades de *Bradamante;* il s'agit d'un petit ballet enfantin. Encore est-il significatif qu'on l'ait mis sous le patronage de Garnier.

La troisième anecdote relative à la représentation de ses pièces est un souvenir personnel de Balzac. Pas de date précise : Balzac parle d' « autrefois » et dans un ouvrage posthume. Dans un de ses *Entretiens,* il oppose le goût de la capitale au goût ou plutôt à l'absence de goût des provinces. « Sur quoy il faut que je vous conte une histoire. Il y avoit autrefois un boulanger à deux lieues d'ici, estimé excellent homme pour le théâtre.

---

[1] Malherbe, *Œuvres,* éd. Lalanne (Grands Écrivains de la France), t. III, pp. 247-248.
[2] La future reine d'Angleterre.

Tous les ans, le jour de la Confrairie, il représentoit admirablement le Roy Nabuchodonosor et sçavoit crier à pleine teste :

> Pareil aux dieux je marche, et depuis le réveil
> Du soleil blondissant jusques à son sommeil,
> Nul ne se parangonne à ma grandeur royale (¹).

« Il vint de son temps à la ville une compagnie de comédiens qui estoit alors la meilleure compagnie de France. On y mena Nabuchodonosor, un dimanche qu'on jouoit *Le Ravissement d'Hélène* (²). Mais voyant que les acteurs ne prononçoient pas les compliments d'un ton qu'il se faut mettre en colère, et principalement qu'ils ne levoient pas les jambes assez haut dans les démarches qu'ils faisoient sur le théâtre, il n'eut pas la patience d'attendre le second acte, et sortit du jeu de paulme dès le premier (³). »

La quatrième et dernière anecdote a ceci de particulier que le fait n'a jamais eu lieu. Je veux dire qu'il est imaginaire, se trouvant dans le *Roman Comique* de Scarron. Il n'en a pas moins sa valeur d'argument. Une vieille actrice, Mademoiselle de la Caverne, raconte une représentation de *Bradamante* à laquelle elle a assisté, étant enfant, dans un château du Périgord, et qui fut marquée par un incident risible. Un page du lieu, artiste improvisé, ayant à dire :

> Monsieur, entrons dedans, je crains que vous tombiez;
> Vous n'êtes pas trop bien assuré sur vos pieds (⁴),

---

(1) *Les Juives*, début de l'Acte II.
(2) Je pense qu'il s'agit d'une tragi-comédie de Sallebray, *Le Jugement de Pâris et le Ravissement d'Hélène*, imprimée en 1639.
(3) Balzac, *Entretiens*, VI, 5.
(4) *Bradamante*, II, 2.

modifia ainsi, dans son trouble, le second vers :

> Vous n'êtes pas trop bien assuré sur vos jambes,

et cette rime inattendue mit en joie toute l'assistance (1).

Telle est l'historiette qui a été quelquefois citée. Dans la question qui nous occupe, elle peut ne pas paraître très décisive, puisqu'elle nous parle d'une représentation dans un château, donc privée. Elle l'est cependant, puisqu'elle nous montre des comédiens ambulants qui emportent *Bradamante* dans leur répertoire. Mais il y a, dans le *Roman Comique*, un passage singulièrement convaincant, que personne (chose curieuse) n'a jamais relevé dans notre controverse. Nous sommes au Mans, pays de Garnier, un demi-siècle après le temps de Garnier, et sa mémoire y est restée très vivante. Dispute entre deux personnages, un comédien de passage, Destin, et un Manceau, artiste amateur, Ragotin. Ragotin a en tête un sujet de tragédie. « Destin lui dit que l'histoire qu'il avait contée était fort agréable, mais qu'elle n'était pas bonne pour le théâtre. — Je crois que vous me l'apprendrez, dit Ragotin. Ma mère était filleule du poète Garnier, et moi, qui vous parle, j'ai encore chez moi son écritoire. — Destin lui dit que le poète Garnier lui-même n'en serait pas sorti à son honneur (2). » Et la raison sur laquelle le comédien fonde son opinion, c'est la difficulté que présenterait la mise en scène ! Voilà des propos de gens de théâtre (dont un enfant de la balle) qui ne sont pas propos de gens pour qui les productions de Garnier n'auraient jamais été que du théâtre dans un fauteuil.

Que si à ces échos du théâtre joué de Garnier, nous

---

(1) Scarron, *Le Roman comique*, éd. Garnier, p. 170.
(2) *Ibid.*, p. 45.

ajoutons encore un *Sédécias enchaîné* (Annecy, 1617) (¹) qui semble bien être *Les Juives*, nous aurons un ensemble de petits faits nous permettant de croire que le public de ce temps accueillait volontiers l'œuvre de notre auteur aux chandelles. Concluons que Perrault ne se trompait pas quand il faisait dire à un des interlocuteurs de son *Parallèle :* « On jouait alors les pièces de Garnier et de Hardy (²), » et que Rigal, pour exalter Hardy comme novateur, a rabaissé Garnier (³).

X

Pourquoi Garnier, en plein succès, après la publication des *Juives*, s'est-il détourné du théâtre, comme fera Racine après la représentation d'*Athalie*, c'est ce que je ne me charge pas d'expliquer. Il a dû en prendre son parti tout de suite après *Les Juives :* c'est le 12 novembre 1583 qu'est accordé le privilège pour l'impression de la dernière édition de ses tragédies, qui va, cette fois, les com-

---

(1) G. Lanson, *Revue d'Histoire littéraire de la France*, 1903, p. 227.
(2) C. Perrault, *Parallèle des Anciens et des Modernes*, Paris, 1692-1697, t. III, p. 192.
(3) Il est revenu sur la question dans une étude sur *La Mise en scène dans les Tragédies du XVIe siècle (Revue d'Histoire littéraire de la France*, 1905). Examinant l'une après l'autre les tragédies de Garnier, il relève minutieusement (pp. 25-50 et 203-209) toutes les invraisemblances scéniques, ou bizarreries, ou impossibilités d'exécution, ou contradictions dans les indications du texte. Il n'en tire pas un argument formel pour la thèse de la non-représentation. Il incline à une solution moyenne : les pièces données au public auraient été non pas jouées, mais *récitées.* Pure hypothèse. « La confrérie angoumoisine qui l'a [la tragédie des *Juives*] fait monter sur la scène vers 1600, ou l'a remaniée, ou en a tiré moins une action qu'une déclamation dramatique et dialoguée. » On n'est pas frappé de la différence ! Et M. Rigal vient de dire que *Les Juives* ont pu être jouées sur « une scène ornée d'une décoration à trois compartiments ». La vérité est qu'il ne faut pas juger des pièces de ce temps comme de celles du nôtre. « L'auteur, dit M. Rigal, ne se demande pas où se passe son action. » Peut-être; mais ni les lecteurs, ni, à l'occasion, les spectateurs ne s'en demandaient davantage, et, à la représentation, on s'en tirait comme on pouvait. — A noter que *Les Juives* ont été jouées en 1910-1912 sur diverses scènes parisiennes et, en 1922, au théâtre de l'Odéon.

prendre toutes par l'adjonction de son drame dernier-né.

Cette édition parut en 1585. Faite sous les yeux de l'auteur, elle est la plus estimée de toutes les éditions complètes. C'est elle qu'on a suivie pour le texte du présent volume. Examinons-la : elle en vaut la peine à plusieurs égards.

En frontispice, un portrait de l'auteur, fine gravure d'un artiste ignoré. Des différents portraits de Garnier qu'on connaît, c'est le seul qui soit digne de foi. Les autres ou en dérivent plus ou moins fidèlement (comme les portraits laurés de certaines éditions rouennaises) ou sont fantaisistes ([1]). Les traits sont réguliers, l'expression grave, fatiguée, mélancolique. Les cheveux relevés, la barbe à l'espagnole, la fraise godronnée feraient penser à quelque soldat, n'était la robe de moire du lieutenant-criminel. Pourquoi pas le cothurne ? demande Scévole de Sainte-Marthe dans des vers latins placés sous le portrait. Et il répond : on ne le voit pas (Garnier est représenté à mi-corps), mais ouvrez le volume : vous trouverez que le poète a su se peindre à lui-même cet accessoire.

> *Cur commune decus togae et cothurni*
> *Se Garnerius exhibet togatum,*
> *Nec illi suus est item cothurnus?*
> *Librum evolve, videbis hic latentem*
> *Suo quem ingenio sibi ipse pinxit*
> *Graiis vatibus aemulum cothurnum.*

L'éloge ne pèche pas par insuffisance d'esprit. La mode était aux jeux de ce genre. Sainte-Marthe, l'année précédente, avait fourni sa contribution à *La Main*, un recueil de poésies françaises et latines des amis de Pasquier sur un portrait où il était sans mains.

---

[1] Chardon, pp. 206-219.

Comme l'édition de 1582, celle de 1585 s'ouvre par les deux dédicaces, en prose et en vers, « au roi de France et de Pologne », mettant ainsi l'œuvre entière du poète aux pieds du souverain. Les tragédies ne sont pas données dans l'ordre chronologique. Nous avons *Porcie, Cornélie, Marc-Antoine, Hippolyte, La Troade, Antigone, Les Juives, Bradamante,* ceci afin de grouper les sujets romains et les sujets grecs. Les pièces encomiologiques ont subi une revision. Dans la dédicace de *La Troade* à Renaud de Beaune, il était bien inutile de continuer à donner du « second Hercule » à Monseigneur le duc d'Anjou, qui venait de mourir sans laisser de regrets. Ont disparu des sonnets d'amis provinciaux qui s'appelaient Tronchay et Bruneau. Tronchay avait pourtant fait une belle anagramme où *Robert Garnier Manceau de la Ferté* devenait *Morte braver la Tragédie en France*. Mais ces thuriféraires étaient trop obscurs. Enfin a disparu l'Élégie à Nicolas de Ronsard. Celui-là avait trop fait parler de lui. En 1574, un an après l'Élégie, il était condamné à mort pour avoir, dans un but de cupidité, assassiné sa belle-sœur. Il fut décapité à Paris en place de Grève ([1]). On comprend que Garnier ait oublié cet ami malencontreux.

Pour connaître ses amis, parcourons les pièces laudatives de l'édition de 1585. Il suffit de rappeler Ronsard et les protecteurs auxquels s'adressent les dédicaces. La Pléiade est représentée par Baïf et Rémi Belleau, sans compter Dorat, le panégyriste attitré de la Pléiade. Baïf promet une longue gloire à l'auteur de *Porcie :*

> Si la Muse grégeoise est encore escoutée,
> La tienne pour mille ans ne s'amortira pas...

---

[1] L. Froger, *Nouvelles recherches sur la famille de Ronsard,* dans la *Revue historique et archéologique du Maine,* 1884, 1er semestre, pp. 212-214.

Belleau, qui avait d'abord dédié sa poésie *L'Escargot* à
Ronsard lorsque parut la *Continuation des Amours* (1555),
la dédia ensuite à Garnier quand il l'eut connu à Paris.
En 1572, Garnier lui adressait un sonnet qu'on lit en tête
de la *Bergerie* ([1]). En retour, l'œuvre complète de Garnier
se recommande d'un sonnet et d'une ode de Belleau.
Dorat, en vers latins, fait de Garnier l'égal à lui seul des
trois tragiques grecs :

> *Tres tragicos habuisse vetus se Graecia jactat :*
> *Unum pro tribus his Gallia nuper habet* ([2])...

Amadis Jamyn, Claude Binet, Robert Estienne (en
vers français et en vers grecs) donnent la même note
dithyrambique. Puis voici le groupe des parrains du
terroir, portant lyre latine ou grecque : Pierre Amy
(Petrus Amyus), Jacques Liger *(Jacobus Ligerius)*, Jean
Girard (vers grecs), tous trois collègues de Garnier au présidial du Maine, tous trois vantés comme écrivains par
La Croix du Maine quoique n'ayant rien publié, et un
Angevin, Paschal Robin du Faux *(Pasquasius Robinus
Delphius)*, auteur d'un volume de *Sonnets d'Étrennes* et
d'une tragédie, aujourd'hui perdue, *Arsinoé*, jouée au
collège d'Angers en 1572 ([3]).

Enfin il nous faut remarquer au bas d'un sonnet un
nom qui apparaît pour la première fois dans l'entourage
de Garnier : Flaminio de Birague. C'était un neveu du
cardinal chancelier René de Birague. Il a publié en cette
année 1585 ses *Premières Œuvres poëtiques*. Les « premières œuvres » de ce poète de vingt ans allaient rester
les seules.

---

[1] Voir ci-après, Poésies diverses, XII.
[2] Cf. *J. Aurati... Poemata*, Paris, 1586, 2ᵉ partie, p. 65.
[3] Chardon, p. 127.

XI

A ces noms nous devons en ajouter d'autres, qui vont achever de nous édifier sur les relations littéraires et amicales de notre auteur. Ce sont les noms des écrivains suivants :

1º Guy Le Fèvre de la Boderie.

Il est l'auteur d'un ouvrage peu connu, *La Galliade ou la Révolution des arts et sciences*, rempli de renseignements précieux sur le mouvement intellectuel du temps, véritable dictionnaire des contemporains rédigé en vers. La *Galliade* est de 1572. A cette date, Garnier n'a encore donné que *Porcie*. Elle lui mérite cette mention :

> Soit de Garnier garny le docte et large front
> D'un rameau de lhierre entortillé en rond,
> Qui a fait remonter sur le françois théâtre
> Les tragiques horreurs qui feirent contrebatre
> Les Rommains mutinez et les meschans moyens
> Dont Romme feist couler le sang des citoyens,
> Et a d'un brave vers la mémoire esclaircie
> Et le cœur généreux de la noble Porcie [1].

2º Jacques Courtin de Cissé.

Un voisin, « gentilhomme percheron ». En 1581, il publia ses *Euvres poëtiques*, dédiées à Monseigneur de Joyeuse, et une traduction en vers des Hymnes religieuses de Synesius de Cyrène, évêque de Ptolémaïs au début du Vᵉ siècle. Dans les liminaires de cette traduction se trouve un sonnet de Garnier [2].

---

[1] Fol. 124 v°.
[2] Voir ci-après, Poésies diverses, XIII.

3° Estienne Pasquier.

Il avait reçu de Garnier des bougies de cire, produit réputé du Maine. Il le remercie en vers latins. Ce cadeau est bien de toi, s'écrie-t-il, car briller est ton lot, briller pour toi, pour les tiens, pour la France !

> *Carmina seu gallo tentes elata cothurno,*
> *Seu patrio reddas civica jura solo,*
> *Unus prae reliquis, Garneri candide, fulges,*
> *Garneri, patrii luxque decusque soli.*
> *Sic ne nocturnis fluitem vagus erro tenebris,*
> *Ecce tuo mittis cerea Paschasio.*
> *Nam tu si quid agis, Garneri, scilicet hoc est,*
> *Vis lucere tuis, vis tibi, vis patriae* (1).

4° La Roque.

C'est un poète picard, de Clermont-en-Beauvaisis. Simon-Guillaume de la Roque (de son vrai nom Simon d'Happres) est encore un « Polonais » : il avait fait partie de la suite du duc d'Anjou en 1573. Il y avait été le compagnon de Desportes, dont il resta l'ami et le disciple en poésie. Plus tard, il devint gentilhomme de Marguerite de Valois. A Clermont, il fut lié avec le poète Grévin (2) et avec Charondas. Il publia, de 1590 à 1609, plusieurs éditions de ses poésies, aujourd'hui très rares. Les liminaires contiennent une « Ode » (en réalité seize vers) signée Garnier (3). Les vers étant insignifiants, on serait tenté de les attribuer à son homonyme et contemporain Claude Garnier, avec qui on l'a quelquefois confondu (4). Mais je découvre dans les poésies de Flaminio

---

(1) *Steph. Paschasii... Poemata*, Paris, 1585, fol. 122 v°.
(2) Voir Grévin, éd. Garnier, p. XIX.
(3) *Les Œuvres de sieur de la Roque..*, Paris, 1609. Bibliothèque de l'Arsenal, B. L. 6698, fol. 6 : « Au sieur de la Roque, sur les larmes de la Magdeleine. »
(4) Un sonnet inédit, en ms. à la Bibliothèque nationale, attribué par Hauréau à Robert Garnier, est signé *Cl. Garnier!*

de Birague un quatrain de La Roque. Il faisait donc partie
de la « brigade » des amis de Garnier et les vers en question sont donc bien de lui ([1]). Se rappeler aussi que Garnier s'est amusé à donner le nom de La Roque à un personnage de *Bradamante*.

5º Vauquelin de la Fresnaye.

Magistrat comme Garnier (lieutenant-général, puis président au présidial de Caen), comme Garnier très attaché
à ses fonctions et « content en sa province ». Ami de
Ronsard, de Desportes, de Belleau, en bons termes avec
Cheverny, avec Joyeuse, avec les Rambouillet. Le recueil
de ses poésies, qu'il ne fit imprimer qu'en 1605, contient
une longue « Satire » adressée *A Robert Garnier, lieutenant-
général criminel en la Sénéchaussée du Maine* ([2]).

C'est, en réalité, une Épître. Garnier avait écrit à Vauquelin de la Fresnaye (en prose? en vers? à quelle
époque?) pour le presser de donner ses poèmes au public.
Le premier vers de la réponse est trop spirituel pour ne
pas nous mettre un peu en défiance, mais la pièce n'est
pas sans intérêt :

> Garnier, dont le grenier est garni de semence
> Qui fera regermer le vers tragic en France,
> Et dont le bon terroir est tellement fécond
> Qu'en mile fruits divers il n'a point de second...

Vauquelin se refuse avec beaucoup de modestie à
suivre l'invitation de son ami. Il n'est qu' « un rimeur de
village, — un rimeur de Palais » :

> Tu te trompes, Garnier, mes vers ne sont plus tels
> Qu'un jour ils puissent être en la France immortels.
> Ils sentent la chiquane, ils sentent le ménage...

([1]) Voir ci-après, Poésies diverses, XIV.
([2]) *Les Diverses Poésies du sieur de la Fresnaie Vauquelin*, Caen, 1605, pp. 243-247.

Il est de la vieille école, il se sent dépaysé au milieu de la nouvelle :

> Car depuis quarante ans desjà quatre ou cinq fois
> La façon a changé de parler en françois.
> Je suis plus vieil que toy de quelque dix années (1),
> Aussi tes phrases sont beaucoup mieux ordonnées
> Que celles dont j'escri...

Voilà pourquoi il ne publiera pas ses œuvres poétiques. Serment de poète.

6º Enfin Desportes, avec qui nous allons voir que Garnier s'est trouvé en rapport et en communauté de sentiments dans une circonstance émouvante pour tous les deux.

Tous ces noms sont intéressants. Leur nombre, leur diversité attestent l'importance de Garnier, la place qu'il a tenue dans la vie littéraire de son temps. Il en est un qui les domine tous, celui de Ronsard.

XII

Le 27 décembre 1585, Ronsard mourait.

Garnier était-il présent au repas que Desportes offrit, le 18 février 1586, aux amis de Ronsard (2), pour se concerter avec eux au sujet des funérailles prochaines du maître si regretté et des hommages à rendre à sa mémoire ? Je ne sais. Mais quand parut chez Gabriel Buon, en cette même année 1586, le beau volume contenant le *Discours de la Vie de Pierre de Ronsard... par Claude Binet,... ensemble son Tombeau recueilli de plu-*

---

(1) Vauquelin était né en 1535. Ceci vient à l'appui de ce qui a été dit sur la date de naissance de Garnier.
(2) Ronsard, éd. citée, t. VIII, p. 270.

sieurs excellens personnages, Garnier y tenait sa place (¹) avec une longue *Élégie sur le trespas de Pierre de Ronsard,* où il se montre supérieur à tous les « excellens personnages ». Elle était dédiée « au sieur Des Portes, abbé de Thiron ».

Il était déjà difficile au XVIᵉ siècle de dire des choses neuves sur la mort. Mais il y a la manière, et celle de Garnier est d'un poète. L'idée de la mort est le cauchemar de la vie entière. La jeunesse dure peu ; l' « hyver aux doigts gours » vient vite ; la vieillesse s'installe comme une « hostesse » qui attend la fatale visiteuse. Quand la mort arrive, elle nous ravit les dernières joies de l'arrière-saison, « ces belles dignitez qui nous font vénérables ». Nul mérite n'obtient grâce :

> Vous voyez ce Ronsard, merveille de nostre âge,
> L'honneur de l'univers,
> Paistre de sa chair morte, inévitable outrage,
> Une source de vers...

Et la nature, cruel contraste, resplendit toujours jeune, sourde à nos adorations comme à nos invectives :

> O destin lamentable ! un homme qui approche
> De la divinité
> Est ravy de ce monde, et le front d'une roche
> Dure en éternité...

Le vers, sépulcre immonde du génie et de la beauté, c'est le vieux thème que toute l'emphase de Victor Hugo ne rajeunira pas (²). L'impassibilité de la nature, son indifférence à nos joies, à nos maux, à nos morts, c'est déjà le thème moderne d'où nos romantiques tireront

---

(1) Pp. 73-82. Cette Élégie a été insérée dans l'édition de 1587 des Œuvres de Ronsard. — Voir ci-après, Poésies diverses, XV.
(2) Victor Hugo, *L'Epopée du vers,* dans la *Légende des siècles.*

d'éloquentes imprécations ([1]). Après ces lieux communs, que le sujet impose, et après un dernier salut à l'ami et au maître :

> Adieu, mon cher Ronsard, l'abeille en vostre tombe
> Face tousjours son miel...

l'auteur revient aux misères de la guerre civile et du « siècle maudit » : c'est un souci qui ne quitte guère sa pensée. Ceci a l'air d'un croquis de chose vue : les

> paysans escartés
> Meurent contre une haye : on ne voit que tueries
> Par les champs désertez.

Puis, pour nous reposer de ces horreurs, il a l'idée un peu païenne de nous montrer Ronsard dans l'empyrée des poètes, entouré de ses grands devanciers : Eumolpe, Orphée, Linus, Amphion, Musée, Homère, Pindare, Virgile, Horace, et enfin Sénèque. (Comment s'ennuyer dans l'éternité avec Sénèque comme compagnon?) Voilà pour les anciens. Un seul moderne : « l'amoureux Florentin ». Il s'agit de Pétrarque, dont Ronsard s'est tant servi pour ses *Amours*. La rime a imposé Florentin au lieu de Toscan, qui eût été le mot juste.

Pour conclure, cette consolation toute classique : les maux prochains, du moins, il ne les verra pas...

> Ainsi, vivez heureuse, Ame toute divine,
> Tandis que le Destin
> Nous réserve au malheur de la France, voisine
> De sa dernière fin.

Il y a là comme un peu du souffle de Tacite : *non vidit Agricola obsessam curiam*... Les tragédies de Garnier

---

[1] Lamartine, *Pèlerinage d'Harold*, XLII ; — Victor Hugo, *Tristesse d'Olympio* ; — A. de Vigny, *Maison du Berger*.

n'ont rien de supérieur à ces stances, nées d'un chagrin sincère. Ce qu'il a fait de mieux est un cri du cœur.

XIII

En cette même année 1586, vers le milieu de l'année, Garnier cédait son office de lieutenant criminel et devenait membre du Grand Conseil, qui était, sous la présidence du roi, quelque chose comme notre Conseil d'État, et, pour une de ses sections, comme notre Cour de cassation. C'était un poste de grande confiance et de grande faveur : on voyait le roi à tout instant. Mais il est probable qu'il n'eut que le titre *honoris causa*, sans les fonctions, car l'érudition locale le trouve plus souvent au Mans qu'à Paris. Le 3 octobre 1587, il signe à Paris, pour ses intérêts privés, un acte notarié qui le qualifie « Conseiller du roi en son Grand Conseil et naguères lieutenant criminel au pays du Maine, demeurant en la ville du Mans, de présent à Paris, rue de la Harpe, paroisse Saint-Séverin » [1].

« Tant qu'il vesquit, dit Colletet, traduisant ou plutôt paraphrasant le latin de Sainte-Marthe, il ne laissa couler pas un seul moment de sa vie qu'il n'estudiast pour son utilité particulière, ou qu'il ne rendist quelque service au public [2]. » En même temps, sa réputation d'écrivain ne cessait de s'étendre. Toulouse va voir paraître une édition de ses tragédies, et il est curieux de retrouver, à

---

[1] Chardon, p. 153.
[2] *Éloges des Hommes illustres... composés en latin par Scévole de Sainte-Marthe et mis en françois par G. Colletet*, Paris, 1644, p. 382. — Sainte-Marthe, *Gallorum doctrina illustrium Elogia*, Paris, 1598, dit simplement : « *Nec ullum vitae tempus a Republica vacuum exegit.* »

ce point de sa carrière, le souvenir de son temps de jeunesse et d'enthousiasme.

Sa vieillesse était malheureuse. Hauréau nous a conservé un fragment [1] de la notice que Colletet avait consacrée à Garnier dans ses *Vies des Poètes françois*. Colletet disait : « Ces disgrâces domestiques et particulières étant suivies de disgrâces publiques, où, comme un bon et fidèle citoyen, il prenoit tant de part, le précipitèrent dans une mélancolie si profonde et si noire qu'il témoigna dès lors à ses intimes que la vie commençoit à lui être ennuyeuse. » D'où venait cette tristesse, dont son portrait de 1585 rendait déjà témoignage ? Pour les disgrâces domestiques, nous ne pouvons que conjecturer. Ses amis l'avaient quitté, Pibrac en 1584, Ronsard en 1585, et, depuis 1588, il était veuf. De Thou, qui insère dans son *Histoire* une courte oraison funèbre de Garnier [2], mentionne comme Colletet qu'il souffrit beaucoup des malheurs du temps. Et quel temps : Coutras, les Barricades, la tragédie de Blois et cette formidable énigme : la Ligue !

Est-ce parce que le duc de Guise était seigneur de La Ferté-Bernard que Garnier, dans le désarroi de ses derniers jours, a pactisé avec la Ligue ? Garnier ligueur, s'y serait-on attendu après ce qu'on sait de son passé ? Aujourd'hui que toutes les idées, toutes les nuances d'idées de ce temps nous apparaissent dans leur netteté définitive, comme les pièces étiquetées d'un squelette, nous nous étonnons que les contemporains aient varié, changé de doctrine, de camp. Rien n'était plus fréquent parce que rien n'était plus naturel. De Thou plaide pour

---

[1] Inséré dès 1852 dans la première édition de l'*Histoire littéraire du Maine*
[2] De Thou, *Histoire universelle*, traduction française, Londres (Paris), 1734 t. XI, p. 232. — Ce paragraphe contient plusieurs erreurs.

Garnier les circonstances atténuantes. « Au commencement des troubles [dans le Maine], il s'étoit trouvé engagé dans le parti de la Ligue plutôt qu'il ne l'avoit embrassé. » Et Colletet : « Il crut qu'il falloit en quelque sorte céder au temps et se mêla parmi les factieux plutôt par hasard que par dessein formé... »

Ce ne fut pas long. En février 1589, les ligueurs prenaient le château du Mans. Leurs excès changèrent-ils les idées de Garnier ? N'avait-il pas donné assez de gages à ses amis d'un jour ? Lorsque Mayenne, en mai suivant, est entré dans la ville, on trouve le nom de Garnier sur la liste des habitants que les vainqueurs ont frappés d'une contribution extraordinaire [1]. — En cette même année, Henri III était assassiné et Henri IV reprenait le Mans ; ce jour-là, les violences des « royaux » succédaient à celles des ligueurs.

L'année suivante, Garnier, malade, quitta, on ne sait pourquoi, sa maison avec ses deux filles, qui avaient onze ans et huit ans, et se réfugia chez une parente. Le 13 septembre, « considérant qu'il n'est rien plus certain que la mort et incertain que l'heure d'icelle », il faisait son testament, long et curieux document conservé aux Archives de la Sarthe [2]. Quelques jours après, le 20 septembre 1590 [3], il mourait, — de chagrin, assure de Thou.

Il fut inhumé dans l'église des Cordeliers.

Il avait voulu que dans la chapelle où il allait reposer auprès de Françoise Hubert un vitrail reproduisît leurs traits, et que leurs « effigies » se dressassent sur le tombeau, « avec escriture de prose latine à la mode antique ».

---

(1) Chardon, p. 167.
(2) Plusieurs fois reproduit, la dernière fois par Chardon, pp. 172-178.
(3) Date certaine : Chardon, pp. 178-180.

Le vitrail n'existe plus. En 1791, les bustes de marbre blanc (¹) furent transportés au château du Luart (²), les restes du poète et de sa femme furent inhumés dans le cimetière du pays. Aujourd'hui, les sculptures ornent, dans le cimetière, le monument funéraire de la famille du Luart. (La fille aînée de Garnier épousa, en 1594, François Legras du Luart, ancien conseiller au Parlement de Bretagne, conseiller au Grand Conseil. — La seconde fille épousa, en 1600, un conseiller au présidial du Maine, Geoffroy Aubert.) Mais on ne sait trop où se trouvent les cendres du poète (³).

XIV

L'heure n'était pas aux « Tombeaux » littéraires, la mort du poète tragique passa inaperçue : la tragédie courait alors les rues et les champs. Du moins, un de ses amis ne l'oublia pas. Quand Vauquelin de la Fresnaye publia, en 1605, ses œuvres poétiques, il s'y trouvait une « Épitaphe » de Robert Garnier :

> Neuf lustres sont passez, que ma muse lyrique
> Lamenta sur le Clain La Péruse tragique...

Ceci est une allusion à une autre Épitaphe du même recueil : *Sur le Tombeau de La Péruse, lorsque sa Médée et ses autres œuvres furent imprimées à Poitiers*, 1556. C'est donc en 1601, neuf lustres après 1556 (⁴), que Vau-

---

(1) Par Michel Bourdin, le fils. Le dessin du tombeau existe dans la Collection Gaignières. H. Bouchot, *Inventaire des Dessins exécutés pour R. de Gaignières*, Paris, 1891, nᵒˢ 2826-2827. — Cf. *Nouvelles Archives de l'Art français*, 1894, pp. 359-367 et *Province du Maine*, 1895, pp. 97-108.
(2) Le Luart, aujourd'hui canton de Tuffé, arrondissement de Mamers.
(3) L. Calendini, *Le Tombeau de Robert Garnier*, dans les *Annales Fléchoises* 1904, premier semestre, pp. 266-272.
(4) C'est ce début de l'Épitaphe qui, mal compris par La Monnoye dans ses notes sur La Croix du Maine, lui a fait croire que Garnier était mort en 1600.

quelin prononce en vers l'oraison funèbre de Garnier, mort depuis onze ans. Pour une épitaphe, c'est un peu tardif, mais cette tardivité même prouve la fidélité du souvenir. Je transcris en entier, vu sa rareté, la poésie de Vauquelin :

> ... Et maintenant je plain Garnier, qui commençant
> Alloit tous les Tragics de France devançant,
> Qui juge connoissant les lois et la droiture,
> Punissoit en ses vers l'infâme forfaiture
> Des Rois malavisez et des peuples mutins,
> Par l'exemple des Grecs et des princes latins :
> Cartels où tous les Grands bien apris peuvent lire
> Ce qu'un conseil flatteur ou craintif n'ose dire.
> Pour ce de Melpomène et l'amour et le cueur,
> Il fut des vers grégeois et des romains vainqueur.
> Toutefois de ces vers il n'eut onc récompence :
> Le métier de cet Art ne vaut pas la dépence.
> Garnier pour le public fut tousjours empesché,
> Et pour son passe-temps aux Muses attaché.
> Les Muses lui servoient de cartes et de balles,
> Où prennent leur plaisir les âmes génerralles.
> Mais seul en son loisir des Muses fréquenté,
> D'un plaisir souverain il estoit contenté :
> Tant ce jouët à fouls, cet art folastre affolle
> Ceux que Phoebus ravit maistres en son écolle.
> La Parque ferma lors qu'on lui ferma les yeux
> Le théâtre et la porte à tous ébats joyeux :
> Mais, hélas ! elle ouvrit maintes sources hautaines
> En des yeux regorgeants de piteuses fontaines.
> Des ruisseaux d'Hélicon sa mort nous a privez,
> Mais le Loire (¹) et le Loir enflez sont dérivez,
> Et la Ferté-Bernard, le lieu de sa naissance,
> Sarte et Maine ont jetté des pleurs en abondance.
> Les Muses ont quitté leurs lauriers delphiens
> Et couronné leurs chefs de cyprès candiens,
> Et luy trousse bagage et conduit son Théâtre
> Pour faire les grands Rois devant les dieux combattre :
> Ayant ses vers assez les mortels réjouys,
> C'est bien raison qu'ils soient des Immortels ouys (²).

---

(1) La Loire. Vauquelin fait Loire masculin comme en latin *Liger*.
(2) Vauquelin de la Fresnaye, *op. cit.*, pp. 679-680.

XV

Si les amis de Garnier le pleurèrent en silence, sa mémoire allait connaître toutes les formes du succès posthume : l'imitation, la traduction, la diffusion des œuvres par des éditions nombreuses, l'éloge de la critique, ce dernier avec des périodes d'oubli et d'obscurcissement, pour devenir éclatant de nos jours.

Il fit école. Ses disciples s'appellent Pierre Matthieu (l'auteur de *Quatrains* moraux quelquefois imprimés avec ceux de Pibrac), Adrien d'Amboise, Nicolas de Montreux, Guillaume Belliard, Jean de Beaubreuil, Robelin, Roland Brisset, Jean Godard, Jean de Virey, Jean Behourt, Jacques Ovyn, J. Heudon, Claude Billard. Les nommer suffit. Antoine de Montchrestien, qui leur succède, leur est supérieur à tous. Il est le dernier continuateur de Garnier et il appartient déjà à l'âge suivant.

Ce serait pour Garnier un haut titre d'honneur si l'on établissait que Shakespeare a connu, a utilisé *Cornélie* et *Marc-Antoine*. De preuve certaine, il n'y en a pas, mais seulement des indices, assez pertinents, à la vérité, pour permettre de croire que Shakespeare a dû à Garnier l'idée première de son *Antoine et Cléopâtre*, l' « idée première et plusieurs détails importants de son *Jules César* [1] ». Et ces indices prennent valeur de ce fait que Shakespeare a pu lire les deux tragédies de Garnier en anglais. En 1592, lady Pembroke, la très lettrée belle-sœur de Philippe Sidney, avait publié à Londres une traduction du *Marc-Antoine* de Garnier sous ce titre : *Antonius*,

---

[1] Bernage, *op. cit.*, pp. 147-149.

*a tragedie written in french by R. Garnier, with a discourse
of life and death, written in french by Ph. Morney, both
done in english by Mary Herbert, countess of Pembroke* (1).
Il s'agit, dans la deuxième partie du titre, du *Discours
de la Vie et de la Mort* que Du Plessis-Mornay avait donné
en 1576 et 1583 : singulière réunion, dans ce recueil,
d'un discours religieux de l'éminent huguenot et de
l'œuvre profane du très catholique Garnier. — En 1594,
Thomas Kyd, l'auteur dramatique, le plus populaire
des tragiques anglais jusqu'à l'apparition de Shakespeare,
avait publié à Londres une traduction en vers blancs
de *Cornélie*. — Ces deux traductions eurent du succès;
elles furent toutes deux réimprimées en 1595, celle de
Kyd sous ce nouveau titre : *Pompey the Great and his
fair Cornelia* (2).

En 1618, W. de Baudous publia à Amsterdam une
traduction hollandaise ou plutôt une adaptation très
libre de l'*Antigone* de Garnier (3).

Donc, on imite Garnier, on le traduit, on le joue.
On le découpe en morceaux choisis (4). La fin du XVIᵉ siècle
et le commencement du XVIIᵉ sont un temps de gloire
pour lui. Et les éditions de ses tragédies se multiplient :
plus de quarante en moins de trente ans, dont vingt dans
la seule ville de Rouen, et, à Rouen, plusieurs éditions
la même année (c'est-à-dire la même édition, avec un
titre différent, chez plusieurs libraires). Il faut noter

---

(1) Brunet, *Manuel*, vº Garnier.
(2) *Ibid.*, vº Kyd.
(3) *Revue de Littérature comparée*, 1923, p. 167. — Une traduction hollandaise d'*Hippolyte* parut en 1655; J. Bouwens, *La Tragédie française et le Théâtre hollandais au XVIIᵉ siècle*, Amsterdam, 1921, t. I, p. 262.
(4) Il est abondamment mis à contribution, on peut dire pour une grande partie de son œuvre, tout au long du gros recueil in-4º d'Esprit Aubert, *Les Marguerites poëtiques tirées des plus fameux poëtes françois, tant anciens que modernes*, Lyon, 1613.

ce « succès de librairie » de l'œuvre de Garnier dans la patrie de celui qui l'éclipsera. Bientôt les éditions s'arrêteront et ne reprendront pas, parce qu'un nouvel astre va poindre et, tout de suite, rayonner : 1635, *Médée ;* 1636, *Le Cid.*

Pour commencer, on peut croire que l'opinion se partagea entre les deux poètes, celui de la veille et celui du jour. Dans *Marion de Lorme,* dont l'action se passe en 1638, Victor Hugo a imaginé très joliment cet antagonisme. De jeunes seigneurs disputent des mérites respectifs de Garnier et de Corneille. Les partisans de celui-ci sont très enthousiastes. D'autres admirent *Bradamante* ou trouvent Corneille « insolent » d'avoir voulu « créer après Garnier ». Un dernier est conciliant :

> Corneille est à la mode;
> Il succède à Garnier, comme font de nos jours
> Les grands chapeaux de feutre aux mortiers de velours (¹).

Scène vraisemblable : de tels propos furent certainement tenus. A l'apparition d'une école nouvelle, il y a ceux pour qui hier était timoré et ceux pour qui aujourd'hui est téméraire. D'aujourd'hui demain va naître, et la postérité donnera à chacun sa part d'éloge. Honorons « les grands chapeaux de feutre », mais n'oublions pas les antiques « mortiers ». Et il est certain que Corneille doit beaucoup à Garnier : les preuves abondent (²). Peut-on, à titre de curiosité, exhumer un mot bien inattendu d'écrivains les moins classiques qui aient jamais été? Les Goncourt disaient dans leur bizarre langage que le théâtre de Corneille était « encore au

---

(1) Victor Hugo, *Marion de Lorme*, II, 1. Cf. III, 10.
(2) Si tous les rapprochements que fait Bernage, *op. cit.*, pp. 151-160, ne sont pas également décisifs, on en trouverait d'autres qui lui avaient échappé et qui sont importants.

débotté de Garnier » (¹). N'était le mépris de Corneille, qui est inadmissible, on accorderait qu'il y a du vrai dans cette boutade.

Il nous reste à parler des auteurs qui, depuis son temps jusqu'à nos jours, ont porté sur Garnier une appréciation littéraire. Ceux de son temps sont peu nombreux. Parmi ceux du nôtre, on ne citera que les principaux.

XVI

Les contemporains de Garnier qui nous ont laissé leur opinion sur son compte l'ont consignée dans des ouvrages qui devaient paraître plus ou moins longtemps après sa mort.

J'ai cité l'*Histoire* de De Thou. — En 1605, c'est l'*Art poétique* de Vauquelin de la Fresnaye. Celui-ci n'a eu garde d'omettre l'ami regretté :

> Et maintenant Garnier, sçavant et copieux,
> Tragique a surmonté les nouveaux et les vieux,
> Monstrant par son parler assez doucement grave
> Que nostre langue passe aujourd'huy la plus brave (²).

Le VIIe livre des *Recherches de la France* d'Estienne Pasquier, le dernier publié de son vivant, contient un chapitre toujours cité : « De la grande flotte de Poëtes que produisit le règne du roi Henry deuxième (³) et de la nouvelle forme de Poësie par eux introduicte ». Pasquier s'exprime ainsi sur Garnier : « Depuis que nous l'eusmes veu [sur le théâtre de la France], chacun luy

---

(1) Edm. et J. de Goncourt, *En 18..*, Paris, 1851, ch. VI.
(2) Vauquelin de la Fresnaye, *Art poétique*, II, 1053-1056; éd. Garnier, p. 121.
(3) Qu'il veuille parler des poètes nés sous Henri II ou de ceux qui ont flori sous son règne, l'énumération de Pasquier déborde le règne de Henri II. Exemple, Garnier.

en donna le prix, sans aucun contredit, et c'est ce que dit de luy mesme Ronsard sur sa *Cornélie :*

<blockquote>Le vieil cothurne d'Euripide, etc.</blockquote>

« Il dit vray, et jamais nul des nostres n'obtiendra requête civile contre cet arrest. Au demeurant, Garnier nous a fait part de huit tragédies, toutes de choix et de grand poids. » Pasquier les énumère, et il conclut : « Poèmes qui, à mon jugement, trouveront lieu dans la postérité ([1]). »

C'est encore à propos du règne de Henri II que Brantôme, après avoir vanté Ronsard et la Pléiade, ajoute : « Je ne parle point... d'une infinité d'autres qui sont venus après... comme M. Garnier, qui les a passés tous en parler haut, grave et tragique ([2]). » Le « parler haut » : nous voici revenus avec cette expression à l'éloge de Ronsard dans le sonnet en tête de *Cornélie*.

Les Vies des Grands Capitaines, où est ce passage, parurent en plein règne de Louis XIV. Qui pensait alors aux origines de notre poésie dramatique, qui pensait à Garnier? Je me trompe. Quelqu'un ne l'avait pas oublié, qui avait gardé de la tendresse pour l'âge précédent et qui avait pu, dans sa jeunesse, voir jouer *Les Juives* ou *Bradamante* : Mademoiselle de Scudéry. Il y a dans *Clélie* un long hors-d'œuvre (entre autres) où Calliope dévoile à Hésiode toutes les destinées futures des poésies grecque, latine, italienne et française. La Muse dit de notre auteur : « Regarde en suite le premier poète françois qui fera des tragédies avec quelque réputation.

---

[1] Il est singulier que d'Aubigné, faisant, lui aussi, un « rolle des Poëtes de son temps », ne mentionne pas Garnier. Lettre sans date, mais très postérieure à la mort de Garnier : éd. Réaume et F. de Caussade, t. I, pp. 457-462.
[2] Brantôme, *Œuvres*, éd. Lalanne, t. III, p. 288.

Il se nommera Garnier et sera de fort bonne naissance ([1]). »
A nous, l'éloge paraît mince, bon pour une présentation
à la cour. Mais il faut penser à l'éclat récent de notre
scène. C'était beau de nommer Garnier quand Corneille
achevait sa carrière.

Passons tout le XVIIIe siècle, sans compter pour rien
les biographes professionnels, Niceron, Goujet et les autres,
qui ont copié leurs devanciers. Le XVIIe siècle s'était
moqué du XVIe; le XVIIIe a eu pour lui la forme souve-
raine du dédain, il l'a ignoré. Seul La Harpe (qui est bien
un homme du XVIIIe siècle) a porté sur Garnier une
appréciation motivée.

Elle est sévère. « Garnier s'éleva au-dessus d'eux
[Jodelle et ses contemporains], sans avoir encore ni
pureté, ni élégance; sa diction se rapproche davantage
de la noblesse tragique, mais de manière à tomber trop
souvent dans l'enflure. Il connaissait les anciens... Il
offre pourtant quelques scènes touchantes par les sentiments qu'ils lui ont fournis, quoiqu'il ne sache pas les
revêtir d'une expression convenable. La langue chez lui
tient encore beaucoup de la rudesse de Ronsard, qui
servait de modèle à la plupart de ses contemporains...
Un seul morceau cité donnera l'idée de tout ce qui man-
quait à Garnier, et en même temps de ce qu'il peut y
avoir de louable dans sa composition... » Et La Harpe
s'amuse à prendre un monologue de César au IVe acte
de *Cornélie*, et à le corriger vers par vers avec la plus
grande sévérité, comme un devoir d'élève. La Harpe se
croyait un maître en tragédie. « C'est, dit-il en concluant,
la caricature du style héroïque; mais c'était déjà quelque
chose, après les Mystères, que de ressembler à l'héroïque,

---

[1] Mlle de Scudéry, *Clélie*, t. VIII, 1660, p. 854.

même avec cette charge grossière, et c'est à peu près tout ce que firent Jodelle et Garnier (1). » Voilà jugé le poète qui, par huit tragédies, a frayé la voie à Corneille et voilà la hauteur de vues d'un arbitre du goût. Ce classicisme débile traitait en parents pauvres de notre littérature les vaillants novateurs qui ont, comme dit d'Aubigné (2), « coupé le filet sous la langue de la France ».

Mais voici venir celui à qui nous devons, en matière littéraire, la renaissance de la Renaissance, voici Sainte-Beuve. Justice, cette fois, va-t-elle être rendue à l'auteur des *Juives* dans le célèbre *Tableau de la Poésie française et du Théâtre français au* XVIe *siècle?* Il s'en faut. Sainte-Beuve, en 1828, n'en est encore qu'à l'ivresse d'avoir découvert Ronsard. Il ne s'intéresse guère à « l'école artificielle et savante de Garnier et de Jodelle ». Garnier, c'est Jodelle en progrès. « En écrivant plus noblement que Jodelle (3), de même que Desportes écrivait plus purement que Ronsard, Garnier n'a fait que suivre les progrès naturels de la langue et obéir à une sorte de perfectibilité chronologique [?] » Cependant Sainte-Beuve lui reconnaît « une prééminence bien réelle dans la construction et la conduite de ses pièces ». Lui reconnaître du talent n'aurait pas coûté beaucoup plus. Pour être franc, je ne crois pas que Sainte-Beuve ait lu beaucoup de Garnier. Il a lu *Porcie,* dont il donne une minutieuse analyse et qu'il présente avec quelque dédain comme un spécimen caractéristique de ce que sait faire Garnier. Il

---

(1) La Harpe, *Cours de Littérature,* IIe Partie, *Poètes tragiques avant Corneille*; On trouvera plus loin, dans les Notes sur *Cornélie,* à titre de curiosité, les observations de La Harpe. Il censure aussi, comme « manquant de mesure et appartenant à l'enfance de l'art », deux vers d'*Antigone* (acte II), qu'il appelle *La Thébaïde*.
(2) *Loc. cit.*
(3) Cf. *Nouveaux Lundis,* t. XIII, p. 275 : « la forme plus complète de Garnier ».

dit quelques mots des *Juives* et de *Bradamante*, mais ici je soupçonne son érudition d'être de seconde main. Et c'est tout.

XVII

Il faut arriver jusqu'à la célèbre thèse d'Émile Faguet ([1]) pour trouver un critique qui parle de Garnier en termes dignes de lui. Garnier est comme le centre de cet excellent ouvrage. On dirait même que Faguet avait conçu d'abord une thèse sur Garnier, et que celle-ci s'est trouvée allongée de tout ce que l'auteur a cru bon d'ajouter sur la tragédie française avant Garnier et après Garnier.

Examen de chacune des tragédies, étude du style de Garnier, étude de ses qualités de poète lyrique, rien n'a échappé à la critique de Faguet, qui est ici celle de ses meilleurs jours, lumineuse, spirituelle, incisive, éprise d'idées, à son ordinaire, les faisant jaillir sous nos pas et nous promenant parmi elles comme dans un jardin, un peu trop dédaigneuse peut-être du scrupule facile de biographie et de bibliographie, et fâcheusement crédule envers Mouhy : on le lui a assez reproché, mais cela, après tout, n'est qu'un détail dans une œuvre où tout l'effort est donné à l'analyse et à la discussion. Qui voudra connaître Garnier ne pourra pas se passer de consulter ces pages brillantes. Ce que j'en aime le moins, je l'avoue, c'est la distinction, adoptée docilement par d'autres, des trois « manières » de Garnier, moyen quelque peu artificiel, si j'ose le dire, de constater le progrès continu du vieux poète dans la maîtrise de son art.

---

[1] É. Faguet, *La Tragédie française au XVIe siècle (1550-1600)*, Paris 1883, pp. 175-307.

Ce vieux poète, Faguet l'a aimé, et il a voulu le mettre à son rang, qui est le premier pour son époque. « Robert Garnier est resté le représentant de la tragédie française de la Renaissance. Cette réputation n'est point usurpée. Les Français ont reconnu en lui l'homme qui, de tous les auteurs dramatiques de ce temps, a été le plus pénétré des qualités essentielles de l'esprit français. Ce fut la première raison de son succès. Il le dut encore à son style, moins inégal, plus constamment soutenu que celui de ses prédécesseurs, de ses rivaux et de ses élèves. Il faut tenir compte encore de sa fécondité relative et de sa persévérance... Il a laissé huit drames élaborés avec patience et sage lenteur dont chacun marque un progrès sur celui qui le précède. Pour ces différentes causes, il reste le nom en lumière dans l'histoire des prédécesseurs de Corneille. » Et à propos de la tragi-comédie : « Garnier a le grand honneur d'avoir ouvert une voie où sont entrés après lui des hommes de génie, d'avoir détendu et dénoué notre tragédie naissante, de l'avoir pliée à l'expression de sentiments naturels et simples, de s'être montré lui-même capable d'un vrai comique, d'avoir introduit sur la scène française de 1582 quelques personnages vivants, ce qui n'était pas chose très commune à cette époque. » Et pour conclure : « Garnier, pour en parler le moins complaisamment possible, est la date la plus importante dans l'histoire de notre théâtre depuis les *Actes des Apôtres* ([1]) jusqu'à *Médée*. »

Brunetière n'a pas eu pour Garnier les mêmes sourires que Faguet : il est vrai que ses sourires étaient plus rares. Lui aussi s'en tient sur les tragédies à vanter le style,

---

([1]) Mystère fameux et le dernier des Mystères, représenté en 1540.

et encore avec une malice : « Le principal mérite en est d'être assez bien écrites, et le grand défaut d'être trop écrites ([1]). » Mais avons-nous, sur notre sujet, toute la pensée de l'éminent professeur ? C'est dans le chapitre sur Garnier, c'est au milieu de la critique des *Juives* que la plume lui est tombée des mains, et la rédaction de son dernier ouvrage s'achève par les soins d'amis et d'élèves, d'après ses plans et des notes prises à son cours. Quels que soient le talent et la conscience des pieux continuateurs, ils ne peuvent suppléer à tout ce que nous avons perdu en n'entendant pas, comme disait l'orateur ancien, rugir le lion lui-même.

M. Lanson a résumé naguère en quelques mots ce qu'il faut penser de notre poète : « Éloquence nerveuse, pathétique puissant, dans la rhétorique surabondante de Garnier : goût excessif, mais souvent heureux, de l'antithèse ([2]). »

XVIII

On le voit, dans tous ces arrêts, s'il y a des réserves, l'éloge domine, et c'est justice. Trop d'érudition, trop de rhétorique, c'est-à-dire trop d'attachement encore à la mode du temps, trop de répliques antithétiques dans le dialogue, c'est-à-dire trop d'attachement déjà à un goût auquel sacrifiera Corneille ; voilà pour les réserves. Mais de nobles vers et des vers touchants, de l'éloquence et de la grâce, et une entente, une prescience, si l'on veut, d'un art nouveau de la scène, qui va délier notre Melpo-

---

[1] F. Brunetière, *Histoire de la Littérature française classique* (1513-1830), t. I, p. 555.
[2] G. Lanson, *Esquisse d'une Histoire de la Tragédie française*, p. 12.

mène et lui donner l'essor vers ses destinées futures, et tout cela non plus dans une tragédie unique, réussite d'un jour d'un amateur bien doué, mais dans une production abondante et suivie qui est comme d'un professionnel, voilà de quoi motiver cet éloge que je cite pour finir parce qu'il contient tous les éloges accordés à Garnier : « le plus grand nom de la tragédie au XVIe siècle » ([1]).

Mais surtout, car il faut y revenir pour conclure, Garnier est un degré dans l'échelle de nos gloires dramatiques et je m'étonne que le grand théoricien de l'évolution ne lui ait pas fait meilleur visage. Ces œuvres de transition ont, parce qu'elles portaient en elles le secret de l'avenir, quelque chose du mystère touchant de la gestation. Voltaire, en commentant *La Mort de Pompée*, écrivait : « Les curieux ne seront pas fâchés de savoir que Garnier avait donné les mêmes sentiments à Cornélie. » Notre curiosité, aujourd'hui, va plus loin. Elle nous suggère cette question : sans Garnier, aurions-nous eu Corneille ?

Lucien PINVERT.

DONNEMARIE-EN-MONTOIS, 8 Octobre 1922.

([1]) Eug. Rigal, *Le Théâtre de la Renaissance, La Tragédie,* dans l'*Histoire de la Langue et de la Littérature française* par Petit de Julleville, t. III, p. 286.

BIBLIOGRAPHIE

I

ŒUVRES DE ROBERT GARNIER

Il faut distinguer les éd., — isolées ou collectives, — qui ont paru du vivant de l'auteur, et les éd., — toutes collectives, — qui ont été publiées après sa mort.

Toutes les éd. publiées du vivant de l'auteur sont rares.

Des écrivains spécialistes, qu'on serait tenté de croire très bien renseignés, Renouard *(Annales de l'imprimerie des Estienne...*, Paris, 1843) et Brunet *(Manuel du Libraire...*, Paris, 1860-1865) sont douteux ou fautifs sur un certain nombre de points.

A. — ÉDITIONS PUBLIÉES DU VIVANT DE GARNIER ([1])

*I. — *Plaintes Amoureuses de R. Garnier, Manceau, contenant Élégies, Sonnets, Épîtres, Chansons. Plus deux Églogues...*, imprimées à Tholoze, in-4°, par Jaques Colomiez, 1565.
   Indiqué par Du Verdier.
   Hauréau mentionne une éd. * de Lyon, 1602, in-12 (?).

II. — *Hymne de la Monarchye..., par R. Garnier Fertenoys*, Paris, G. Buon, 1567, in-4°, 12 ff.
   Bibliothèque nationale, Réserve, p. Ye. 366.
   Réimpression tirée à 15 exemplaires, Mamers, 1905, in-4°.

([1]) L'astérisque signale un opuscule considéré comme perdu et diverses éd dont je n'ai pu avoir en mains aucun exemplaire.

III. — *Porcie...*, Paris, Rob. Estienne, 1568, in-8°, 35 ff. non chiffrés.
Bibliothèque nationale, Réserve, Yf. 3949.
Brunet cite une réimpression de 1574 *.

IV. — *Hippolyte...*, Paris, Rob. Estienne, 1573, in-8°, 3 ff. non chiffrés et 49 ff.
Bibliothèque nationale, Réserve, Yf. 3899 et 3953.
Renouard, p. 174, cite une autre éd. *, 1574, in-8°.

V. — *Cornélie...*, Paris, Rob. Estienne, 1574, in-8°, 40 ff.
Bibliothèque nationale, Réserve, Yf. 3900 et 3952.

VI. — *Marc-Antoine...*, Paris, Mamert Patisson, 1578, in-8°, 39 ff.
Bibliothèque de l'Arsenal, B.L., 9686.

VII. — *La Troade...*, Paris, Mamert Patisson, 1579, in-8°, 4 ff. non chiffrés et 44 ff.
Bibliothèque nationale, Réserve, Yf. 3950.
Renouard, p. 180, mentionne une éd. de 1578. Erreur certaine, l'ouvrage étant décrit comme dédié à Renaud de Beaune, « Évesque de Mende, ensuite archevesque de Bourges », et Renaud de Beaune n'ayant eu l'archevêché de Bourges qu'en 1581.

VIII. — *Les Tragédies de Robert Garnier..., nouvellement reveues et corrigées*, Paris, Mamert Patisson, 1580, in-12, 4 ff. non chiffrés, 206-51 ff. Cette éd. comprend les cinq tragédies déjà publiées isolément, plus *Antigone*, avec un titre exprès et des chiffres nouveaux.
Bibliothèque de la Comédie française, fonds Rondel.
Bibliothèque de l'Arsenal, B.L., 9687. (Recueil factice dans lequel on a ajouté à cette éd. de 1580 deux fragments d'éd. posthumes.)

IX. — *Antigone ou la Piété...*, Paris, Mamert Patisson, 1580, in-8°, 4 ff. non chiffrés, 44 ff.
Bibliothèque nationale, Réserve, Yf. 3951.
Bibliothèque de l'Arsenal, B.L., 9686.
Cette éd. in-8° d'*Antigone* avait pour but de permettre aux possesseurs des éd. isolées de réunir toute l'œuvre de Garnier dans le même format sans être obligés d'acheter l'éd. collective.
Renouard, p. 182, et Brunet mentionnent une éd. de 1579 *. Je ne pense pas qu'elle ait existé.

X. — *Les Tragédies de Robert Garnier...*, Paris, Mamert Patisson, 1582, in-12, 302 ff.

Ce sont les tragédies précédentes, plus *Bradamante*, qui vient en tête.

Bibliothèque de la Comédie française, fonds Rondel.

Éd. la plus rare de toutes. Brunet la décrit sans l'avoir vue, car il prétend à tort qu'elle ne s'ouvre pas, comme feront celle de 1585 et toutes les suivantes, par la Dédicace *Au Roy de France et de Polongne*.

XI. — *Bradamante...*, Paris, Mamert Patisson, 1582, in-12, 6 ff. non chiffrés, 36 ff.

Bibliothèque de la Comédie française, fonds Rondel.

Bibliothèque Mazarine, Réserve, 22.001.

Cette fois, c'est un véritable Tirage à part de la *Bradamante* comprise dans l'éd. collective de 1582, avec la même composition, mais avec un titre nouveau et un foliotage un peu différent.

Même observation que ci-dessus. Ce Tirage à part permettait aux possesseurs de l'éd. collective de 1580 d'avoir toute l'œuvre de Garnier sans être obligés d'acheter la nouvelle éd. collective de 1582.

Renouard, p. 183, signale une éd. * in-8º, certainement par erreur et pour désigner cette éd. in-12.

XII. — *Les Juifves...*, Paris, Mamert Patisson, 1583, in-12, 42 ff.
Bibliothèque nationale, Réserve, p. Yc. 1171.

XIII. — *Les Tragédies...*, Paris, Mamert Patisson, 1585, in-12, 12 ff. non chiffrés, 332 ff. Avec portrait.

Bibliothèque de l'Arsenal, B.L., 9687 *bis*.

Bibliothèque nationale, Réserve, Yf. 2959. (Cet exemplaire ne contient pas le portrait.)

La meilleure des éd. collectives. C'est celle qu'on a suivie pour la présente éd.

Toutefois on a cru devoir, pour faciliter la lecture, rajeunir quelque peu l'orthographe de Garnier, qui est archaïque et parfois variable, et compléter la ponctuation et surtout l'accentuation. (Les imprimeurs du temps n'accentuaient guère que l'é ouvert à la fin des mots).

XIV. — *Les Tragédies...*, Toulouse, P. Jagourt, 1588, in-12, 24-622 pp.
Bibliothèque nationale, Yf. 1461.

B. — ÉDITIONS POSTHUMES

« Nul auteur d'alors, dit Sainte-Beuve *(Tableau de la Poésie française au XVIe siècle)*, n'a eu un plus grand nombre d'éditions : on se perd à les compter. »

De 1592 à 1619, le *Manuel* de Brunet en relève une quarantaine.

A la fin de quelques-unes de ces éditions, on lit un *Avis sur les Tragédies de R. Garnier par E. G., seigneur de Terneuf*, avec la devise *Coelo beat fides*.

La longue liste de Brunet pourrait être complétée. La Bibliothèque de la Comédie française possède deux éd. qu'il n'a pas connues : Lyon, Claude Morillon, 1595, in-12, et Rouen, Louis Loudet, 1618, in-12.

Elle devrait aussi être rectifiée.

Brunet déclare « avoir vainement cherché l'Élégie sur la mort de Ronsard dans les éd. antérieures à 1605 ». Or elle occupe les dernières pages de l'éd. de Rouen, 1599, in-12, par lui signalée.

D'autre part, il mentionne une éd. de Rouen, 1604, « la seule à la fin de laquelle se trouve le *Tombeau de messire Des Portes, abbé de Tyron*, par Garnier ». Mais Desportes ne mourra qu'en 1606, et Garnier était mort en 1590. Cette prétendue œuvre de Garnier n'a pas pu exister.

Une éd. moderne est à citer :

Robert Garnier, *Les Tragédies*, — *treuer Abdruck der ersten Gesammtausgabe (Paris*, 1585)... publiée par W. Foerster, Heilbronn, 1882-1883, 4 vol. in-12. — Reproduction très fidèle du texte de l'éd. de 1585. — Bibliographie confuse et inexacte. — T. IV, pp. 77-112 : Variantes relevées sur les éd. antérieures, isolées ou collectives. Pp. 113-126. Glossaire français-allemand.

On a appelé cette édition « la cinquantième édition de Robert Garnier », chiffre, en réalité, approximatif, trop élevé si l'on ne compte pas les éd., isolées ou collectives, publiées du vivant de l'auteur, trop faible si l'on en fait état. On dit, à l'appui de ce chiffre : « La dernière des éd. précédentes était de Rouen, 1686 ([1]). » Une éd. des tragédies de Garnier en 1686 serait très intéressante, comme marquant une tentative pour restaurer la gloire de Garnier au lendemain de la mort

---

[1] O. de Gourcuff, *La cinquantième Édition de Robert Garnier*, Nantes, 1884. (Extrait de la *Revue de Bretagne et de Vendée*.)

de Corneille. C'est Foerster qui indique cette éd. et qui en attribue un exemplaire à la Bibliothèque Mazarine sur la foi du Catalogue. Mais l'exemplaire ne s'y trouve pas, le Catalogue doit faire erreur, et l'édition, à ma connaissance, n'a jamais existé.

II

OUVRAGES A CONSULTER SUR ROBERT GARNIER

A) Les anciens biographes :

Adrien Baillet, *Jugemens des savans sur les principaux ouvrages des auteurs,* éd. revue par La Monnoye, Paris, 1722.

Niceron, *Mémoires pour servir à l'histoire des hommes illustres dans la république des lettres,* Paris, 1727-1745.

Goujet, *Bibliothèque françoise,* Paris, 1740-1756.

La Croix du Maine, *Bibliothèque françoise,* nouvelle éd. par Rigoley de Juvigny, Paris, 1722.

Du Verdier, *Bibliothèque françoise,* nouvelle éd. par Rigoley de Juvigny, Paris, 1772-1773.

Le *Dictionnaire* de Moréri.

Et les divers écrivains cités dans la Notice.

B) Parmi les modernes :

Ad. Ebert, *Entwickelungsgeschichte der französischen Tragödie vornehmlich im XVI. Jahrhundert,* Gotha, 1856, pp. 142 sqq.

H. Putmann, *De Roberto Garniero,* Bonn, 1865.

J. Frost, *Étude analytique et critique sur le théâtre de Robert Garnier,* Bielefeld, 1867.

B. Hauréau, *Histoire littéraire du Maine,* Paris, 1872, t. V.

S. Bernage, *Étude sur Robert Garnier* (thèse), Paris (1881).

W. Procop, *Syntactische Studien zu Robert Garnier,* Eichstätt, 1885.

Arth. Jensen, *Syntactische Studien zu Robert Garnier,* Kiel, 1885.

P. Kahnt, *Gedankenkreis der Sentenzen in Jodelle's und Garnier's Tragödie und Seneca's Einfluss auf demselben,* Marbourg, 1885.

H. Raeder, *Die Tropen and Figuren bei Robert Garnier,* Wandsbek, 1886.

P. Körner, *Der Versbau Robert Garniers*, Berlin, 1894.

Colbert Searles, *The stageability of R. Garnier's Tragedies*, dans *Modern language Notes*, XXII.

Eug. Rigal, *Alexandre Hardy...*, Paris, 1889, pp. XXIII et 247-252, — dans Petit de Julleville, *Histoire de la Langue et de la Littérature française*, t. III, 1897, pp. 286-295. — *De Jodelle à Molière*, Paris, 1911, pp. 37, note, et 67-112.

H. Chardon, *Robert Garnier, sa Vie, ses Poésies inédites, avec son véritable portrait et un fac-similé de sa signature*, Paris-Le Mans, 1905.

B. Georgin, *Les Imitations de R. Garnier dans sa tragédie des Juives*, dans la *Revue des Langues romanes*, 1910, pp. 70-98.

J. Rolland, *La Tragédie française au XVIe siècle;* — « *Les Juifves* », Paris, 1911.

Et tous les auteurs cités dans la Notice.

# PREMIÈRE PARTIE

LE THÉATRE

AU ROY
DE FRANCE ET DE POLONGNE

Si nous, originaires sujets de vostre Majesté, Sire, vous devons naturellement nos personnes et biens, pour à toute occurrence les exposer dévotieusement à vostre service, je sembleray venir sans raison présenter à vos pieds le corps de cet ouvrage, puisque l'autheur d'iceluy, et tout le bien qu'il pourroit produire, vous est en naissant légitimement acquis. Mais tout ainsi qu'à nostre Dieu, de qui vous estes l'image et la vive représentation, nous faisons sans l'offenser de religieuses offrandes des biens que nous tenons de sa bonté, j'estime que moy et tous autres François ne ferons chose préjudiciable aux droits de vostre souveraineté et devoir de nostre obéissance, en vous consacrant les fruits de nostre labeur, combien que sans cela vous les puissiez de vous mesmes justement advouer. Et dequoy pourroyent nos pauvres Muses, que vous recevez et embrassez si chèrement, recognoistre vos bienfaits que par nos poétiques chansons? La postérité, Sire, incorruptible juge de nos actions, entendant par le fidelle rapport de tant de livres estrangers qui survivront notre siècle les admirables effets de vos héroiques vertus, blasmeroit nostre ingrate mécognoissance, de n'avoir par nos plumes testifié la grâce que Dieu nous fait de vivre sous la douce subjection d'un tel Monarque, que les nations qui aboutent les frontières de Scythie ont ambitieusement recherché pour maistre. Je ne crains point que ceux qui auront approché des rayons de vostre Majesté me jugent pour cela déborder en louanges mmodérées, attendu les belles et recommandables parties

dont nostre Dieu vous a rendu d'esprit et de corps si accompli.
Vous face sa bonté, SIRE, prospérer longuement, et vous
donne entre autres félicitez une postérité telle que vous
désirez pour le particulier contentement de vostre Majesté
et le commun bien de vostre France.

> Le très-humble et très-affectionné
> serviteur
> et subject de vostre Majesté,
> ROBERT GARNIER.

AU ROY
DE FRANCE ET DE POLONGNE

Les Rois, enfans du Ciel, sont de Dieu les images :
Jupiter en prend cure et les garde d'outrages ;
Il les fait révérer, réputant les honneurs
Estre à luy mesme faits qu'on rend à ses seigneurs.
Quand ils ont quelquefois les âmes trop cruelles,
Outrageant leurs sujets qui ne leur sont rebelles,
Bien qu'épris de colère, il les fait à tous coups
Par signes advertir de son ardant courroux.
Il trouble l'air de vents, d'éclairs et de tonnerres,
Il fait enfler les mers, il fait trembler les terres,
Fait pallir au soleil le grand front lumineux,
Ou dans le ciel attache un comète crineux :
A fin qu'espouvantez de sa dure menace,
Ils amendent leur vie et recouvrent sa grâce :
Tant il leur est clément, et tant peu volontiers
Il venge les forfaits de monarques fautiers.
  Mais des bons qui la paix et la justice honorent,
Et semblables à vous les cruautez abhorrent,
Il a tousjours le soin, leurs sceptres il maintient,

Et contre tous haineurs leur querelle soustient.
Il veut que les vertus de leur âme enfantées,
Comme célestes soyent par les Muses chantées.
Comme on voit que d'Alcide immortels sont les faits,
Qui la terre purgea de ses monstres desfaits :
Ou comme du Pélide est la gloire vivante
Par les antiques vers d'Homère qui le chante,
Avec tant d'autres preux, que les Poëtes saints
Ont comme en un tableau dans leurs œuvres dépeints,
Or tel vous serez, Sire, après que la mort palle
Aura fait dégourdir vostre toile fatale,
Et que vostre belle âme, hostesse d'un beau corps,
Tardive, après cent ans, s'élancera dehors.
Car mille et mille vers porteront vos louanges
De ce françois séjour aux rivages estranges :
Si que les peuples ards [1] des chaleurs du Midy,
Les Tartares errans sous un air refroidy,
Ceux qui boivent l'Hydaspe aux arènes gemmeuses,
Et ceux qui vivent tant aux Isles bien-heureuses,
Les sçauront comme nous, qui vos faits aurons veus,
Et les feront sçavoir à leurs futurs neveus.

   Car Dieu, qui vous a fait pour nostre bonheur naistre,
Vous ayant ordonné nostre suprême maistre,
A de chantres sacrez vostre siècle rempli,
Pour tirer vostre nom des ténèbres d'oubli.
Vous avez d'Hélicon la verdureuse croupe,
Vous avez Hippocrène et la neufveine troupe,
Qui tous les jours espoint mille braves sonneurs
De chanter à l'envi vos immortels honneurs.

   L'un dira la beauté qui vostre front décore,
La douceur de vostre œil, qui ressemble une aurore,
Quand de rayons dorez elle chasse la nuit,
Et sur les tendres fleurs d'un beau jardin reluit.
L'autre dira le miel, que l'hybléanne [2] mouche,
Fille du blond Soleil, confit en vostre bouche :
Dont vostre voix sucrée emprunte la douceur,

Qui coule en nostre oreille et nous pénètre au cœur.
Telle du Pylien [3] fut la douce faconde,
Qu'on dit avoir vescu par trois siècles au monde,
Et telle fut aussi la charmeresse voix,
La voix ointe de miel de l'Alcide françois,
Qui les peuples tiroit par sa douce harangue,
Ainsi que par chaînons attachez à sa langue.

Sire, l'on en pourra feindre de vous autant,
Qui ravistes si bien vostre peuple escoutant,
Naguières assemblé, qu'à luy voir les oreilles
Béantes pour ouïr de si douces merveilles,
A le voir arresté, sans toussir, sans parler,
Sans haleine, sans poulx, sans mouvoir, sans siller [4],
Sembloit que fussent troncs ou corps humains sans vie,
A qui vostre oraison auroit l'âme ravie.

Mais un autre, plus grave, entonnant sa chanson,
Fera bruire de Mars l'espouvantable son,
Vous peindra tout armé sur un genet d'Espagne,
Rengeant mille escadrons sur la verte campagne,
Vos ennemis auprès, à qui la froide peur
Par vostre seul regard descendra dans le cœur.
Vous brandirez au poing l'ardente coutelace ;
On verra dans vos yeux l'horreur et la menace ;
Devant vous marcheront le meurtre et la frayeur,
Et Mars, qui conduira vostre bras foudroyeur,
Fendra les bataillons, les versant pesle-mesle,
Comme espics abattus sous la sonnante gresle.
Les corps des ennemis dans leur sang tremperont,
Et des champs poitevins [5] les caveaux rempliront.
La Victoire, qui ceint de verd laurier ses temples,
Au sommet des palais et de vos sacrez temples,
La trompette en la bouche enflée à l'entonner,
Fera par l'Univers vos louanges sonner :
Si que les peuples durs qui tremblent sous l'Arctique,
Vous viendront présenter leur sceptre sarmatique,
Au bruit de vos vertus, qui en un froid séjour

Rendront leurs rudes cœurs épris de vostre amour,
Rare honneur d'estrangers, qui ne veulent pour princes
Avoir aucuns seigneurs de lointaines provinces,
Ains les mesprisent tous, et rarement s'est veu
Qu'aucun leur vint à gré qui ne fust de leur creu.

Or, non tant seulement vous leur avez pleu, Sire,
Mais ils vous ont voulu sur tous autres élire,
Et n'est prince en l'Europe au baptesme lavé,
Que si digne que vous leur prudence ait trouvé.
Vous avez de tout poinct surpassé leur attente,
Quand Vostre Majesté les a régis présente :
Et n'est pas advenu, ce qui advient souvent
Aux peuples, de changer et tourner à tout vent,
Qui ayant quelque chose en leur désir conceue,
La dédaignent, légers, si tost qu'ils l'ont receue.
Car eux tout au rebours vous ont plus estimé
Quand ils ont veu de près vostre visage aimé,
Quand de vostre douceur ils ont eu connoissance,
Et de vostre sagesse heureuse expérience.
Alors leur a semblé qu'ils révéroyent, au lieu
De leur prince défunct, non un roy, mais un Dieu :
Un Dieu tansmis du ciel, pour loin bannir le vice,
Et faire commander la paix et la justice.

Aussi quand le destin vostre frère tolut,
Et qu'au thrône françois vous élever voulut,
Que la France en son dueil vous tendant ses mains chères
Et vous navrant le cœur de ses larmes amères,
Vous vinstes à ses cris, vostre Polongne lors,
Comme si sa chère âme abandonnoit son corps,
Estonnée, esperdue, et d'une face morte,
Monstra combien en vous son amour estoit forte.

De soupirs plus aigus, de cris plus éclatans
Ne sçauroyent fendre l'air ses peuples lamentans
Au sac de leur empire, estant le Moscovite
Vaincueur dans Cracovie avec son exercite,
Mettant tout à l'espée, et de corps massacrez

Les temples profanant et les autels sacrez.
  Telle fut la douleur de la vierge de Crète,
Par son amant laissée en une isle seulete,
Après que le cruel, du Dédale sauvé,
Eut tout l'or de son père avec elle enlevé.
Tel et tel fut le dueil de la Sidonienne,
Quand elle eut veu partir la flotte Phrygienne
De ses hâvres courbez, et parjurer la foy,
Promise inviolable en conjugale loy.
Cent fois maudit d'amour la torche infortunée,
Appela mille fois Enée, ingrat Enée,
Outrageant son beau chef en soye blondissant,
Son estomach d'albâtre, et son sein innocent.
Ce n'est pas peu de perdre un prince débonnaire,
Qui aime ses sujets et qui leur sert de père,
Comme vous faites, Sire : ils ont bien argument
De requérir à Dieu qu'il dure longuement.
C'est tout ce que je puis, qui par vœux ordinaires
Importune sans fin nos bons saints tutélaires,
  Pour l'heur de vostre vie, et qu'il vous soit permis
De gouverner long temps nous, vos peuples commis :
Que tousjours la victoire accompagne vos bandes,
Soit allant investir les troupes allemandes,
Soit le brun Espagnol, ou le Breton mutin,
Ou ceux qu'entre deux mers sépare l'Apennin.
Que les rois ennemis, qui vous feront la guerre,
Abandonnez de Dieu soyent chassez de leur terre,
Perdent gloire et empire, et du malheur chétifs,
A vos pieds, leurs sauveurs, soyent présentez captifs,
Et que je puisse d'eux faire une tragédie,
Semblable à celles-cy, qu'humble je vous dédie,
Où j'empoule des vers pleins de sang et d'horreur,
De larmes, de sanglots, de rage et de fureur.
Dont, comme n'estant pas de vos majestez dignes,
Je n'ose accompagner le doux chant de vos cygnes,
Croassant enroué quand je veux quelquesfois

Vos louanges sonner, suject de trop grand poix.
 Ma nasselle trop foible et craintive des vagues
N'ose de la grand' mer courir les ondes vagues,
Léchant tousjours le bord, ou si aucunesfois
Elle entre plus avant, c'est sur les fleuves cois.
Mais si vous la guidez, qui estes son Neptune,
Elle courra par tout sans crainte d'infortune,
Ne redoutant les rocs, les Syrtes, ny les bancs,
Ny que les vents esmeus luy donnent par les flancs,
Prochaine d'abysmer. Car qui est en la garde
D'un si grand Dieu que vous seurement se hasarde.

SONNET DE PIERRE DE RONSARD
A L'AUTHEUR

Je suis ravi quand ce brave sonneur
   Donte en ses vers la romaine arrogance,
   Quand il bastit Athènes en la France,
Par le cothurne acquérant de l'honneur.
Le bouc n'est pas digne de son bonheur,
   Le lierre est trop basse récompance,
   Le temps certain qui les hommes avance
De ses vertus sera le guerdonneur.
Par toy, Garnier, la scène des François
   Se change en or, qui n'estoit que de bois,
   Digne où les grands lamentent leur Fortune.
Sur Hélicon tu grimpes des derniers,
   Mais tels derniers sont souvent les premiers
   En ce bel art, où la gloire est commune.

IN ROBERTI GARNERII
OPUSCULA TRAGICA

Tres Tragicos habuisse vetus se Græcia jactat :
Unum pro tribus his Gallia nuper habet.

Æschylon, antiqua qui majestate superbus
Grande cothurnato carmen ab ore sonat.
Quem Sophocles sequitur perfectior arte priorem,
Nec nimis antiquus, nec nimis ille novus.
Tertius Euripides actæi fama theatri,
In cujus labris attica sedit apis.
At nunc vincit eos qui tres Garnerius unus,
Terna ferat Tragicis præmia digna tribus.

Io. AURATUS *Poeta & Interp. Regius.*

SONNET

Je plains fort, mon Garnier, qu'en ce temps misérable
  Plein d'orage cruel et de civile horreur,
  Tu viennes souspirer la divine fureur
  Qui couronne ton front de la branche honorable.
Je plains fort que le sang et le meurdre exécrable,
  Les tragiques trançons et la palle frayeur
  Exercent sans pitié leur cruelle rigueur,
  Du françois eschaffaut le sujet lamentable.
Je plains encore plus que les divins esprits,
  Fertiles de discours et de doctes escrits,
  Comme le tien, Garnier, languissent sous la cendre,
Et que celuy sans plus qui mieux picque et mesdit,
  Desrobe les honneurs, mendiant à crédit
  Ce que les mieux appris n'osèrent oncq' attendre.

BELLEAU.

Encore nous oyons les furies d'Ajax,
  Et les cris despiteux de l'accort Prométhée,
  Et le jaloux courroux de l'ardente Médée,
  Et du chaste Hipolyt l'exécrable trespas,
Au théâtre françois, gentil Garnier, tu as
  Fait marcher gravement Porce à l'âme indomtée :
  Si la muse grégeoise est encor' escoutée,
  La tienne pour mille ans ne s'amortira pas.

Où que tu marcheras, sous tes pieds de la terre
  Puisse t'encourtiner le verdoyant lierre,
  Pour l'honorable prix de ta grave chanson.
Garnier, sois honoré (s'il reste dans la France
  Pour les rares ouvriers honneur et récompance)
  Comme des Muses sœurs le plus cher nourriçon.

Baif.

Tout ce qui est là bas aux manoirs ténébreux,
  Les lieux noirs pleins d'horreur et d'effroy redoutable,
  Le Cocyte bourbeux, le Styx espouvantable,
  Le bouillant Phlégéthon, et l'Achéron ombreux,
Les Dires, les Démons, le triple-Chien affreux,
  Le fleuve oublivieux, la Parque impitoyable,
  Et tout ce que Pluton a de plus effroyable
  Dans ses antres obscurs, enfumez et souffreux,
Garnier le dit si bien, ayant l'âme eschaufée
  Des fureurs d'Apollon, que tout ainsi qu'Orfée,
  Il semble qu'il l'ait veu sans courir au trespas;
La France maintenant se peut vanter et dire
  Qu'un de ses nourriçons par le son de sa lyre
  Peut ramener çà haut les ombres de là bas.

Flaminio de Birague [6].

A M. Garnier

Celuy qui nu au port secouë le naufrage,
  A d'autres eschouez raconte son malheur;
  Çil qui a veu gresler l'espoir de son labeur,
  Au sein d'un laboureur pleure son labourage.
Mais, Garnier, avec toy chacun plaint son dommage;
  Sur ton docte échafaut, la royale grandeur,
  Le noble, le vulgaire, en un semblable pleur
  Noyent le long ennuy des malheurs de nostre âge.
Pour loyer ton beau nom va croissant jusqu'aux cieux,
  Arrosé de tes pleurs, et nos sçavans nepveux
  En tes pleurs chercheront la source d'Hippocrène :

On ne verra jamais tes ruisseaux altérez ;
  Nos pleurs se mesleront dans ta pleurante scène ;
  Car nous pleurons tousjours, ou nous sommes pleurez.

Cl. Binet.

Ἐκ τῶν Αὐράτου ὑπὸ Ῥωβέρτου τοῦ Στεφάνου
μεταφρασθέν.

Εὔχετο τρεῖς τραγικοὺς μὲν ἔχουσά ποθ' Ἑλλὰς ἀοιδοὺς,
  Νῦν δ' ἕνα γῆ Κελτῶν τοῖς τρισὶν ἴσον ἔχει·
Αἰσχύλον, ὅς μύθων καυχώμενος ἀμφὶ παλαιῶν
  Εὐρὺ κοθορνωτῷ φθέγγετ' ἔπος στόματι.
Τῷδ' ἕπεται Σοφοκλῆς ὁ τέχνην ἀκριβέστερος αὐτοῦ,
  Μήτε παλαιὸς ἄγαν, μήτε νέορτος ἐών.
Ὁ τρίτος Εὐριπίδης, Ἀκταίου θαῦμα θεάτρου,
  Χείλεα Κεκροπίῳ τεγγόμενος μέλιτι.
Αὐτὰρ ὁ τῶνδε τριῶν Γαρνήριος ἔξοχα γράψας,
  Ἄξια τῶνδε λαβεῖν ἄξιός ἐστι γέρα.

Le mesme en françois

La Grèce eut trois autheurs de la Muse tragique ;
  France plus que ces trois estime un seul Garnier.
  Eschyle entre les Grecs commença le premier
  A se faire admirer par son langage antique.
Sophocle vint après, plus plain d'art poëtique,
  Ny trop vieil, ny trop jeune au tragique mestier.
  Euripide à ces deux succédant le dernier,
  Remplit de son renom toute la scène attique.
C'est luy dont les escrits sont si comblez de miel,
  Qu'il semble en les lisant que les filles du Ciel
  Ayent versé leurs douceurs sur sa lèvre sucrée :
Mais Garnier, l'ornement du théâtre françois,
  Bien qu'il vienne après eux, les surpasse tous trois,
  Et seul mérite avoir la branche aux trois sacrée.

R. Estienne.

Sur les tragédies de M. Garnier.

France, appren par ces vers, que ton Garnier t'adresse,
  Appren ce que tu dois pour ton bien éviter ;
  Que les malheurs d'autruy te puissent profiter,
  Et sois sage aux despens de Rome et de la Grèce.
Rome, qui de son temps du monde estoit maistresse,
  Rome, à qui rien que soy ne pouvoit résister,
  S'est laissée à la fin par ses forces donter :
  Et l'empire des Grecs par soymesme a pris cesse.
La civile fureur et le meurtre intestin
  De Rome et de la Grèce avança le destin,
  Et de leurs citoyens les feit la triste proye.
France, fuy donc la guerre, et suy tousjours la paix,
  A fin que ton Garnier, te loüant désormais,
  Change son deuil tragique en un doux chant de joye.

R. Estienne.

PORCIE

TRAGÉDIE

A MONSIEUR DE LA TERRACE [7],

Conseiller du Roy,

et maistre des Requestes ordinaire de son hostel

ARGUMENT

Porcie, fille de Caton Uticense, fut femme de Marc Brute, lequel estant autheur avecque Cassie de la conspiration exécutée contre César, fut incontinent après poursuyvi par ceux de sa faction désireux de le venger. Leur principal chef Marc Antoine, lors consul, Octave César, arrière-nepveu du défunct, et Marc Lépide, Gouverneur des Gaules, ayans joint toutes leurs forces, départy ce grand empire et juré l'entière ruine de leurs adversaires, entrèrent avecque leurs armées dedans Rome, qu'ils farcirent incontinent d'une infinité de meurtres des plus illustres citoyens de la ville et notables personnages de l'Italie. Cela faict, Antoine et Octave traversèrent en Macédone pour rompre Brute et Cassie, qui tenoyent sous commune authorité les forces de Grèce et d'Asie. Ils se campèrent vis-à-vis d'eux, près de la ville de Philippes, où s'estans livrez deux tressanglantes batailles, il y eut à la première égalité de perte et de proffit des deux costez, fors pour le regard de Cassie, lequel entré en désespoir se tua. A la seconde, Brute, qui estoit demeuré

seul chef de ses partisans, fut entièrement desconfit, ses
gens mis en route, et son camp forcé. Quoy voyant, il se
tua semblablement, aidé de Straton, son amy. Son corps
fut trouvé par Antoine, et les cendres d'iceluy portées à
Servilie, sa mère, et présentées à sa femme Porcie : laquelle
impatiente de douleur ne voulut survivre à son espoux.
Mais comme on luy osta tous moyens ordinaires de s'outrager, elle s'emplit la bouche de charbons ardens, dont elle
s'estouffa. Voylà l'abrégé de l'histoire, où j'ay fondé le
project de ceste tragédie, que vous verrez, Lecteur, au
XLVIIe livre de Dion, au IVe et V^e d'Appian en sa Guerre
civile, et en Plutarque aux Vies de Cicéron, de Brute et
d'Antoine. Au reste, je luy ay cousu une pièce de fiction de
la mort de la Nourrice, pour l'envelopper d'avantage en
choses funèbres et lamentables, et en ensanglanter la catastrophe.

EX MARTIALIS

XCIX EPIG. LIB. I [8]

Conjugis audisset fatum cùm Portia Bruti,
Et subtracta sibi quæreret arma dolor,
Nondum scitis, ait, mortem non posse negari?
Credideram satis hoc vos docuisse Patrem.
Dixit : et ardentes avido bibit ore favillas :
I nunc, et ferrum, turba molesta, nega.

TRADUCTION DU PRÉCÉDENT ÉPIGRAMME

Quand Porcie entendit de son Brute le sort,
Et qu'elle veit l'espée à sa douleur soustraite,
Encor' ne sçavez vous (dict-elle) que la mort
Ne sçauroit défrauder celuy qui la souhaitte?
Je pensois que Caton vous l'eust assez appris.
Elle eut dict, et soudain d'une bouche hardie,

Avide, elle engloutit mille charbons espris.
Or va, tourbe moleste, et le fer me dénie.

HORATIUS [9]

Ubi plura nitent in carmine, non ego paucis
Offendar maculis, quas aut incuria fudit,
Aut humana parum cavit natura.

ACTEURS

MÉGÈRE, *Furie*.
LE CHŒUR.
PORCIE.
LA NOURRICE.
OCTAVE CÉSAR, *Triumvir*.
ARÉE, *Philosophe* [10].
MARC-ANTOINE, *Triumvir*.

VENTIDIE, *Lieutenant d'Antoine*.
M. LÉPIDE, *Triumvir*.
CHŒUR DE SOUDARS.
LE MESSAGER.
CHŒUR DE ROMAINES.

PORCIE

ACTE PREMIER

Mégère [11]

Des Enfers ténébreux les gouffres homicides
N'ont encore soûlé leurs cruautez avides ;
Encore mi-déserts les champs ténariens
Demandent à Pluton de nouveaux citoyens.
Toy, qui armas le gendre encontre le beau-père,
Toy, l'horreur des humains, exécrable Mégère,
Qui portes dans le sein la rage et les fureurs,
Toy, toy, qui peux combler tout ce monde d'horreurs,
Embrase de rechef la guerrière poitrine
Et le sang généreux de ceste gent latine.
Fay ramper dans leur cœur tes coulevreaux retors,
Fay flamber tes tisons allumez de discors,
Et que, féconde en maux, la première querelle
Pour les mieux moissonner dure perpétuelle.
Le laboureur thessale, enterrez en ses chams
Descouvre tous les jours mille glaives trenchans
Et mille morions, que ces braves cohortes
Laissèrent, combattant, à leurs charongnes mortes.
Mais ce n'est pas assez, il faut que de rechef
Ceste mesme fureur j'eslance sur leur chef.
Je veux voir opposer les aigles opposées,
Entre les légions contrairement croisées.
Je veux voir foudroyer ceste race de Mars,
Et pour s'entre-égorger brandir de mesmes dars,

S'armer de mesme fer, et, de mesme courage,
De scadrons en scadrons s'animer au carnage,
S'entre-ouvrir l'estomach d'un poignard outrageux,
Et sur la rouge plaine esteindre, courageux
Son voisin ennemy, que la Discorde palle
Long temps devant ses jours dedans l'Orque dévale.
Vous, les Dires [12] d'Enfer, vous, mes deux autres sœurs,
Qui portez comme moy les flambeaux punisseurs,
Tisiphone, Alecton, que la nuict ténébreuse
Engendra d'Achéron sur sa rive bourbeuse,
Délaissez maintenant, cruelles, délaissez
A punir les chétifs qu'ores vous punissez,
Et couvertes le chef de couleuvres sifflantes,
Couvertes de cordeaux et de torches flambantes,
Dressez vos pas vers moy, puis toutes d'un accord,
Plus aigre que devant rallumons le discord,
La rage, la fureur, la guerre et la turie
Au gyron belliqueur de la grande Hespérie.
Venez, fatales sœurs, et vous lavez les mains
Dans le sang indomté de ces braves Romains.

L'engendreur de Pélops, au milieu des viandes,
Assouvisse aujourd'huy ses entrailles gourmandes,
Et, se plongeant au sein des refuyantes eaux,
Enfle de leur liqueur ses parjures boyaux :
Sisyphe Œolien paisiblement séjourne,
Sans remonter contraint le rocher qui retourne.
Le vautour qui glouton assidûment se paist
Du cœur prométhéan aussi tost qu'il renaist,
Ne becquette aujourd'huy sa dolente poitrine,
Éternelle à presser la roche caucasine.
Celuy qui sur la roue endure son tourment,
Celuy qui dans un feu rotist incessamment,
Celuy qui vit mourant sous une roche preste
De tomber à tous coups sur sa poureuse teste,
Et celles qui jadis, trahissant leurs espous,
Dès la première nuit les égorgèrent tous,

Les Danaïdes sœurs, qui à testes baissées,
Remplissent vainement leurs cuvettes percées,
Ce jourdhuy, ce jourdhuy, loin de vos coulevreaux,
Loin de vos fouets sanglans, loin de vos noirs flambeaux,
Loin des cris menasseurs que vous tonnez, bourrelles,
Séjournent affranchis de leurs peines cruelles.
Laissez-les ce jourdhuy, qu'allègres il vous faut
Toutes deux avec moy vous trouver ici haut,
Pour faire dévaler ces troupes magnanimes
De leurs mortels tombeaux aux éternels abysmes.
Eslançons le discord, qui des frères thébains
Arma premièrement les parricides mains,
Et puis conduict au camp les phalanges d'Adraste,
Pour secourir, amy, l'un des fils d'Iocaste.
Eslançons le discord, qui la triste maison
Du vieil tantaléan noircit de son poison,
Quand les coupables os du malheureux Thyeste
Ardirent diffamez d'un exécrable inceste,
Qui luy feit par Atrée, ardant de se vanger,
En un cruel repas ses deux enfans manger.
Et quoy ? ne pourrons-nous de la mesme puissance
Refréner, s'il nous plaist, la romaine arrogance ?
Ne pourrons-nous domter cet empire orgueilleux,
Bien qu'aux Célestes mesme il semble merveilleux ?
Quoy ? verrons-nous tousjours ceste Ville féconde
De nouveaux nourriçons seigneurier le monde ?
Verrons-nous, sans pouvoir, les plus superbes rois,
Portans le joug au col, plier dessous ses lois ?
C'est trop, c'est trop duré, c'est trop acquis de gloire;
C'est trop continué sa première victoire.
Rome, il est ore temps que sur ton brave chef
Il tombe foudroyeur quelque extrême méchef.
Jupiter, qui voit tout, voit bien qu'il ne te reste,
Pour avoir tout ce rond, que la rondeur céleste :
Il ha peur pour soymesme, il ha peur que tes bras
De son thrône échelé ne le jettent à bas.

Mais pource qu'en la terre il ne se trouve race
Qui se hasarde plus d'affronter ton audace,
Et que les plus guerriers, atterrez de tes mains,
Suyvent révéremment les estendars romains,
Il faut, pour orager ta puissance suprême,
Emprunter les efforts de ta puissance mesme [13].
Sus donc, enfans de Mars, sus, peuple avantureux;
Ne repaissez de rien vostre cœur généreux
Qui ne sente le fer, la cholère et la rage;
Faites pallir d'horreur vostre palle visage;
Enfermez vostre chef d'un morion profond,
Qui dévale cresté sur la voulte du front,
Et tombant du collet une double cuirasse,
Escaillée au dessous, tout le corps vous embrasse.
Que le fer flamboyant dans vostre poing nerveux
Face aux plus aguerris hérisser les cheveux;
Puis ferrez flanc-à-flanc sous les aigles mouvantes,
Repoussez vaillamment les troupes menaçantes.
Faites dessus la plaine ondoyer vostre sang,
Coulant à gros bouillons de vostre noble flanc [14],
Et que des corps meurtris une pile dressée
Laisse éternellement la campagne bossée.
Qu'il ne se trouve place exempte de tombeaux;
Qu'il ne se trouve mer qui n'empourpre ses eaux
De vostre sang mutin; que par toute la terre
S'espandent les tisons de ceste horrible guerre.
Soit où Phébus sortant laisse son lict moiteux,
Pour r'enclorre les feux du chariot nuiteux,
Soit où ses beaux rayons font bluetter l'arène,
Qui vogue périlleuse aux déserts de Cyrène,
Soit où ses limonniers, de leur voyage las,
Se plongent altérez dans les ondes d'Atlas,
Rome, il faut qu'alentour de la ronde machine
Lon entende aujourdhuy le son de ta ruine,
Que le Gange indien, hastant ses bruyants flots,
Pour crainte de porter ta servitude au dos,

Raconte frémissant aux terres qu'il traverse
La romaine grandeur tomber à la renverse,
Que le Nil, dégorgeant ses nourricières eaux
Dans le sein de Téthys, par sept larges canaux,
N'affertile, bourbeux, du limon de son onde,
L'Égypte que ton sang laissera plus féconde.
Ores ce m'est assez; l'ouvrage commencé
N'est selon mon désir que jà trop avancé.
La Discorde maline, errant eschevelée,
A jà plombé le cœur de la gent romulée.
Desjà par les cantons mille tableaux meurtriers
Des malheureux proscrits saisissent les gosiers.
Rome n'est qu'un sépulchre à tant de funérailles,
Qu'elle voit entasser en ses froides entrailles.
Mais ce n'est rien, Mégère, encore n'as-tu pas
Le cœur soûlé de morts qui dévalent là bas :
Il te faut avancer l'horreur sicilienne
Et le mal qu'ourdira la royne égyptienne.

Chœur [15]

O combien roulent d'accidens
Des Cieux sur les choses humaines !
De combien d'effects discordans
Ils ont leurs influences pleines !
Après les grandeurs incertaines
Lon se tourmente vainement :
Car comme elles viennent soudaines,
Elles s'en vont soudainement.
   Nostre courte félicité
Coule et recoule vagabonde,
Comme un gallion agité
Des vagues contraires de l'onde.
Celuy qui volage se fonde
Sur un si douteux fondement,
Semble qu'en l'arène inféconde
Il entreprenne un bastiment.

La Fortune n'outrage pas
Volontiers les personnes basses;
Elle n'appesantit ses bras
Que sur les plus illustres races.
Les rois craignent plus ses menaces,
Que les durs laboureurs ne font,
Et le foudre est souvent aux places,
Qui se montagnent plus le front.

   Les édifices orgueilleux,
Voisinant le ciel de leurs testes
Ont tant plus le chef sourcilleux
Batu d'ordinaires tempestes
Qu'ils eslèvent plus haut les crestes :
Et les Aquilons furieux
Ne batent guère que les festes
Des rochers plus audacieux.

   Mais les cases des pastoureaux,
Qui s'aplatissent contre terre,
N'ont peur des foudres estivaux,
Ny des vents que l'hyver desserre.
Jupin ne darde son tonnerre
Contre les humides vallons,
Et les arbrets n'ont jamais guerre
Contre les roides Aquilons.

   Nostre Rome qui s'eslevoit
Sur toutes les citez du monde,
Et qui triomphante exclavoit
A sa grandeur la terre et l'onde,
Maintenant d'autant plus abonde
En cruelles adversitez,
Que jadis elle estoit féconde
En joyeuses prospéritez.

ACTE II

Porcie

Desjà loin de Tithon l'aurore matineuse
Chasse les rouges feux de la nuict sommeilleuse,
Et jà Phébus, monté sur le char radieux,
Vient de sa torche ardente illuminer les cieux.
Sus, misérable, sus, sus, pauvre infortunée.
Recommence tes pleurs avecques la journée.
Que les piteux regrets des Alcyoniens
Et les plaintes que font les Pandioniens,
Gémissant leur Itys [16] sur les ondes chenues,
Ne puissent égaler tes larmes continues,
Hélas ! car aussi bien, car aussi bien, hélas !
Leurs désastres cruels les tiens n'égallent pas.
Misérable Porcie, hé ! que la dure Parque
Ne te renvoya-t'elle en l'infernale barque
Lors qu'elle commença de dévider tes ans ?
Hé, pauvrette ! pourquoy ses ciseaux meurtrissans
Ne tranchèrent soudain alors que tu fus née,
Le malheureux filet qui tient ta destinée ?
Ah ! me falloit-il donc, devant que des Enfers
Je veisse pallissant les abysmes ouvers,
Contrainte dévorer tant de tristes encombres ?
Me falloit-il, parmy tant de romaines ombres
Que le fer de tyrans précipite là bas,
Mourante esperonner mon paresseux trespas ?
Que ne mouru-je alors qu'aux rivages d'Afrique
Mon père combatoit pour nostre République ?
O généreux Caton, que ne commandois-tu
Que ta fille Porcie ensuivist ta vertu,
T'accompagnant là bas sur le sombre rivage
Où descendit ton âme évitant le servage ?

J'eusse par mon trespas fait connoistre à Pluton
Qu'à bon droit j'eusse esté la fille de Caton,
De ce Caton, Romains, que tout le monde estime,
De ce Caton fameux, qui d'un cœur magnanime.
Tant qu'il fut jouissant de la douce clairté,
Combatit ardemment pour nostre liberté.
Or es-tu plus heureux que tu ne pensois estre,
N'ayant fuy seulement l'insolence d'un maistre,
Mais de trois tout au coup : à qui ne suffit pas
D'avoir nos libertez, dont on ne fait plus cas.
Ainçois [17] plus inhumains que les ours d'Hyrcanie,
Que les tygres félons qu'enfante l'Arménie,
Ne se contentant pas de la mort seulement,
Ains, cuidant que l'on ait encore sentiment
Après que le destin développe nostre âme,
Ils privent les meurtris de la funèbre lame [18].
Or donc, mon géniteur, puissent à tout jamais
Tes os ensevelis gésir en bonne paix ;
Puissent en bonne paix les cendres de Pompée
Habiter mollement la rive canopée,
Sans que vous regretiez pour vos sépulcres vains
Ces champs envenimez, où les dieux inhumains
Hostelèrent jadis vostre première enfance,
Ces champs contaminez où vous prinstes naissance.
Las ! voudriez-vous bien voir vos sépulcres cavez,
De nostre humide sang incessamment lavez,
Et vos corps inhumez dans leurs urnes fatales,
Accravantez du poix de nos charongnes palles,
Que les sanglantes mains de ces mortels bourreaux,
Couchez l'un dessus l'autre exposent aux corbeaux ?
Or, reposez en paix, reposez, bons Génies,
Loin de leurs cruautez, loin de leurs tyrannies,
Et si quelque pitié loge encore entre vous,
Si vous avez encor quelque souci de nous,
Et qu'avecque le corps toute chose ne meure,
Si quelque sentiment encore vous demeure,

Pitoyables Esprits, par le thrône des dieux,
Qui conservent l'estat des plutoniques lieux,
Par le Styx, des grands dieux serment irrévocable,
Par le chef de Pluton, par sa femme implacable,
Je vous requiers, Esprits, puis que le Ciel mutin
A juré d'abolir nostre empire latin,
Esbranlé par l'effort de ces braves monarques,
Faites que les fuseaux des filandières Parques
Cessent de tournoyer le filet de mes ans,
Abysmez aux plus creux des Enfers palissans.
Ainsi du Chien portier les trois gueules béantes,
Passant les gouffres noirs ne vous soyent abayantes ;
Ainsi tousjours Minos vous soit juge piteux,
Attendant vostre sort sur l'Achéron nuiteux ;
Ainsi, pour le guerdon de vos vertus prisées,
Puissent à tout jamais les plaines Elysées
Verser en vos gosiers le nectar précieux
Et le manger divin que savourent les dieux.

Chœur

Heureux qui d'un soc laboureur,
Loin de la civile fureur,
   Avec ses bœufs cultive
   Sa paternelle rive.
La trompette animant l'assaut
Ne l'esveille point en sursaut ;
   Il ne craint point, gendarme,
   Le danger de l'alarme.
Ores il estend les rameaux
D'un sep vineux sur les ormeaux,
   Qui d'une espaule forte
   Lèvent sa jambe torte ;
Ores aux coustaux bocagers,
Assis au parc de ses bergers,
   Il voit paistre en la plaine
   Son troupeau porte-laine ;

Ores pour le miel doucereux
Il emmaisonne désireux
　En ruches encirées
　Ses avettes dorées;
Ore en un aire environné
Du bien de Cérès engrainé,
　Moissonneur se couronne
　Des espics qu'il luy donne.
Quel contentement reçoit-il
Cueillant dans un verger fertil
　De ses nouvelles antes
　Quelques pommes flairantes?
Si tost que le coustau pampré
Descouvre le raisin pourpré,
　Il honore Priape
　De la première grape.
Quelquefois, veautré sur le bord
D'un ruisseau fontenier, s'endort
　Sous la tendre fueillée
　D'une forest taillée,
Où les oiseaux en divers sons
Recordent leurs belles chansons,
　Dont la douceur sucrée
　Les dieux mesme récrée.
Bien que la frilleuse saison
Assemble sur son chef grison
　Avec les vents de Thrace,
　La bruine et la glace,
L'esbat des champs continué,
Ne s'allentit diminué;
　Car la froideur rebelle
　Ha sa douceur en elle.
Ores il suit un cerf rameux,
Ores un sanglier escumeux,
　Ores un lièvre viste
　Il surprend en son giste.

Il déçoit, cauteleux, pipeur,
Les oiseaux d'un pipeau trompeur,
    Ou prins à la tirace [19]
    Imprudens les enlace.
Puis quand la marine Vesper
Luy fait souvenir de souper,
    Et que la nuit prochaine
    Se coule sur la plaine,
Ses bœufs, traînants d'un col lassé
Le soc ennuyeux renversé,
    Vont chercher à l'estable
    Leur repos délectable,
Et les brebis pleines de laict,
Conduictes d'un berger valet,
    S'en retournent repues
    Des campagnes herbues.
Adonc luy s'approchant un peu,
Froidureux, des chaleurs du feu,
    Amiablement soupe
    Au milieu de sa troupe :
Non pas comme entre-nous espoins
De mille tyranniques soins,
    Qui nous rendent amère
    La viande ordinaire,
Nous de qui le somme oublieux
Ne peut si bien siller les yeux,
    Qu'entretenus d'un songe
    Le souci ne nous ronge.
Une envieuse mauvaistié
Nos cœurs espoints d'inimitié
    Sans relasche bourrelle
    D'une gesne cruelle.
Bellone les cheveux espars
Se plonge au sein de nos soudars,
    Leur pinçant les entrailles:
    De mordantes tenailles,

Qui, comme lions acharnez,
S'entre-deschirent obstinez
  D'une dague ennemie,
  La poitrine blesmie.
Hélas ! douce Paix, quand veux-tu
Triompher de Mars abbatu ?
  Quand veux-tu cette guerre
  Ensevelir sous terre ?
C'est toy, Déesse, qui nous peux
Combler de bonheur si tu veux.
  Sans toy l'humaine vie
  D'aucun bien n'est suivie.
Destourne ces meurtres hideux
De nos champs, et laisse au lieu d'eux
  Aux âmes citoyennes
  Les douceurs anciennes.
Enlace d'un nœud gordien
Nostre peuple romulien,
  Et ses haines maudites
  Chasse loin sur les Scythes.
Que nos empereurs enflammez,
Estendans leurs bras désarmez,
  S'entredonnent sans feinte
  Une accollade saincte.
Nous lors, sous l'arbre palladin,
Voûrons au dieu capitolin
  Pour un tel bénéfice,
  Annuel sacrifice :
Et, conduits de nos pères vieux,
Danserons à l'entour des dieux,
  Chantant bien fortunée
  Une telle journée [20].

LA NOURRICE

Quiconques voudra voir combien est tromperesse
La faveur que départ l'inconstante Déesse,

Et combien follement nous tourmentons nos cœurs
Après la vanité de ces vaines grandeurs,
Qui voudra voir combien les puissances mondaines
Sujettes au destin balancent incertaines,
Rome, te vienne voir : il verra des pasteurs
Avoir esté jadis tes premiers fondateurs,
Qui pour l'antique honneur de glorieux ancestres
Receurent un amas de canailles champestres,
Lors qu'en leurs dures mains le baston pastoral
Tourna sa rude forme en un sceptre royal;
Puis, de tels citadins la race estre sortie,
Qui tient ore à ses loix la terre assujettie.
Mais encor' verra-t-il plus nouveau changement,
S'il confère aujourd'huy ton antique ornement
Au misérable estat qui te tient affligée.
Toy qui dessous ton joug as l'Afrique rangée,
Que les peuples d'Europe, et ceux que le soleil
Visite tous les jours dès son premier réveil,
Craignent espouvantez, comme les colombelles
Craignent quand le vautour vient fondre dessur elles;
Toy qui sous ton empire as guerrière soumis
Les sauvages déserts des Gètes ennemis,
Et qui, passant plus outre aux montagnes Riphées,
Indomtable au labeur, as dressé tes trophées,
Bien que le froid Borée enfarine tousjours
Leur front demi privé de la lampe des jours;
Toy, toy, qui vaillamment brandissois ton espée
Par tous les quatre coings de la terre occupée,
Soit où le clair Phébus se pourmène au matin,
Soit où courant le soir il borne son chemin,
Maintenant (ô chétive!) esteinte par les armes,
Par l'homicide fer de tes propres gendarmes,
Tu nages dans le sang de tes pauvres enfans
Que n'aguère on voyoit marcher si triomphans!
Tu souffres, pauvre Rome, hélas! tu souffres ores
Ce que tu fis souffrir à la cité des Mores,

A la belle Carthage, où tes fiers empereurs
Despouillez de pitié commirent tant d'horreurs.
O qu'on dit à bon droit celuy quatre fois sage,
De qui le sort douteux n'altère le courage,
Et qui de la fortune eslevé jusqu'en haut,
N'entreprend point pourtant davantage qu'il faut,
Demeure en mesme borne et ne se glorifie
De ces biens incertains, ausquels il ne se fie.
A ceste heure, Junon, et quiconque des dieux
Ennemy des Troyens nous avoit odieux,
Prennent abondamment dessus nous la vengence
De nos premiers ayeux qui leur firent offense,
Et l'ombre de Jugurthe, errant par les Enfers,
Se voit bien aujourdhuy contente de ses fers,
Qui luy chargeoyent le dos au triomphe spectable
Que nous dressa de luy la Fortune muable.
Hé, dieux! tout est perdu, si les bons citoyens
Qui nous restent encore aux champs thessaliens
N'exercent plus heureux leur salutaire espée
Qu'ils ne firent jadis sous nostre grand Pompée,
Et si les deux guerriers qui tiennent en leurs mains
Le salut balançant des fortunez Romains
Ne recouvrent, vaillans, la liberté perdue
Qu'en la mort d'un tyran il nous avoyent rendue.
Las! mais ne voy-je pas s'acheminer vers moy
La fille de Caton regorgeante d'esmoy?
Je crains si la Fortune au camp de Macédoine
Se tourne injustement pour le party d'Antoine,
Et que Brute et Cassie abandonnez des dieux
Abandonnent leur vie au fer victorieux,
(Ce que n'avienne, ô ciel!) que la chétive dame
Ne puisse supporter la douleur de son âme,
Et si l'on n'y pourvoit, que d'un fer outrageux
Elle ne suive au trac [21] son père courageux.

PORCIE, LA NOURRICE

Porcie

O désastre cruel ! ô sort impitoyable !
O douleur qui n'as point de douleur comparable ! [22]
Encor, Électre, encor que j'ameine tes pleurs
Et que je les confronte à mes présens malheurs ;
Encor que je m'arreste à tes longues misères,
Hécube, grisonnant aux grégeoises galères,
Veufve de tant de fils, que les Danois [23] vangez
Meurtrirent par dix ans à tes murs assiégez,
Tes douleurs, tes tourmens, tes larmes escoulées,
Las ! ne sont pas pour estre aux miennes égalées.
Ta douleur estoit libre, et la flotte des Grecs
Ne te défendoit point de faire tes regrets ;
Puis, les dieux addoucis prindrent en ta présence
De tes injurieux la fatale vengence,
Où c'est [24] hélas ! où c'est que je voy nos tyrans
En leurs méchancetez tous les jours prospérans,
Qui, maistres sur nos cœurs comme dessus nos vies,
Veulent nos libertez vilement asservies
Suyvre l'immanité de leurs affections ;
Qui veulent, effrontez, qu'en leurs proscriptions,
Qu'en leurs meurtres sanglans, nos faces menteresses
Portent publiquement indices de liesses.
Ils défendent les pleurs [25], et ne veulent souffrir
Que lon regrète ceux qu'ils commandent meurtrir.

La Nourrice

Qui pourra mettre fin à vos larmes piteuses ?

Porcie

Celuy qui m'envoyra sur les rives ombreuses.

La Nourrice

Parlez-vous de la mort ?

Porcie

                La mort est douce à ceux
Qui souffrent comme moy quelque mal angoisseux.

La Nourrice

Ne vous proposez-vous vostre espoux pour exemple ?

Porcie

Las ! je me le propose, et mon feu père ensemble !

La Nourrice

Vostre espoux est vivant.

Porcie

                Mais c'est en volonté
De nous restituer l'antique liberté.

La Nourrice

Quel bien en vostre mort recevra la patrie ?

Porcie

Mais quel bien reçoit-elle en ma dolente vie ?

La Nourrice

Las ! Madame, pour Dieu, que ce mortel désir
Par trop d'adversitez ne vous vienne saisir ;
Repoussez loin de vous ceste fureur damnée.

Porcie

Cela n'est pas fureur, c'est une destinée.
Les destins, ma Nourrice, ore nous monstrent bien

Que sujet à leur force est le rond terrien.
Tout se fait par destins, sur le destin se fonde
L'entier gouvernement de la machine ronde.

La Nourrice

Mais ce forçant destin ne vous commande pas
De vous tailler vous mesme un violent trespas.
Il faut attendre l'heure ordonnée à la Parque
Pour nous faire descendre en l'infernale barque.
Vivez, vivez joyeuse, attendant que les dieux
Vous rameinent ici Brute victorieux,
Pour destruire à son tour la ligue césarée
Et rendre en liberté sa patrie esplorée.

Porcie

Je crain.

La Nourrice

Que craignez-vous ?

Porcie

Le malheur des combas.

La Nourrice

Avez-vous doncques peur qu'il ne surmonte pas ?

Porcie

Leur pouvoir est plus grand.

La Nourrice

Sa querelle est meilleure.

Porcie

Mais les dieux inconstans sont pour eux à ceste heure.

La Nourrice

Quoy ? que les Immortels, qui sont nostre support,
Délaissent nostre droict pour maintenir leur tort ?

Porcie

Ils ont jà tant de fois nostre attente trompée,
Suyvant sous cest espoir le parti de Pompée.

La Nourrice

Mais le tyran vaincueur, incontinent destruit,
De ses heureux combats n'emporta pas grand fruict.

Porcie

Pleust au grand Jupiter qu'il dominast encore !
Nous n'aurions pas les maux qui nous tenaillent ore;
Nous vivrions bien-heureux en repos souhaité,
Sans perte seulement que de la liberté;
Nous ne verrions sous luy la Ville pleine d'armes,
Commise à l'abandon d'un amas de gendarmes.
Rome ne verroit pas un millier de proscrits,
Sous l'appas d'un guerdon en tant de lieux meurtris;
Ny par divers cantons tant de testes tranchées,
Pour un espouvantail aux rostres attachées.
Or, je te plains, César ! César, je plains ta mort.
Et confesse à présent que lon t'a faict grand tort :
Tu devois encor vivre, tu devois encor estre
De ce chétif empire et le prince et le maistre :
Vrayment je te regrette, et cuide fermement
Que Brute et que Cassie ont fait injustement.

La Nourrice

Et qu'est cela, Madame ! estes-vous en vous mesme?
Ou si l'extrémité d'une douleur extrême
Contraint vostre estomach de vomir ces propos?

Porcie

Nourrice, je le dy pour le commun repos.

La Nourrice

Et quoy? voudriez-vous donc que César fust en vie?

PORCIE

Mais je voudrois encor qu'il tinst Rome asservie.

LA NOURRICE

Hé, dieux ! que dites-vous ?

PORCIE

Je dy la vérité.

LA NOURRICE

De vouloir nostre mal ?

PORCIE

Mais nostre utilité.

LA NOURRICE

Utilité de voir un tyran nous contraindre ?

PORCIE

Non, mais de plusieurs maux il faut choisir le moindre.
Puis qu'il est arresté par le décret des dieux
Que ce puissant empire, acquis par nos ayeux,
Courbe son dos suject sous le pouvoir d'un homme,
J'affecte plustost voir nostre dolente Romme
Serve des volontez de quelque prince doux,
Qu'obéir aux fureurs de ces scythiques lous,
De ces trois inhumains, qui n'ont en leur courage
Que l'horreur et l'effroy, que le sang et la rage.
Nous tuasmes César pour n'avoir point de rois,
Mais au meurtre de luy nous en avons faict trois [26],
Et crains que si ceux-là sont desfaits par les nostres,
Qu'en beaucoup plus grand nombre il en renaisse d'autres.
Car c'est une vraye Hydre en testes foisonnant,
Qui plus on en abat, plus en va reprenant :
Il faudroit un Hercule à la pouvoir destruire,
Si les forces pouvoyent d'un Hercule y suffire.

La Nourrice

Madame, n'ayez peur; tant que Brute sera,
Jamais en la Cité tyran ne régnera.
Ceste race de Brute a première bannie
De nos superbes rois la dure tyrannie,
Et a naguère encor' sur toutes eu cet heur
De mettre en liberté son païs serviteur.
Elle mesme pourra, si quelque autre s'efforce
D'opprimer de rechef la liberté par force,
Démonstrer que son sang n'est point encouardy,
Ains qu'autant que jamais magnanime et hardy,
Le consacre au salut de sa chère patrie.

Porcie

Non au sien, car jadis elle y laissa la vie.

La Nourrice

Qui meurt pour le païs vit éternellement [27].

Porcie

Qui meurt pour des ingrats meurt inutilement.

La Nourrice

De ceux jamais l'oubly n'ombragera la cendre,
Qui pour le ciel natal voudront leur vie espandre.

Porcie

De ceux jamais les os ne seront honorez,
Qu'on a vivans encor ennemis déclarez.

La Nourrice

La volonté du peuple est maintenant forcée.

Porcie

La querelle de Brute est ore délaissée.

La Nourrice

Les dieux la maintiendront.

Porcie

    Les dieux meuz à courrous
Pour nos impiétez n'ont plus souci de nous.

La Nourrice

Tousjours propice aux bons est des dieux la justice.

Porcie

On leur voit bien souvent favoriser le vice.

La Nourrice

Ce n'est que pour un temps : pour un temps les mesfaits
Demeurent impunis à ceux qui les ont faicts.
Et mesme, diroit-on, voyant que la Fortune
A leurs mauvais desseins se démonstre opportune,
Que les dieux sont pour eux, mais ils le font exprès,
A fin de les punir plus aigrement après.

Porcie

Nourrice, je ne sçay : mais une froide crainte,
S'est depuis quelque temps en ma poitrine empreinte,
Qui me gèle les os, et peureuse me fait
Soupçonner maugré moy que Brute soit desfait.

La Nourrice

Madame, ostez de vous ce soupçon dommageable.

Porcie

Hélas ! Nourrice, hélas ! s'il estoit véritable !

La Nourrice

Véritable ! non, non.

Porcie

Hé ! dieux, que j'en ay peur !

La Nourrice

La peur ne print jamais racine en brave cœur.
Esloignez-la de vous, puis d'une humble prière
Sollicitez des dieux la faveur coustumière.

Porcie

O dieux, qui gouvernez de vos puissantes mains
Le variable sort des affaires mondains,
Et qui du ciel moteur des boules tournoyantes
Lancez sur les méchans vos dardes foudroyantes,
Dieux, qui, justes et bons, présidez aux combats,
Et ceux-là qu'il vous plaist bouleversez à bas,
Qui soufflez le courage aux troupes enflammées,
Qui tenez en vos mains le salut des armées,
Si du brasier troyen vous sauvastes jadis
Nos Dardanes ayeux sur les flots assourdis,
Et puis les retirant de la rage des ondes
Arrestastes icy leurs courses vagabondes,
Si de leur race encor' fertilement croissant,
Vous avez eslevé cest empire puissant,
Qui borne sa grandeur des bornes de la terre [28],
Si de tels nourriçons, invincibles en guerre,
Vous avez eu tousjours chère l'authorité,
Si tousjours vous avez tenu pour leur costé,
Tant que des oppresseurs de leur libre franchise
Vous ayez jusque icy malheuré l'entreprise ;
A ceste heure, bons dieux, à ceste heure, Immortels,
Je vous prie au besoin qu'ils vous esprouvent tels ;
Je vous pry qu'à ceste heure, armez pour nostre empire,
Vous ne vueillez souffrir qu'on le vienne destruire.
Favorisez à Brute, et d'un foudre esclatant
Renversez l'ennemy qui l'ira combatant.

Broyez-le tout ainsi que la poudre menue,
Que le vent de Libye au rivage remue,
Et que nous, par vos mains rendus victorieux,
Puissions entretenir l'honneur de nos ayeux.

Chœur

Face la bonté des dieux
Que la nouvelle, qui vole
De nostre camp, soit frivole,
Et que le sort envieux
N'ait, selon la renommée,
Atterracé nostre armée.

Désormais que nous vaudroit
Asseurer nostre fiance
Sur une vaine innocence,
Si pour défendre le droict
De nostre équitable empire
Nous avons tousjours du pire ?

Rien n'est durable icy bas,
Rien si ferme ne demeure
Qu'il ne change d'heure en heure :
Toutefois n'y pensant pas
Nous cuidons que nostre Romme
Ne treuve qui la consomme.

Nous n'avons que la Vertu,
Qui florisse tousjours une,
Et qui domte la Fortune
Sous celuy qu'elle a vestu :
Seule elle oppose les armes
A ses aveugles alarmes.

Celuy qui s'arme le cœur
D'une virile asseurance,
Ne tombe sous la puissance
De son ennemy vainqueur.
Car jamais un grand courage
Ne se soumet au servage.

L'injuste commandement
D'une tourbe populaire
Ne le contraint de rien faire
Contre son entendement :
Non pas ny mesme la face
D'un tyran qui le menace.
  Encore que Jupiter
Renverse de sa tempeste
Tout le monde sur sa teste,
Il ne peut l'espouvanter :
Sa ruine sulphurée
Battra sa teste asseurée :
  Soit ou qu'il se trouve enclos
De mille piques guerrières,
Ou qu'aux ondes marinières
Il soit assiégé des flots,
Sa face libre de crainte
Ne pallira point desteinte [29].

ACTE III

Arée

Pourquoy, Fortune injuste, as-tu, fallacieuse,
Destourbé le repos de ma vie ocieuse,
Pour m'eslever si haut moy qui me contentois,
Heureusement vivant ainsi comme j'estois ?
N'est-ce à fin que ta main, volagement maline,
Me face trébucher de plus grande ruine ?
N'est-ce à fin qu'eslevé sur un rocher plus haut,
Je reçoive en tombant un plus horrible saut ?
O que plus seurement je dévidois ma vie,
Esloigné des poisons de la mordante envie,
Dans les rocs caverneux du goulfe pharien,
Où franc de mille soings je demeurois tout mien [30],

N'ayant en mon esprit autre sollicitude
Que de vaquer paisible au repos de l'estude !
Lors quel plaisir m'estoit-ce, eslevé dans les cieux,
Contempler ou le cours du soleil radieux,
Son chemin éternel, et comme autour du monde
Il traîne tous les jours sa clairté vagabonde,
Ou la rondeur de Phébe et ses nocturnes feux,
Qu'elle assemble, argentine en son globe nuiteux,
Ou ces quatre élémens, dont la vive influence
S'espanche sur les corps qui reçoivent naissance :
Bref, tout ce que jadis le difforme Chaos
Avoit confusément en sa machine enclos,
Qui viendra de rechef d'une cheute pesante
Accabler sous le ciel ceste race méchante.
Ores voicy le temps auquel doivent les dieux
Destruire courroucez ce monde vicieux,
A fin de r'engendrer une autre sorte d'hommes
Meilleurs et plus entiers que cent fois nous ne sommes,
Tels que chacun estoit lors que Saturne roy
Gouvernoit en repos le monde sous sa loy,
Et que de ce grand dieu la fille inviolable,
Astrée descendit en la terre équitable
Avecques Foy, sa sœur, et qu'elles régissoyent
Les vertueux mortels qui leur obéissoyent.
On ne sçavoit alors que c'estoit de la guerre,
Que c'estoit de s'armer pour défendre sa terre;
La trompette criarde encore n'avoit pas
La force d'enflamber les hommes aux combas;
L'usage n'estoit point de bastir forteresses,
De clorre les citez de murailles espesses;
Les chemins lors estoyent ouverts à tout chacun;
Le monde universel n'avoit qu'un bien commun,
Et la terre aux saisons produisoit fourmentière,
De son sein libéral une moisson entière,
Sans que sur les sillons la gresle bondissant
Découpast renversé le tuyau jaunissant.

Puis il sourdit après une race seconde,
Qui ne fut pas du tout en vertus si féconde.
Mais puis une autre encor' habita l'univers,
Qui subtile inventa mille ouvrages divers,
Non méchante pourtant, mais qui de la première
Abandonnoit desja la simplesse grossière.
Elle apprit de chasser les bestes aux forests,
Et de les enlacer trompeusement aux rets;
De pescher les poissons emmantelez d'escailles,
D'un hameçon caché qui leur coust les entrailles;
De piper les oiseaux par une feinte voix,
Ou freschement esclos les dénicher aux bois;
D'assujettir au joug les toreaux indomtables,
Et leur faire escorcher les terres labourables;
De sillonner la terre, et dans son large sein
Enfermer tous les ans un nourrissable grain.
Or ce siècle dernier, où maintenant nous sommes,
Engendra détestable une semence d'hommes
Qui proclifs aux mesfaits ne se proposent rien,
Quelque méchant qu'il soit, qu'ils n'entreprennent bien.
Ils creusent par labeur les costes de la terre
Pour en tirer, meurtriers, les outils de la guerre,
Le fer, le plomb, l'acier, exécrables métaux,
Avec l'or, qui nous forge encore plus de maux.
On vest une cuirace, on enferme sa teste
Dans un creux morion, qui dresse une grand' creste.
On s'arme tout le corps, on se range aux combas,
Et sur la rouge plaine on haste son trespas.
On ferme les citez de murailles dressées;
On les ceint à l'entour de fosses abaissées;
On assaut, on défend, le fer de toutes parts
Flamboye estincelant en la main des soudars.
La Foy, la Charité, la Concorde amiable
Ont, contraintes, fuy ce monde abominable :
La Justice bannie est remontée aux cieux,
Et les autres vertus que nous prestoyent les dieux;

Le désir de combatre et la faim désireuse
D'amasser sans repos la richesse envieuse
Ulcère nostre cœur : puis ceste ambition,
Ordinaire tyran de nostre affection,
Nous fait à droit, à tort, par diverses manières,
Convoiteux aspirer aux grandeurs emperières.
Le droict est violé, et dit-on qu'on ne doit,
Quand on veut dominer, avoir souci du droit.
Le monde perverti de jour en jour empire;
L'âge moins corrompu de nos pères fut pire
Que celuy des ayeux; le nostre en laissera
Quelque autre plus méchant qui le surpassera.

OCTAVE, ARÉE

Octave

Les traistres sont punis; ta douceur outragée,
O trop humain César, est maintenant vengée;
Les ingrats, les meurtriers, les lasches ennemis
Ont receu le loyer du mal qu'ils ont commis.
Ta lamentable mort vaillamment poursuivie,
Cache sous le tombeau leur parricide vie :
Tes Mânes sont contents, tes ombres aux Enfers
Ne se complaignent plus des outrages soufferts.
Brute de son poignard a prévenu la peine,
Que, surmonté de nous, il attendoit certaine :
Il est mort, il est mort, et ne reste aujourd'huy
Sinon tant seulement quelque cendre de luy,
Et n'a faict, opposant ses malheureuses armes,
Qu'accompagner sa mort d'un millier de gendarmes,
Qui gisent sur le champ froidement estendus,
Comme quand les espics, nouvellement tondus,
Par la limeuse dent des mordantes faucilles,
Sont couchez rang-à-rang sur les sillons fertiles.
Maintenant nous régnons, maintenant ce païs,

Qui traistre à son César nous avoit tant haïs,
Courbe son col mutin sous nos armes maistresses.
Ores nous les voyons par tourbes flateresses
Venir de toutes parts, monstrant dessus le front,
Pour nous gratifier, autre vouloir qu'ils n'ont.
Leur première franchise, entre nos mains esteinte,
Ne leur laisse aujourdhuy qu'une dure contrainte,
Qu'ils souffrent subjuguez, comme un cheval domté
Souffre dessus son dos le chevalier monté.
Ores, depuis le bout de l'Afrique rostie
Jusqu'aux derniers glaçons de la froide Scythie,
Depuis le clair séjour des Indois emperlez
Jusqu'au bord incogneu des Bretons reculez,
Tout ce large contour, tout cet horrible espace
Que la vieille Téthys vagueusement embrasse,
Nous sert, nous obéit, nous révère, nous craint,
Osté quelque mutin qui sera tost attaint,
Osté tant seulement ce corsaire Pompée,
Qui nous retient encor' la Sicile occupée :
Mais il sera puni si ses vaisseaux fuyars
Attendent une fois le choc de nos soudars,
Et avec luy encor' la troupe conjurée,
Qu'on dit par désespoir s'estre là retirée.
Je les veux poursuyvir, quelque part que les eaux,
Que les eaux de la mer recèlent ses vaisseaux :
Car en toute la terre il ne se verra place,
Coing ny recoing aucun, où je ne les pourchasse.
Je les suivray par tout, et comme un tygre ireux,
Qui court opiniastre après un cerf peureux,
Je roidiray ma course après leurs naus fuytives,
Jusqu'à tant qu'importun je les tienne captives.

Arée

Jamais donc entre vous ne verray-je la paix ?

Octave

Tant qu'ils seront vivans vous n'en verrez jamais.

Arée

N'avez-vous prins encor raisonnable vengence?

Octave

Nulle vengence peut égaler leur offense.

Arée

Si les dieux tant de fois nous estoyent punisseurs
Que nous chétifs mortels leurs sommes offenseurs,
Leur foudre défaudroit, et la terre profonde
Sans cause enfruiteroit sa poitrine féconde :
Ainsi vous convient-il estre aux vostres plus doux.

Octave

Qui tient ses ennemis les doit destruire tous.

Arée

La clémence est l'honneur d'un prince débonnaire.

Octave

La rigueur est tousjours aux princes nécessaire.

Arée

Un prince est bien voulu pour son humanité.

Octave

Un empereur est craint pour sa sévérité.

Arée

Soyez prompt à douceur et tardif à vengence.

Octave

Mais bien prompt à rigueur et tardif à clémence.

Arée

Un prince trop cruel ne dure longuement.

Octave

Un prince trop humain ne règne seurement.

Arée

César pour se vanger ne proscript jamais homme.

Octave

S'il les eust tous proscripts, il régneroit à Romme.

Arée

Il espargnoit leur sang.

Octave

Il prodiguoit le sien.

Arée

Il estimoit beaucoup garder un citoyen.

Octave

D'un citoyen amy la vie est tousjours chère,
Mais d'un qui ne l'est pas nous doit estre légère.

Arée

César pardonnoit tout.

Octave

Que servit son pardon ?

Arée

D'en conserver plusieurs.

Octave

Quel en fut le guerdon ?

Arée

Que gravée en nos cœurs sa florissante gloire
Vit éternellement d'une heureuse mémoire.

OCTAVE

Il est mort toutefois.

ARÉE

Immortel est son los.

OCTAVE

Mais son corps n'est-il pas dans le sépulchre enclos?

ARÉE

Ne devoit-il mourir?

OCTAVE

Non, si sa main ireuse
Eust mis première à mort ceste troupe orgueilleuse.

ARÉE

Encores vous faut-il d'un courage addoucy
Comploter quelque fin à ce discord icy :
Vous devez accoiser ce turbulent orage,
Et sauver par pitié le reste du naufrage.

OCTAVE

Plustost du jour flambant l'éternelle clairté
Se joindra sociable avec l'obscurité;
Plustost l'alme soleil, rompant sa course égale,
Donra ses premiers feux à la mer Atlantale,
Et lassé de courir bornera son chemin
Dans le flot indien qu'il redore au matin;
Plustost à flots courbez le Tybre porte-arène,
Refusant de couler dedans la mer Tyrrhène,
Roidira contre-mont ses refluantes eaux,
Et les fera ramper au sommet des coupeaux.

ARÉE

Et quoy? si des mortels les sanglantes querelles
Dans leur cœur acharné croupissent éternelles,

Si tousjours les cousteaux, meurtrièrement trenchans,
De nos corps moissonnez affertilent les champs,
Si tousjours le courroux, si la faim de combatre
En notre cruel sang bouillonne opiniastre,
Que jamais le vainqueur, que le vaincu jamais
Ou ne vueille, ou ne puisse incliner à la paix,
Tout s'en ira destruit, ceste fureur perverse
Jettera tout d'un coup le monde à la renverse.
La campaigne fertile au lieu de ses moissons
Ne rapportera plus que sauvages buissons,
Que chardons espineux, dont son eschine verte
En touffeaux hérissez sera tousjours couverte;
Les peupleuses citez désertes serviront
De funèbres tombeaux à ceux qui périront;
Le feu de toutes parts, bruyant comme un tonnerre,
Abbatra les maisons et les temples par terre;
Une profonde cendre, ondoyant sur les corps,
Couvrira sépulchrale une pile de morts.
Embrassez donc la paix, que l'on dit en vulgaire
Estre utile au vainqueur, au vaincu nécessaire [31].

OCTAVE

César me le défend, que ces loups inhumains
Meurtrirent au Sénat de leurs traistresses mains;
César qui subjugua les Gaules belliqueuses,
Et qui, singlant premier sur les plaines ondeuses
Du vieillard Océan, alla sur ses vaisseaux
Indomtable chercher d'autres mondes nouveaux;
Qui soumit à nos loix ceste terre bretonne,
Que la mer comme un mur loin de nous environne;
Qui d'un pont estranger brida le Rhin germain,
Et le rendit subjet à son Tybre romain.
Les félons, les ingrats, pour tant de bénéfices,
Non contens de l'avoir privé de leurs offices,
S'armèrent contre luy, et de diverses parts
Pour le cuider combatre assemblèrent soudars.

Mais les dieux, qui bénins soustindrent sa querelle,
Rendirent en ses mains ceste race cruelle,
Qu'il receut trop humain, pardonnant à chacun,
Sans retenir les biens ny les honneurs d'aucun :
Ainçois plus que nous mesme honora les parjures
De divers questurats, de diverses prétures,
Les retint ses amis, et les honora tant
Qu'ils ne demandoyent rien qu'ils n'eussent à l'instant [32].
Ils l'ont pourtant occis, et dans son sang humide
Bourrellement lavé leur dextre parricide :
Et puis qu'on leur pardonne, et qu'Octave adouci
En telles laschetez les reçoive à merci !
Je veux, je veux plustost que Jupin me foudroye,
Et sous les antres creux de l'Averne m'envoye [33].

Chœur [34]

O Mère alme des dieux, Nature, qui compasses
    L'ordre de l'Univers,
Et qui partis les cieux en différentes masses
    Et en bransles divers;
Et toy, grand Jupiter, qui lambrisses le monde
    Comme un riche palais
De mille astres mouvans, dont la carrière ronde
    Ne s'allentist jamais :
Pourquoy prends-tu le soin de leur belle conduite
    Par un sentier frayé ?
Las ! pourquoy les joins-tu d'une fuyante suitte
    A leur gond tournoyé,
Pour maintenant ouvrir la saison printanière
    Dans les prez rajeunis,
Maintenant pour dresser une forest blatière
    Sur les sillons jaunis,
Maintenant pour meurir les tiédeurs de l'autonne,
    Le raisineux amas,
Et maintenant pour rendre à l'hyver qui frissonne
    La glace et les frimas ?

Ou pourquoy, balançant d'un si constant estude
    Ces mouvemens certains,
Ne prens-tu, Jupiter, quelque sollicitude
    De nous pauvres humains ?
Les hommes mesprisez au dessous de la fange
    Qui croupit dans un val
Reçoivent incertains, comme le sort se change,
    Tantost bien, tantost mal.
Fortune aux piés ællez nous gouverne maistresse
    Selon sa volonté ;
D'elle seule dépend toute nostre richesse
    Et nostre pauvreté.
Ses aveugles présens, jettez à l'avanture,
    Honorent plus souvent
Un homme vicieux qui de vertu n'a cure,
    Qu'un homme bien vivant,
Et ceux que le désir méchamment ensorcelle
    D'un illicite honneur
En leurs faits violens ont presque tousjours d'elle
    Une heureuse faveur.
Si quelqu'un est tyran, s'il opprime sa terre,
    S'il porte un mauvais cueur,
S'il afflige les bons et qu'il leur meine guerre,
    Il s'en ira vainqueur,
Et à son appétit il les meurtrira, comme
    Un boucher à ses piez
Meurtrit, impitoyable, impitoyable assomme
    Deux grands toreaux liez.
O misérable Rome, et plus infortunée
    Que nulle des citez
Que ta puissante main ait jadis ruinée,
    Pleine d'adversitez !
Hélas ! tu monstres bien que l'esclatant tonnerre
    De Jupin courroucé
Brise plustost un pin qui s'élève sur terre
    Qu'un arbre atterracé.

Voy comme le destin, autheur de nos misères,
　　Le destin envieux
Accable maintenant d'infortunes amères
　　Ton chef audacieux.
Mais ce que nous souffrons, mortelles créatures,
　　Mais ce que nous faisons
Vient de la dure Parque, et joint à ses filures
　　Tourne avec ses pesons.
Son ordre est immuable, et qui point ne s'arreste
　　Pour la grandeur d'un roy :
Aussi ne fléchit point sous la triste requeste
　　D'un pauvre en son esmoy.
Le soucy recuisant nos âmes embrasées
　　Inutil' ne sçauroit
Changer l'ordre filé des mortelles fusées
　　Que tourne son rouet.
Ains bien souvent advient qu'en craignant la nuisance
　　D'un destin malheureux,
Le malheur redouté soudainement s'eslance
　　Sur nostre chef peureux.

MARC-ANTOINE, VENTIDIE

Marc-Antoine

O beau séjour natal esmerveillable aux dieux,
O terre florissante en peuple glorieux,
Coustaux sept fois pointus, qui vostre teste aigue
Portez noble en palais jusque aux pieds de la nue :
Soit où flanquez de tours vous honorez Jupin
Dans un temple basti du roc Capitolin,
Soit où vous élevez en bosse Célienne,
En pointe Vaticane ou en Esquilienne,
Soit où vous recourbez sous le faix Quirinal,
Sous l'orgueil Palatin ou sous le Viminal,
Joyeux je vous salue : et vous, dieux tutélaires,

Pénates honorez, nos recours salutaires,
Je vous salue aussi, et vous salue, ô dieux,
Quiconques soyez-vous, par qui victorieux
Je revoy maintenant ma désirable terre.
Je viens payer les vœux, qu'envelopé de guerre,
Sous la mercy du sort, je fis à vos autels,
Si je pouvois domter mes ennemis mortels.
Or toy, brave Cité, des autres citez roine,
Resjouy toy de voir ton nourriçon Antoine
Le laurier sur le front, signal d'avoir brisé
Tout ce que l'ennemy luy avoit opposé,
A qui ny les rochers des rives emmurées,
Ny les flots blanchissans des ondes colérées,
Mille escadrons armez de soudars pleins d'horreur,
Le fer, le sang, le feu, n'ont peu donner terreur :
Semblable à un torrent, que l'hyver gros de nues
Précipite en bruyant des montagnes chenues,
Qui froisse, rompt et brise à ses efforts premiers
Les arbres, les rochers, les palis jardiniers,
Qu'il emporte avec soy maugré la vaine force
Du paisan courroucé, qui contre luy s'efforce,
Ou tel qu'un ours patu, qui dressé contre-mont
Voit les chasseurs de loin sur la croupe d'un mont
Entrer au creux prochain, sa loge caverneuse,
Pour luy ravir, brigans, sa race généreuse.
Il hurle de fureur, et terrible au regard
Branlant son poil rebours s'eslance comme un dard,
Ou comme un traict de feu qui volle par le vuide
Contre les gros espieux de son voleur timide,
Qu'il brise par morceaux, tout ainsi qu'un roseau
Nourry marescageux dans le limon d'une eau,
Passetemps d'Aquilon, qui terracé l'abaisse,
Puis d'un air resouflé tout d'un coup le redresse.
Tout ainsi coléré, j'ay pressé furieux
Leur col accravanté du pied victorieux ;
J'ay noyé de leur sang la plaine Émathienne,

Et domtant aujourd'huy leur rage citoyenne,
Je laisse instruction à la postérité
De mieux tenir le frein à son cœur despité
Que ses pères défuncts, dont l'ingrate folie
A mis l'espée au cœur de la noble Italie.

Ventidie

Les pauvres malheureux ne consideroyent pas
Que depuis le berceau vous suivez les combas,
Vray sang herculéan, pour ne craindre l'audace
D'un vanteur ennemy, ses coups, ne sa menace.
Jadis ce grand héros, Hercule, vostre ayeul,
Combatit Acheloe enflé de tel orgueil,
Que sorti monstrueux de l'onde, sa naissance,
Le pensoit estonner d'une sotte arrogance,
Jusqu'à tant que son bras inhabile à la peur
Eust estourdy de coups cest impudent braveur,
Qui desjà triomphoit devant que la victoire
Eust couronné son chef d'une constante gloire.

Marc-Antoine

Tout homme volontiers ses ancestres ressent.
Le lion engendré d'un père rugissant
A peine peut marcher, que guerrier il essaye
D'attaquer un taureau destiné pour sa proye;
Mais le cerf viste-pieds et le pigeon peureux
Ne conçoivent jamais des enfans généreux,
Ains avecque le sang semblent qu'ils leur ont peinte
Au fond de l'estomach et la fuite et la crainte.
Moy, nay d'un devancier qui n'a jamais vescu
Travaillé d'ennemy qu'il n'ait tousjours vaincu,
Et qui dès le maillot commença de combatre
Les serpens animez de Junon sa marâtre,
Qu'il estrangla nerveux de son bras enfantin,
Dédié seulement à presser le tetin

De sa chère nourrice, et d'une main mignarde
A l'ouvrir plein de laict dans sa bouche tétarde ;
Moy nay d'un devancier, qui depuis que les ans
Feirent ses nerfs enflez estendre plus puissans,
Pour la première preuve atterrassa la Biche
Superbe aux pieds d'airain, et print sa corne riche,
Qui fertil en labeurs sur luy multipliez
Comme l'eau multiplie en ses flots repliez,
Occit à coups de masse et de flèches pointues
L'Hydre, beste Lernée, aux espaules testues,
Qui ouvrit le gosier au Lion néméan,
Ancienne frayeur du bourg cléonéan [35],
Qui domta sous ses pieds le sanglier d'Erymante,
Qui tua desdaigné le fier Théodomante,
Qui osa desfier Géryon à trois corps,
Qui força les Enfers, habitacle des morts,
Qui suffoqua luiteur le libyen Antée,
Qui recourba le col sous la charge atlantée,
Qui les Centaures durs, genre ixionien,
Qui Busire inhumain, tyran égyptien,
Massacra de ses mains, qui tant qu'il fust en vie
Les monstres déchassa de la terre asservie ;
Moy, moy, sorty de luy, que feray-je sinon
Que tascher d'acquérir un semblable renom
Par faicts chevaleureux, et de faire cognoistre
Que je suis à bon droict digne d'un tel ancestre ?
Or tout ainsi qu'il fut travaillé de Junon,
Je le suis d'elle mesme, ou de quelque Démon,
Qui haineur me pourchasse, et me filant sans cesse
Affaire sur affaire, en repos ne me laisse.

Ventidie

Mais graces à ce dieu, qui, arbitre sur nous,
Retient comme il luy plaist ou lance son courroux,
Nous sommes eschappez des plus fières tempestes
Qui peussent menacer nos périlleuses testes.

Marc-Antoine

Combien de fois plongé dans les goufres de Mars,
Ay-je aux premiers scadrons tronçonné de soudars,
Quand trop chauds de mourir, ils s'ingéroyent d'audace
De soustenir les coups de ma grand' coutelace
Qui leur ouvroit le ventre, et foibles de genous
Les faisoit trébuscher le visage dessous !
Combien des froids hyvers, couché dessous les armes,
Ay-je pressé la terre au milieu des allarmes,
Le corps oinct de sueur, le visage noircy
D'une crasse peineuse où j'estois endurcy,
Semblable aux rivagers de l'onde tanaïde,
Et à ceux que nourrit le marez Méotide,
Les cheveux à long poil flotans dessous l'armet
Qu'une hure effroyable, attachée au sommet,
Rendoit plus furieux, sur deux yeux brillans comme
Deux grands astres de nuit quand Phébus court au somme !
Tesmoing la Palestine au peuple circoncis,
Où le cours d'un esté de ma dextre j'occis
Plus de soudars rompus que leur Jordan ne porte
D'arène graveleuse au sein de la mer morte.

Ventidie

Tesmoing aussi le peuple à qui le Nil négeux
Engresse les sablons de son limon fangeux,
Ains [36] que se desgorger par sept portes humides
Dans le palais salé des vierges Néreïdes.
Là combien de milliers de Nilides mutins
Feistes vous dehacher par les scadrons latins
Rengez sous vostre charge, alors que Ptolomée,
Indignement chassé de sa province armée,
Fut restably par vous, qui du premier abord
Ses peuples rebellez desfeistes sur le bord,
Laissant à vos nepveux une belle mémoire
Pour estre espoinçonnez d'une semblable gloire !

ANTOINE

Quand ce vaillant César, la terreur des Gaulois,
Qui la terre Albionne asservit à nos loix
Avec le Rhin domté, pour son juste salaire
Fut vilement fraudé de l'honneur consulaire,
Et qu'il vint en la plaine où Rubicon frontier
Fait roulant en la mer un humide sentier,
Moy, qui pour me sauver de Rome maistrisée
Vestis d'un simple serf la robe desguisée,
Moy, qu'on avoit chassé, moy, que le Tribunat
N'avoit peu garantir des rages du Sénat,
J'enflambay son courage à pousser les enseignes
Dans l'Itale trempée en venimeuses haignes.
Or le camp de Bronduse, où l'ennemy batu
D'un gendarme plus fort esprouva ma vertu,
Et celuy de Pharsale, et la gauloise plaine,
Qui se couche estendue aux portes de Modène,
Sépulchre à deux Consuls, et ce que j'ay depuis
Faict au bord Philippiq', monstrent ce que je puis,
Bien que le sang versé de vous, ô ma Patrie !
Me face avoir pitié de la tourbe meurtrie,
Sinon quand je repense à l'exécrable tour
Qu'ils ont faict traistrement à César, vostre amour,
Que par trop enyvrez d'une liberté folle,
Ils meurtrirent ainsi qu'un taureau qu'on immole.

VENTIDIE

Pour cela puissent-ils, si quelques uns d'entre eux
Ont sauvé de vos mains leur chef malencontreux,
Entretenir tousjours d'adventures funestes
Eux, leur race, leur bien, leur renom et leurs gestes.

OCTAVE, MARC-ANTOINE, LÉPIDE

Octave

Donq' César est vengé ! donque si peu de morts
Serviront de victime à son funèbre corps !
Donq' nos bras engourdis, et trop lasches à suivre
Le dos de l'ennemy, les voudront laisser vivre !
Et tant d'hommes tachez de son cruel trespas
Dans le sombre tombeau ne dévaleront pas !
Que pensez-vous, Antoine ? Est-il bien raisonnable
Qu'il eschappe quelqu'un de ceste gent coupable,
Et que le corselet descouvre nostre dos
Ains [36] qu'un ombreux sépulcre ait engoufré leurs os ?
Sus, sus, esveillons nous : c'est vergongne de faire
Guerre à son ennemi que lon ne veut desfaire.

Marc-Antoine

Quels ennemis bandez n'ont senti nos efforts ?

Octave

Ce n'est encore assez, ils devroyent estre morts.

Marc-Antoine

Les meurtriers de César sont-ils vivans encore ?

Octave

Non, mais leurs partisans il nous faut poursuivre ore.

Marc-Antoine

Ne les avons-nous pas despouillez et bannis ?

Octave

Mais il convient qu'ils soyent plus griesvement punis.

Marc-Antoine

Est-il plus grief tourment que souffrir nostre empire?

Octave

Ce n'est pas le plus grief puis qu'on en craint un pire.

Marc-Antoine

Leur vie malheureuse est pire que la mort.

Octave

Mais il n'y a malheur qui n'ait son réconfort.

Marc-Antoine

Quel réconfort ont ceux qui greslent d'infortune?

Octave

Celuy qu'aux malheureux relaisse la Fortune.

Marc-Antoine

De long temps la Fortune embourbe leurs desseins.

Octave

On sçait combien Fortune a les pieds incertains.

Marc-Antoine

En nos prospéritez sa faveur est constante.

Lépide

C'est ce qui les console et leur espoir augmente.
Tousjours d'un air gresleux les champs hérissonnez
N'ont aux chaudes moissons leurs espics esgrénez,
Ny tousjours en la mer les tempestes venteuses
Ne batent les rochers de vagues raboteuses,
Ny aux monts d'Arménie, espouvantables d'ours,

Les hyvers paresseux ne séjournent tousjours.
Aussi tousjours Fortune aux hommes n'est contraire ;
Elle change souvent son visage adversaire
En un front de faveur, et communément ceus
Qu'elle caresse plus sont à la fin deceus.
Doncques n'attendons pas que sa mouvante boule,
Renversée en malheur, sur nos puissances roule,
Et que ceux qu'aujourd'huy nous tenons subjuguez
D'un négligent mespris se présentent liguez
En un second conflict, et que le sort des armes,
Qui pend tousjours douteux, renverse nos gendarmes.
Abbatons-les, Antoine, et tant que la grandeur
De sa masse terrestre estendra sa rondeur
Sur la compagne mer, poursuivons-les de sorte
Qu'on en voye le nom et la mémoire morte.

Marc-Antoine

Lépide, je ne puis. Mon magnanime cœur
Hait naturellement une telle rigueur.
Je ne puis offenser, contant de la victoire,
L'ennemy combatu qui me quitte la gloire,
Et qui, la teste basse et le front vergongneux,
Ores se va cachant dans un roc montagneux,
Ores dans un désert, misérable demeure,
Où le danger de mort l'accompagne à toute heure.
Je ne me veux fouiller d'un sang si malheureux,
Semblable au preux lion, au lion généreux,
Qui ne daigne lever sa grande patte croche
Qu'encontre un fier taureau, qui bien cornu s'approche,
Furieux combatant, et veut plustost mourir
Que devant sa génice une honte encourir.
Là, fumant de courroux, ce grand guerrier se rue
Au col de l'ennemy voué pour la charrue,
Qu'il tirasse et secoue avecques tel effort,
Qu'encore qu'il se monstre et belliqueux et fort,
Qu'il roidisse ses nerfs, que de pieds et de teste

Il choque renfrongné la forestière beste
Sur l'estomach crineux, et que du coup doublé
Le lion plein d'ardeur en demeure troublé,
Il l'atterre pourtant et demy hors d'haleine
Fait couler de sa gorge une rouge fonteine.
Lors retournant vaincueur en son roc cavernier,
S'il trouve à l'impourveu quelque chien moutonnier,
Qui tremblant et criant plat à ses pieds se couche,
Il passe plus avant et piteux ne luy touche.

Lépide

Si donc vous ne voulez lever le bras guerrier
Sur un soudart mussé dans un antre terrier,
Desdaigneux à poursuivre une âme misérable,
Au moins suivez celui qui nous est redoutable.
Rechargez le harnois, monstrez vostre valeur
Encontre ce Pompée, indomtable voleur :
Ce Pompée ennemy, qui à rames doublées
Brigande en escumant les ondes ensablées
Qui lèchent la Sicile, où traînant avec soy
Sa bande fugitive, il s'authorise roy.
Estant tel contre nous, ne l'irons-nous poursuivre ?
Luy ferons-nous pardon ? le laisserons-nous vivre ?

Marc-Antoine

Pompée ne fut pas de nos conspirateurs.

Octave

Et n'est-ce pas assez qu'il soit de leurs fauteurs ?

Marc-Antoine

Il a trop de malheur du malheur de son père.

Lépide

Le bon-heur paternel conforte sa misère
Et le fait orgueilleux, pensant qu'il pourra bien
S'eslever aussi grand comme le père sien.

Marc-Antoine

Il ne peut remascher de son père la gloire,
Que sa honteuse fin ne luy vienne en mémoire.

Lépide

Il brusle de vengence.

Marc-Antoine

Et ceux qui l'ont vengé
Luy ont bien volontiers son malheur allégé.

Lépide

Il bouffe de courroux.

Marc-Antoine

Un courroux sans puissance
Ne sçauroit apporter qu'au courroucé nuisance.

Octave

Le reste des vaincus se retire vers luy.

Marc-Antoine

C'est à fin de trouver compagnons en ennuy.

Octave

Qu'eust-il pourtant au cœur ma vengeresse espée !

Marc-Antoine

Je prens plaisir de voir le fils du grand Pompée,
Qui se feit obéir de la terre et des eaux,
Esploré, vagabond, armé de trois vaisseaux,
Pauvre et désespéré dans la mer se retraire,
Et là, faisant l'estat d'un infâme corsaire,
Destrousser les passans et se joindre à ceux-là
Que ce grand empereur son père débella.
Est-il malheur plus grief que d'avoir souvenance

D'avoir eu quelquefois une grande puissance?
Octave, est-il tourment, est-il supplice tel,
Dont se doive tant plaire un ennemy mortel?

Lépide

Et bien, s'il est ainsi, que la noble Italie,
Assemblée en un corps, de rechef se rallie,
Et que les Pompéians, espars de tous costez,
Ne soyent plus désormais de nous persécutez.
Allons pacifier nos provinces esmeuës,
Selon que par le sort elles nous sont escheuës.
Je régiray l'Afrique et les peuples hâlez
Des rayons du soleil sur leur chef dévalez.
J'iray, dominateur, où la chaude Cyrène
En monceaux vagabonds fait jaunir son arène.
Le Libyen farouche, et le Numide pront,
Le More basané sous ma charge vivront.

Octave

Je tiendray sous mon joug les belliqueuses Gaules
Et les rocs Pyrénez aux superbes espaules,
Avecque leur Espagne, et le subtil Grégeois,
Veuf de sa liberté, se rendra sous mes lois.

Marc-Antoine

J'empliray de soudars les citez asiennes;
J'armeray la Syrie et les rives troyennes;
La Judée, Arabie, heureuses régions,
Le Pont et l'Arménie auront mes légions;
J'iray contre le Mède, et sera mon espée
Dans le sang escoulé de sa gorge trempée.
Je mettray tout à sac, ne laissant aux maisons
Que le feu rongera que les rouges tisons.
Et si le camp fuyard des Parthes infidelles
Vient pour nous affronter de sagettes mortelles,
Le coutelas au poing j'imprimeray, hardy,

Mille ulcères profonds sur leur dos enlaidy,
Vengeant avec usure, avant que je repasse
Vainqueur en ce païs, le deshonneur de Crasse.
Favorisez-moy, dieux, et conduisez ma main
Aux belliqueux effects d'un si brave dessein,
Souffrant que, plein de gloire, en vostre Capitole
Cent bœufs marquez de blanc sur vos autels j'immole [37].

Chœur de Soudars

Soudars, puis que les ennemis,
Pour leur parricide commis,
De leurs corps mesurent la terre,
Ayons ce qu'on nous a promis
Devant que d'aller à la guerre.

Ne laschons nos princes vainqueurs
Qu'ils ne guerdonnent nos labeurs.
Un vaillant soudart ne guerroye,
Si quant-et-quant ses empereurs
Ne l'allèchent de quelque proye.

Nous offrons tous les jours nos corps
A cent et cent diverses morts,
Et toutesfois, pour récompence
De tant de belliqueux efforts,
Nous n'emportons qu'une indigence.

Depuis vingt ans, combien de fois
Avons-nous vestu le harnois?
Combien de fois sur nos espaules
Avons-nous porté le pavois,
Depuis que nous veismes les Gaules?

C'est aux estranges régions,
Qu'il fait bon pour les légions;
C'est dedans ces terres barbares
Que, faisant guerre, nous pouvions
Soûler nos courages avares.

L'Afrique, où le soleil plus chaud
Eslance ses flammes d'enhaut,

Esprouva jadis en sa terre,
Quelle est nostre ardeur quand il faut
Marcher aux horreurs de la guerre.

L'Espagne belliqueuse aussi
Sçauroit bien que dire en ceci,
Qui, favorisant les Pompées,
Se vint soumettre à la merci
De nos vainqueresses espées.

L'Egypte, où les ondes du Nil
Rendent le terroir plus fertil,
Sentit nostre dextre adversaire,
Quand après le malheur civil
Elle entreprint de nous desfaire.

Mais combien le superbe Mars
A terracé de leurs soudars
Sur la plaine pharsalienne?
Et combien mourut par nos dars
De la jeunesse italienne?

Il n'est trespas plus glorieux
Que de mourir audacieux
Parmy les troupes combatantes,
Que de mourir devant les yeux
De tant de personnes vaillantes.

O trois et quatre fois heureux,
Ceux qui d'un fer avantureux
Se voyent arracher la vie,
Avecques un cœur généreux
Se consacrans à la patrie.

De ceux-là les os enterrez
Ne seront de l'oubly serrez,
Ains, récompensez d'une gloire,
Revivront tousjours honorez
Dedans le cœur de la Mémoire.

Ah! combien je hay le soudard
Qui ha le courage couard,
Et qui par une lasche fuite,

    Se trouvant au commun hasard,
    Le danger de la mort évite.

    D'autant il me semble vilain
    Monstrer son dos d'ulcères plein,
    Qu'il est entre nous honorable
    De porter au milieu du sein
    Une cicatrice notable.

    Il me desplaist que les Romains
    S'entre-massacrent de leurs mains,
    Et que nos guerrières phalanges
    Ne vont en quelques lieux lointains
    Combatre les peuples estranges.

    Or la meschante faction
    Méritoit qu'en punition
    De son parricide exécrable,
    Lon feist une proscription,
    Qui fust à jamais mémorable.

ACTE IV

LE MESSAGER, PORCIE, LA NOURRICE

Le Messager

O griefve servitude ! ô cruelle contrainte !
O douleur ! ô misère à ma fortune jointe !
O sort malencontreux ! hélas ! n'avoy-je assez
Dequoy me malheurer en mes malheurs passez,
Si mon désastre encor', pour recharge nouvelle,
Ne me faisoit porter ceste triste nouvelle ?
Que les flots escumeux de l'abayante mer
N'ont-ils faict en passant mon navire abysmer,
A fin qu'ensevely sous les vagues profondes,
Je veisse mon message enseveli des ondes !

PORCIE

Hé, nourrice m'amie !

LA NOURRICE

Il vous faut prendre cœur.

PORCIE

Nourrice, je me meurs.

LA NOURRICE

Madame, n'ayez peur ;
Je croy que tout va bien : mais sçachons ce qu'il conte.

PORCIE

Hélas ! je n'en puis plus, la douleur me surmonte.

LE MESSAGER

Je suis saisi de crainte, et ma langue essayant
D'en faire le discours va toute bégayant ;
Je tremble, je frémis, une glace soudaine
S'épandant par mon corps coule de veine en veine
Sur mon cœur estoufé, qui le serre et l'estreint,
Comme un acier flambant que la pince contreint.

PORCIE

O dieux, ô dieux cruels !

LA NOURRICE

Hélas, vostre constance
Plira-t'elle aujourd'huy sous une impatience ?
Toy, funèbre porteur, raconte briesvement
De ce mortel combat le triste événement.

LE MESSAGER

Au bord de Macédone, où la Thrace guerrière
Occidentale estend sa poitrine frontière,

Célèbre en forteresse une ville il y a,
Que Philippes son roy jadis édifia,
Dont elle print le nom, qui jusques à ceste heure
Depuis tant de saisons encore luy demeure.
Là nos deux empereurs [38] sur un coustau qui pend
Et qui demy couché jusqu'en la mer descend,
Voyant des ennemis les forces approchées,
Asseurèrent leur camp de profondes tranchées.
Puis s'estans quelques jours tenus dans leurs rampars,
Craignans de hasarder le sang de leurs soudars,
Hors mis de quelques uns qui chatouillez de gloire
Briguoyent escarmouchant l'honneur d'une victoire,
Antoine qui craignoit que ses gens enfermez,
Sous l'ennuy d'un séjour ne fussent affamez,
Gravissant le coustau d'une fureur extrême,
S'en vint nous assaillir dedans nostre camp mesme.
Lors les soudars de Brute, espoints de leur honneur,
Sortirent dessur eux d'une telle vigueur,
Que rompant les premiers, ils tournèrent en fuite
D'Octave espouvanté la troupe desconfite.
Ils forcèrent son camp, et comme loups gloutons
Avidement entrez en un parc de moutons,
Découpoyent, détranchoyent, sans tirer de l'esclandre
Ceux qui, les armes bas, vaincus se venoyent rendre.
Mais le malheur voulut que rentrez en leur camp,
Ils veirent que Cassie avoit eu pareil dam,
Et que le sort malin leur laissoit imparfaicte
Et pareille victoire et pareille desfaicte,
Et que Cassie mesme, après ce dur conflict,
Estimant qu'avec soy Brute fust desconfict,
Pour ne venir ès mains d'un ennemy barbare,
S'estoit faict esgorger à son amy Pindare.

PORCIE

Hé ! Cassie est-il mort ? ore, dieux inhumains,
Ore avons nous perdu le dernier des Romains ?

Mais Brute, Messager, mais Brute est-il en vie ?
O dieux ! que j'ay grand peur qu'il ait suivi Cassie !

Le Messager

Brute, ayant ramassé les soudars cassiens,
Pour les mieux asseurer les conjoignit aux siens ;
Puis mist secrettement durant la nuict obscure,
De peur de les troubler, Cassie en sépulture.
Or avoit-il conclu de ne combatre pas,
Asseuré de gaigner sans venir aux combas :
Luy qui prévoyoit bien que l'adversaire armée
Ne dureroit long temps sans se voir affamée,
Excluse de la mer que nos vaisseaux tenoyent,
Vigilans escumeurs des vivres qui venoyent.
Mais les siens reboutans ce conseil salutaire,
Voulurent maugré luy pratiquer le contraire,
Piquez des ennemis, qui pour les irriter
Se venoyent tous les jours au combat présenter,
Les appellans craintifs, qui se donnoyent de garde
D'adventurer au fer leur poitrine couarde :
Encore qu'on sceust bien que leur cœur excité
Ne fust tant de vertu que de nécessité,
Qui pressez de la faim recouroyent aux batailles,
Cherchant par la victoire à remplir leurs entrailles.
Ainsi donc nos soudars attisez de courroux,
Attisez de despit, se délibèrent tous,
Vueille ou ne vueille Brute, esteindre l'infamie
Qu'ils endurent moquez de la langue ennemie.
Ils sortent furieux, comme quand aux abois
De trois dogues bretons, qui tonnent dans un bois,
Un lion eschaufé tire de sa tanière
Son col hérissonné d'une horrible crinière :
Il va rouant ses yeux, ses grands yeux flamboyans,
Et les tourne despit vers les chiens aboyans
Qu'il attend à pied coy, vomissant effroyable
De sa gorge béante un son espouventable.

Alors nos ennemis, que la faim tenailloit
Et qui touchoyent leur mort si lon ne batailloit,
Animez de leur chef qui fier les accompagne,
Plus alaigres que nous sortent en la campagne.

PORCIE

Que feray-je, pauvrette? hélas! je n'en puis plus;
Tout le sang de mon corps s'est dans le cœur reclus.
Mon sein est pantelant, j'endure languissante
Les piquans esperons d'une douleur cuisante.
J'ay peur; comment, j'ay peur? hélas! je n'ay plus peur!
Car ma peur s'est tournée en un certain malheur.
Mais poursuy, Messager, et flatteur ne me cache
Chose qu'il faille après que d'un autre je sçache.

LE MESSAGER

Jà desjà le soleil au milieu de son tour
Commençoit peu à peu de reculer le jour,
Quand de chacun costé les batailles dressées
Obscurcirent le ciel de flèches eslancées,
De dars gétuliens qui voletoyent par l'ær,
Comme un foudre orageux que Jupin fait rouler.
Puis saquant aux cousteaux ces deux grosses armées
De contraires efforts s'en vindrent enflammées
Entrechoquer de près, combatant main-à-main,
Et d'un fer outrageux s'entre-creusant le sein.
Là vous n'eussiez ouy qu'un craquètement d'armes,
Là vous n'eussiez rien veu qu'un meurtre de gensdarmes,
Qui durement navrez trébuschoyent plus espois
Que ne sont en hyver les fueillages aux bois.
L'un a les bras tronquez, ou la cuisse avalée,
L'autre une autre partie en son corps mutilée;
Vous n'oyez que souspirs des blessez qui mouroyent,
Que menaces et cris de ceux qui demeuroyent :
Vous n'aviez sous les pieds que chevaus et gensdarmes,
Que picques et pavois, que divers outils d'armes,

Qui gisoyent sur le champ, demy noyez du sang,
Qui flottoit par la plaine ainsi qu'en un estang.
Or longuement dura ce combat misérable,
Balançant puis deçà, puis delà variable,
Sans que ceux-là, plus forts, peussent vaincre ceux cy,
Ny que ceux-cy, plus forts, les vainquissent aussi.
L'heur estoit ore aux uns et ore estoit aux autres ;
Les nostres les forçoyent, puis ils forçoyent les nostres ;
La victoire bransloit égale aux deux costez.
Comme on voit sur la mer, quand deux vents irritez
Soufflent contrairement de leurs gorges ronfleuses,
Un navire cloué sur les vagues rageuses :
Ore l'humide Auster le chasse impétueux,
Et ore l'Aquilon le pousse fluctueux
De contraires fureurs, sans que la nef domtée
Puisse estre ny par l'un ny par l'autre emportée ;
En fin comme une tour, que cent belliers batans
Encrée en un rocher ont tempesté long temps,
Ne pouvant supporter leur guerre continue
Se voit pied-contremont à la fin abatue.
Ainsi nos gens, recreus d'un chapelis [39] si long,
Ne pouvant résister, se rompirent adonc,
Tournant le dos fuitif à la pointe ennemie,
Qui leur peureuse mort noircissoit d'infamie.

PORCIE

Et Brute vostre chef ?

LE MESSAGER

Brute, qui lors se voit
Totalement fraudé de l'espoir qu'il avoit,
Monté sur un coustau, que depuis la desfaite
Plusieurs de nos soudars avoyent pris pour retraite,
S'estant par plusieurs fois vainement efforcé
De rentrer en son camp qu'on luy tenoit forcé,
Admonnesta chacun de penser à se rendre,
Puis qu'ils ne pouvoyent plus la liberté défendre.

Lors s'escartans de nous, et prenant seulement
Straton avecque luy, qu'il aimoit sainctement,
Dressa les yeux au ciel, sans siller les paupières,
Prononçant d'un grand cœur ces paroles dernières :
O débile Vertu ! maintenant voy-je bien
Que ta force et faveur, que je suivois, n'est rien.
Je t'honorois pourtant comme estant quelque chose,
Mais je voy que de toy la Fortune dispose [40].
Puis il pria Straton de ne vouloir souffrir
Que César se vantast de l'avoir faict meurtrir,
Ains qu'il voulust plustost l'homicider luy mesme :
A quoy il obéit avec un dueil extrême.

Porcie

O gouverneur du ciel ! ô géniteur des dieux !
O père Jupiter qui présides aux cieux !
Où sont ores tes dards ? où est ores ton foudre,
Que flambant de courroux tu ne me mets en poudre ?

Le Messager

Quand du soleil doré le flambeau radieux
Commença d'éclairer par la plaine des cieux,
Et que les feux brillans que l'Aurore déchasse
A sa première course eurent quitté la place,
La terre découvrit à nos yeux estonnez
Mille horribles monceaux de soudars moissonnez.
Lors Antoine craignant que, durant la nuict sombre,
Nostre Brute eschapé luy feist nouvel encombre,
Ne se pensant avoir victoire qu'à demy
Tant que Brute vivant luy seroit ennemy,
Commanda, soucieux, à ses fières cohortes
De rechercher son corps parmy les bandes mortes.
En fin l'ayant trouvé luy mesme eut le souci
De le faire embasmer pour l'apporter icy,
Le voulant aux tombeaux de ses ancestres rendre,
Et vous gratifier d'une si chère cendre [41].

Porcie

Tonnez, cieux, foudroyez, esclairez, abysmez,
Et ne me laissez rien de mes os consommez
Que ceste terre ingrate enferme en sa poitrine.
Respandez, respandez vostre rage maline
Sur mon chef blasphémeur, et tempestez si bien
Que de moy malheureuse il ne demeure rien.
O Célestes cruels, ô dieux inéquitables,
Avez-vous donc meurtry tant de gens vénérables?
Avez-vous donc meurtry tant d'hommes généreux,
Esbranlez sous l'espoir que vous seriez pour eux?
O Célestes cruels, est-ce ainsi que le vice
Opprime la vertu et le tort la justice?
Est-ce ainsi que le mal est soustenu de vous?
Est-ce ainsi que le bien porte vostre courrous?
O cruels! ô cruels! que vous fait cest empire,
Pour le vouloir ainsi par trois tyrans destruire?
Que vous a faict mon Brute, et ceux qu'avecque luy
Nous voyons par vos mains abbatus aujourd'huy?
Ouvre ton sein piteux, ô terre malheureuse,
Et m'engoufre au profond de ta poitrine creuse;
Enfonce, enfonce moy dans les gouffres plus creux
Qui se puissent trouver aux Enfers ténébreux;
Englouty moy chétive, et d'une nuict espesse
Bousche mes sens esteints, que la douleur oppresse.
Vous, desloyale mer, qui courbastes le dos
Sur nos vaisseaux armez, et qui dessus vos flots
Feistes voguer mon Brute, au lieu de me le rendre,
Vous me rendez un corps prest de réduire en cendre!
Vous ne l'eustes pas tel commis à vostre foy;
Vous le prinstes vivant, vivant rendez-le moy;
Rendez-le moy vivant, vivant vous le receustes,
Rendez-le ainsi vivant comme vivant vous l'eustes.
O folle que je suis! ô folle d'estimer
Que loyauté se trouve en la parjure mer!

O folle de penser que les ondes cruelles,
Changeant leur naturel, me deviennent fidelles !
Vous, antres caverneux, siège du vieil Pluton,
Vous, filles de la nuict, Tisiphone, Alecton,
Vous, Rages de là bas, vous, Cerbère à trois testes,
Vous, fleuves, qui roidis bruyez mille tempestes,
Plongez-moy dans le sein de l'abysme souphreux,
Où logent tourmentez les esprits plus affreux.
Tirez mon cœur ravi de ses mortes entrailles,
Et le repinçotez de flambantes tenailles ;
Qu'il rôtisse aux brasiers, où les plus tourmentez
Reçoivent le guerdon de leurs méchancetez.
Enflambez, découpez, brisez, faites résoudre
Mon cœur, mes nerfs, mes os, et mes poumons en poudre ;
Vos tourmens ne sçauroyent, m'estans continuels,
Vaincre les cruautez des Célestes cruels.
O terre ! ô ciel ! ô mer ! ô planettes luisantes !
O soleil éternel en courses rayonnantes !
O royne de la nuict, Hécate aux noirs chevaux !
O de l'air embruny les lumineux flambeaux !
Si vous avez pouvoir dessus nos destinées,
Si nos fatalitez sont par vous ordonnées,
Que des félicitez et des cuisans malheurs
Que nous avons icy vous soyez les autheurs,
Influez dessur moy tant de mortels désastres
Qu'il ne se treuve plus d'infortunes aux astres,
Et chétivez si bien mon esprit langoureux.
Qu'il ne conçoive rien qui ne soit malheureux.
Ha, las !

LA NOURRICE

Madame.

PORCIE

Ha, las !

LA NOURRICE

Madame.

Porcie

O que je souffre !

La Nourrice

Madame, escoutez-moy.

Porcie

Je suis dedans un gouffre
De rage et de fureurs.

La Nourrice

Escoutez-moy.

Porcie

O cieux !

La Nourrice

Laissez ce dueil.

Porcie

O dieux !

La Nourrice

Laissez ces cris.

Porcie

O dieux !
Je n'en puis plus, je meurs. Nourrice, tenez-moy,
Hélas ! le cœur me faut.

La Nourrice

Laissez donc cest esmoy,
Ma maistresse, laissez-le, et que ceste constance
Qui redoroit desjà les ans de vostre enfance
Ne vous manque aujourd'huy.

Porcie

Cela n'adviendra pas ;
Je suis, je suis constante à courir au trespas.

Mais, ô Destins méchans, pourquoy ma longue vie
Ne fut-elle plustost de ce monde ravie?
Qu'une soudaine mort ne me print elle alors
Que je nasquis icy pour vivre tant de morts?
Misérable! et pourquoy mon enfance engloutie
Ne me fut au berceau par un ours de Scythie?
Que les Dragons grifus, les Dragons inhumains,
Que l'enfançon d'Alcmène estoufa de ses mains,
Ne vindrent démembrer de leurs griffes bourrelles
Mon corps pendant encor à vos chères mamelles?
Toy, Romule Quirin, qui plantas de nos tours
Les premiers fondemens pour demeurer tousjours,
Et qui, brisant l'estoc des phalanges sabines,
Honoras tes palais de victoires voisines,
Dressas-tu cest empire augmenté par les tiens,
Logeas-tu dans ces murs nos ancestres troyens,
A fin qu'à l'avenir, quand ta Rome maistresse
Tiendroit ceste rondeur sous sa main vainqueresse,
Que trois de tes nepveux, piquez d'impiété,
Captivassent ainsi nous et nostre Cité?
Toy, Brute, oppugnateur des cruautez félonnes
Que nos tyrans Tarquins joignoyent à leurs couronnes,
As-tu chassé nos rois, nos légitimes rois,
Pour nous assujétir au vouloir de ces trois?
As-tu meurtry les tiens pour voir après tant d'âges
Tes citoyens souffrir tant de vilains servages?
O cruauté du ciel! que diront aux enfers
Ces vieux pères Romains, de nos malheurs soufferts?
Que diront les Marcels, les Torquats, et encore
Les Scipions vainqueurs de la campagne more?
Que diront-ils là bas, entendant aujourd'huy
Leur race se courber sous le pouvoir d'autruy?
Que diront, que diront les généreux Décies,
Si quelqu'un dévalé sur les plaines noircies
Leur dit que le païs qu'ils rendirent seigneur
De tant de nations applaudit serviteur,

Le païs pour lequel jadis ils se vouèrent,
Le païs pour lequel leur sang ils prodiguèrent ?
Sus donc, il faut mourir, il faut mourir, mon cœur ;
Il faut avecq' le corps despouiller ta langueur.
Mon cœur, qu'attens-tu plus ? qu'attens-tu d'avantage
Que tu ne suis ton Brute au ténébreux rivage ?
Ton Brute que voicy, ton Brute dont le corps
Gist ici, et son âme en la plaine des morts ?
O changement divers, un creux cercueil enserre
Ce qui de sa grandeur combloit toute la terre !
Las ! Brute, mon cher Brute, aumoins reçoy ces pleurs,
Reçoy ces durs regrets, tesmoings de mes douleurs,
Reçoy ces moites pleurs que je te viens espandre,
Pour arrouser tes os et ta future cendre.
Las ! n'as-tu point regret, qu'ores tu sois là bas
Citoyen de Pluton, et que je n'y soy' pas ?
Peux-tu prendre plaisir sous la terre obscurcie
N'ayant avecque toy ton amante Porcie ?
Brute, pardonne moy ; je sçay bien que j'ay tort
De vivre un seul moment après ton dernier sort.
Je cognoy bien mon tort, las ! j'ay bien cognoissance,
O mon Brute, ô mon cœur, qu'en cela je t'offense ;
Je t'en requiers pardon ; Brute, pardonne moy ;
Je ne seray long temps sans me voir près de toy.
Tant que tu as vescu j'ay bien désiré vivre,
Mais ores estant mort j'ay désir de te suivre.
Meurtrissez-moy, tyrans, abayez à ma mort.
Car tandis que je vy, Brute n'est pas tout mort :
Il vit encore en moy, ma vie est demy-sienne,
Tout ainsi que sa mort est aussi demy-mienne [42].
Nous n'avions qu'un vouloir, nous n'avions qu'un désir ;
En ce que l'un aimoit, l'autre prenoit plaisir.
Or pour vostre César vous poursuivistes Brute,
Et toutefois sa mort fut devant moy conclute ;
J'estois de l'entreprise, et ne se bastit rien
Contre cet oppresseur, que je ne sceusse bien.

Hé, Brute, hé, Brute, hélas ! dequoy ce grand courage,
Dequoy ceste vertu cousue à ton lignage
Te profite aujourd'huy ? où est ce front vousté,
Où sont ces bras vengeurs de nostre liberté ?
Ha, païs trop ingrat, vous n'estes assez digne
D'avoir pour citoyenne une âme tant divine !
Détestable séjour, vous ne méritez pas
Qu'un si cher nourriçon demeure entre vos bras !
Vous l'avez laissé perdre, ô malheureuse terre !
Et au lieu de l'aimer vous luy avez fait guerre.
Hé, Brute, hé, Brute, hélas ! ains qu'Atrope t'eust poind,
De moy ta triste sœur ne te souvint-il point ?
Quoy ? devant qu'amortir le flambeau de ta vie,
Ne dis-tu point adieu à ta pauvre Porcie ?
Or, Brute, je te suy, mais reçoy cependant
Ces larmes que je viens sur ton corps respandant :
Reçoy, mon cher mary, devant que je descende,
Ces funèbres baisers, dont je te fais offrande.

Chœur

O grans dieux ! que tardent vos mains,
Qu'elles n'eslancent aux Romains
La rigueur d'un foudre si fort,
  Qu'il les renverse,
Par son espouvantable effort,
  A la renverse ?
Que tout d'un coup ne laschez-vous
Si rudement vostre courroux
Dessus cet empire vainqueur,
  Qui se mutine,
Qu'il ne reste de sa grandeur
  Que la ruine ?
Levez vostre bras foudroyeur,
Si vous avez quelque frayeur,
Qu'après avoir victorieux
  Domté la terre,

Nous vueillons, pour domter les cieux,
  Vous faire guerre.
Mais à fin de nous abysmer
Pourquoy venez-vous allumer
Un si misérable discord
  En nos entrailles,
Ou que n'estes vous le support
  De nos batailles ?
Nostre peuple estant départy,
Que ne tenez-vous le party
De ceux qui pour la liberté
  Vestent les armes ?
Las ! que n'estes-vous du costé
  De nos gensdarmes ?

ACTE V

LA NOURRICE, LE CHŒUR DE ROMAINES.

La Nourrice

Accourez, Citoyens, accourez, hastez-vous,
Romulides amis, hélas ! sécourez nous ;
Quirites, accourez ; ceste race divine,
Ceste noble maison tombe toute en ruine ;
Brute meurt doublement.

Le Chœur de Romaines

　　　　　　Las ! quel malheur nouveau
Peut encor' désastrer de Brute le tombeau ?
Quel estrange accident, quelle horrible infortune
Depuis son dernier sort de rechef l'importune ?
Allons, ô troupe aimée, allons voir quel méchef
Ceste pauvre maison atterre de rechef :
Allons, filles, allons.

La Nourrice

O vieillesse chétive !
O femme misérable ! O fortune nuisive !
O malheur ! O malheur !

Le Chœur de Romaines

Quel malheur advenu
Te fait ainsi plomber ton estomach chenu ?

La Nourrice

O que ne suis-je morte ! O que ne suis-je en terre !
O qu'un sombre tombeau maintenant ne m'enserre !
O malheur ! O malheur !

Le Chœur de Romaines

Laisse ces cris piteux,
Et ne tien nostre esprit plus longuement douteux.

La Nourrice

Ces cheveux jà grisons, ces tettes nourricières
Et ces tremblantes mains qui te faisoyent prières,
N'ont peu donc t'amolir ? n'ont peu doncques, n'ont peu
Destourner ce désir que tu avois conceu ?
Que fera désormais ta fidèle nourrice ?
Que fera-t'elle, hélas ! sinon qu'elle périsse ?
Ah, mon cher nourriçon, ne cognoissois-tu pas
Que ta mort avec soy tireroit mon trespas ?
Ne cognoissois-tu pas, gémissable Porcie,
Que je ne puis sans toy longuement estre en vie ?
Et qu'au milieu des maux que triste tu avois,
Ce qui me faisoit vivre estoit que tu vivois ?
Tu estois lors ma vie, et tu es à ceste heure
Celle qui par ta mort est cause que je meure.
O malheur ! O malheur !

Le Chœur de Romaines

Jamais, pauvre Cité,
Ne trouveras-tu fin à ta calamité ?
Las ! tousjours mal sur mal, misères sur misères
Te feront renommer aux terres estrangères ?
Les meurtres en tes flancs séjourneront tousjours,
Tandis que ton destin entretiendra son cours ?

La Nourrice

Plorez vostre Cité, mes fidèles compagnes,
Qui porte ores, qui porte au front de sept montagnes
Autant d'afflictions et de tourmens divers
Qu'elle portoit de crainte à tout cest univers.
Plorez, filles, plorez, et dites : adieu, Romme,
Qu'un renommé malheur pour tout jamais renomme.

Le Chœur de Romaines

Les pleurs n'ont point tary dans nos larmoyans yeux
Depuis le triple accord de nos trois factieux,
Qui pour mettre à leurs pieds nos franchises premières
Départirent entre eux les légions guerrières ;
Dés lors jamais le fer n'a bougé de nos mains,
Non contre un estranger, mais contre nous Romains.
Le Tybre qui souloit enorgueillir ses rives
Du superbe appareil des despouilles captives,
Que nos princes vaillans tiroyent de toutes pars,
Ne charge plus ses flots que de nos estendars.

La Nourrice

Or' il est temps d'ouvrir la porte à ta tristesse ;
Il est temps de mourir, langoureuse vieillesse,
Vieillesse langoureuse, hélas ! qu'attens-tu plus
Que tu ne te vas rendre en un tombeau reclus ?
Sus, voicy le poignard que ta maistresse aimée
Print pour homicider sa poitrine entamée ;

Tu l'ostas de ses mains, cuidant par tel effort
Luy avoir bien osté la cause de sa mort.
Mais ce fut vainement : car par une autre sorte
Elle estouffa son cœur dans sa poitrine morte,
T'enseignant le moyen d'esteindre tes douleurs
Et tes cuisans regrets autrement que par pleurs.
Sus donc, mon estomach, engoule ceste lame,
A fin de te rejoindre aux ombres de ta dame.

Le Chœur de Romaines

Raconte nous sa mort, Nourrice, et dy comment
Elle a peu maugré tous mourir si vistement.
Que monstre ce poignard? et pourquoy si soudaine
Veux-tu en t'outrageant haster ta mort prochaine?

La Nourrice

O père Jupiter !

Le Chœur de Romaines

    Et qu'est-ce que tu crains
Et qu'est-ce qui te fait destordre ainsi les mains?
Las! depuis tant d'hyvers les Immortels sévères
Ne nous ont-ils assez endurcis aux misères?
Y a-t-il malencontre, y a-t-il mal aucun,
Y a-t-il accident qui ne nous soit commun?
Conte nous hardiment; nous sommes préparées
A n'ouïr désormais que choses malheurées :
Reprens un peu le cœur.

La Nourrice

    Je sens mon mal s'aigrir,
D'autant que je m'efforce à vous le descouvrir.

Le Chœur de Romaines

La douleur s'amoindrit quand elle est racontée.

La Nourrice

La douleur qu'on découvre est beaucoup augmentée.

Le Chœur de Romaines

Raconter ses ennuis n'est que les exhaler.

La Nourrice

Raconter ses ennuis, c'est les renouveler.

Le Chœur de Romaines

Conte les toutesfois.

La Nourrice

Quand ma pauvre maistresse
Eut entendu que Brute, avecque la noblesse
Qui combatoit pour luy d'un si louable cueur,
Avoit esté desfaict, et qu'Antoine vainqueur
Luy renvoyoit son corps, qu'à grand' sollicitude
Il avoit recherché parmi la multitude,
Après force regrets qu'elle fit sur sa mort,
Après qu'elle eut long temps ploré son triste sort,
Retirée en sa chambre, entreprit, demy-morte,
De borner ses langueurs par quelque briefve sorte.
Elle eut recours au fer pour s'en player le sein;
Mais nous qui l'advisant accourusmes soudain,
Luy ostasmes des mains, et tout ce dont la rage
Béante après sa mort luy pouvoit faire outrage.
Mais ce fut bien en vain : car cognoissant que nous
La voulions destourner de suivre son espous,
Nous monstra par effect que celle qui décrète
La mort en son esprit n'en peut estre distraite.
Elle pensa songearde et repensa pour lors
Comment elle pourroit désanimer son corps :
Puis ayant à par soy sa mort déterminée,
Languissante s'assied près de la cheminée,

Et ne voyant personne à l'entour du fouyer
Qui semblast, soupçonneux, la vouloir espier,
Prend des charbons ardans, et d'un regard farouche
Guignant deçà delà, les enferme en sa bouche,
Les dévale au gosier, puis se venant serrer
Et la bouche et le nez de peur de respirer,
S'estouffa de ses mains, et tombant renversée
Nous fit bien présumer qu'elle fust trespassée.
Nous accourons au bruit, et chacune de nous,
S'arrachant les cheveux, se martelant de coups,
Elève un cry semblable à celuy qu'en Phrygie
Les Corybantes font célébrant leur orgie,
Lors que le mont Ida résonne des grands cris
Qu'ils hurlent par troupeaux, troublez de leurs esprits,
Ou semblable à celuy des matrones troyennes,
Lors que le feu rampoit aux tours dardaniennes,
Que leurs temples ardoyent, et que leurs ennemis
Esgorgeoyent, desloyaux, leurs espous endormis.
Or nous la redressons, et plus mourantes qu'elle,
Toutes nous l'accusons, nous l'appellons cruelle,
Nous luy tirons des dents quelques charbons de feu,
Nous luy tastons le sein qui sanglotoit un peu :
Une palle froideur luy glaçoit le visage,
Qui de sa prompte mort nous donnoit tesmoignage,
Puis, avec un soupir qu'elle poussa dehors,
Elle poussa la vie et l'âme de son corps.

Chœur

O triste langueur !
O malheur qui nous suit !
O peuple vainqueur,
Las ! te voilà destruit !
Que le jour qui luit
Dessus ceste Cité
Voile sous la nuit
Sa luisante clairté.

Que le Ciel voûté
Des dieux pleins de courrous
Son foudre appresté
Bouleverse sur nous.
Les tygres et lous,
Cruels hostes des bois,
Se monstrent plus dous
Que les hommes cent fois.

La Nourrice

Chantons d'une vois,
Brute nostre support,
Brute que nos rois
Ont conduit à la mort.

Chœur

Or' que tu es mort,
Las, hélas ! nous mourons ;
Nous plorons ton sort,
Brute nous te plorons !
Las ! nous demeurons
Comme le tronc d'un corps
Dont l'âme est dehors ;
Brute nous te plorons !
Tant que nous vivrons,
Nous vivrons en esmoy,
Demeurant sans toy,
Brute nous te plorons !
Puisque nous irons
Sous la main des vainqueurs,
Pleines de langueurs,
Brute nous te plorons !

La Nourrice

C'est assez pour luy ;
Nostre Brute est contant.

Faites qu'aujourd'huy
Porcie en ait autant [43].

Chœur

Reçoy nos douleurs,
Et nos soupirs aigrets ;
Enten nos regrets,
Porcie, enten nos pleurs.

Enten les langueurs,
Qui troublent nos esprits :
Las ! enten nos cris,
Porcie, enten nos pleurs.

Regarde aux malheurs
Que pourtraits sur nos fronts
Pour toy nous souffrons :
Porcie, enten nos pleurs.

Qu'un printemps de fleurs
Naisse dessus tes os ;
Enten nos sanglots,
Porcie, enten nos pleurs.

La Nourrice

Mes filles, c'est assez, vos complaintes plorées
Ont bien suffisamment leurs ombres honorées.
Las ! ne les plorez plus, ils sont mieux fortunez
Que nous qui demeurons dans nos corps obstinez.
Ils ne ressentent point la fureur des trois hommes ;
Ils ne cognoissent rien du servage où nous sommes :
Ils vivent en repos, affranchis des langueurs
Qu'ils eussent enduré sous ces tyrans vaincueurs.
Plorez, filles, plorez pour vos propres misères,
Qui retiendrez icy vos âmes prisonnières ;
Plorez vostre malheur, plorez, hélas ! plorez
Les infinis tourmens que vous endurerez.
Quant à moy, qui suivray les pas de ma maistresse,
Je n'ay pas de besoin de plorer ma vieillesse.

Ce poignard que je tiens, ce poignard que voicy,
M'enferrant l'estomach m'ostera ce soucy.
Mais que tardé-je tant ? qu'attendé-je musarde,
Qu'ores je ne déromps ma poitrine vieillarde ?
Quelle frayeur m'assaut ? quelle glaceuse peur
Piroüetant en moy me vient geler le cœur ?
C'est en vain, c'est en vain, ma mort est arrestée,
Et desjà mon esprit voit l'onde acherontée.
Mourons, sus, sus, mourons; sus, poignard, haste toy,
Sus, jusques au pommeau vien t'enfoncer en moy.

CORNÉLIE

TRAGÉDIE

A MONSEIGNEUR DE RAMBOUILLET [44],

Chevalier de l'ordre du Roy,
Conseiller en son Conseil privé, Capitaine de ses
Gardes, Seneschal et Lieutenant
pour sa Majesté au pays et Comté du Maine

Quand la noblesse françoise embrassant la vertu, comme vous faites, Monseigneur, fera compte des choses vertueuses, il se trouvera tousjours de gentils esprits parmi nostre France (laquelle en est mère très-fertile) qui l'honoreront de plusieurs beaux escrits dignes de l'antiquité. Mais l'ignorante barbarie, qui par l'assiduité des guerres s'est de tout temps emparée de l'esprit des Seigneurs, leur a faict dédaigner les Lettres, et, par ce mespris, empesché l'heureuse naissance d'une infinité de beaux fruicts. Je suis marry que les ouvriers qui sçavent par leurs labeurs vestir une vertu d'Immortalité n'ont aussi parfaicte cognoissance que moy de l'honneur qui luist en vous, Monseigneur, et en messeigneurs vos frères. Vous seriez le suject d'un million de beaux et doctes ouvrages, qui porteroyent vostre nom, de soy si recommandable, aux yeux de la postérité. Or moy ne vous pouvant promettre telle chose de mes escrits, je vous les consacre toutefois, pour inciter les autres, meilleurs maistres que je ne suis, à faire le semblable. Et auray atteint le but de mon intention quand chacun qui reverra

vostre nom sur le front de Cornélie jugera par mon second
présent que vous aurez fait cas du premier, et, à mon exemple,
vous dédiera comme à l'envy ce qu'il aura de meilleur et de
plus singulier que moy. Certainement je répute nostre
province heureuse de vous avoir ses chefs, à l'Eglise, la
Justice et le faict politique du gouvernement. Et ne pouvant,
quant à moy, ne me resentir de ceste publique félicité, outre
le particulier mérite, et ne me voyant moyen de juste
reconnoissance, je vous revoüe icy le service que je vous ay
de long temps consacré. Que si mes vers reçoivent cest heur
par la France d'estre avec quelque estime recueillis, je
laisseray les cris et les horreurs de mes Tragédies (poème
à mon regret trop propre aux malheurs de nostre siècle)
pour sonner plus tranquillement les héroïques faits de vostre
maison. Cependant, vous verrez les pleurs de Cornélie, qui
se va présenter pour son auteur aux yeux de vostre débon-
naireté. Et suis bien seur qu'encor que le principal faix
et le plus sérieux des affaires polonoises repose aujourd'huy
sur vos espaules, comme y tenant le premier lieu en l'absence de sa Majesté, vous ne dédaignerez toutefois d'abaisser
la veüe sur elle, pour entendre les plaintes de sa calamité.
Recevez l'ouvrage, Monseigneur, sinon pour le mérite
d'iceluy, aumoins pour la dignité du sujet, qui est d'une
grande République, rompue par l'ambicieux discord de ses
citoyens : la ruine de laquelle est d'autant plus déplorable,
qu'onque rien ne fut veu sur la terre de plus auguste et de
plus révérable majesté que sa grandeur.

PETRUS AMYUS REGIUS [45]

APUD CŒNOMANOS CONSILIARIUS
AD ROB. GARNIERIUM DE CORNELIA.

At si vetustæ exculta sortis nos juvant
  Monimenta, si præstantium
Nos facinorum memoria tormento levi

    Ad studia gloriæ rapit,
O quam beata rerum adest seges, tuis,
    Garnieri, *prodita artibus.*
Vivunt reclusis, vindice te, fatis patres
    Pro patria audaces mori,
Vivunt, tuoque numine, opima spiritus
    Atrocis exempla invidæ
Oblivioni detrahunt : quæ vel truces
    Posthac tyrannos terreant:
Et te cothurnatis anhelantem modis
    Spectabiles, Tulli, minas
Scena stupet : illisque ingemiscit questubus,
    Quos arte vulgari altius
Jacularis, afflictæ misertus patriæ,
    Certique præsagus mali.
Quid majus usquam, aut quid recentius gravi
    Pimplæis intonuit lyra?
Quæ spes relicta est æmulandi posteris
    Tot floridum numeris opus?
Hæc æsculosis in recessibus tui
    Papilliani [46] *masculo*
Garnieri *plectro personasti : quæ sacris*
    Inserta musarum choris,
Nec seculorum desides metuent moras,
    Nec lividas rerum scient
Vices, Charitibus dum Sophoclæis honos
    Lauros dicabit delias.

JACOBI LIGERII [47]

REGIS APUD CŒNOMANOS CONSILIARII
AD ROB. GARNIERIUM HENDECASYLLABUM

Garnieri, tragici decus cothurni,
Francæ summus honos, leposque linguæ,
Civilis rabiem furoris acri
Inflatus numeris quatis Camæna,

Et Corneliam inauspicata flentem
Pompei arma, fugam necemque patris ;
Doctè per veteres tuam relaxans
Fastos Melpomenen, frequentioris
Dum vitas strepitus fori et clientum,
O quantum tibi nominis paratur.

Τίπτ' ἄρα σκυθρωπὸς θύγατερ διὸς ἵστασαι ὧδε,
 Οἴατ' ἄτιμος ἐοῦσ' ἀονίδων σὺ μόνη ;
Οὐκέτι μελπομένη μεμφωλῆς ἔπλετο χρειώ·
 Παύε γόων· κελταῖς σ' ἵδρυσε Γαρνέριος.

I. ΓΙΡΑΡΔΟΥ [48].

Garnier ne mourra point tandis que sa Porcie
Vivra dedans ses vers, vivra sa Cornélie
Avec son Hippolyt : car la Mort, bien qu'il meure,
Ne sçauroit que son œuvre éternel ne demeure.

FRANC. HUBERT [49].

Le vieil cothurne d'Euripide
 Est en procès entre Garnier
 Et Jodelle [50], qui le premier
Se vante d'en estre le guide.
Il faut que ce procès on vuide,
 Et qu'on adjuge le laurier
 A qui mieux d'un docte gosier
A beu de l'onde aganippide.
S'il faut espelucher de près
 Le vieil artifice des Grecs,
 Les vertus d'une œuvre et les vices,
Le suject et le parler haut
 Et les mots bien choisis, il faut
 Que Garnier paye les espices.

P. DE RONSARD.

Maintenant tu seras plus que jamais hardie,
  Et sans plus regretter ton ancien honneur,
  Euripide et Sophocle, à ce tragique auteur
Tu donneras ton prix, sanglante Tragédie.
Par toy, dont la poitrine est d'Apollon garnie,
  Des Grecs et des Romains nous passons la grandeur
  En sçavoir, comme ils sont surmontez de valeur
Par les armes de France en sa gloire infinie.
Entre Athènes et Rome incertain demouroit,
  Qui la palme tragique en fin posséderoit :
  Mais tu as assoupi cette ancienne noise,
Te jettant au milieu de ce brave débat,
  Et seul tu es resté maistre de ce combat,
  Cachant en toy la Muse et romaine et grégeoise.

AMADIS JAMYN.

ODE

  Garnier, qui d'une voix hardie
Vas animant la Tragédie,
Aspiré des sainctes fureurs
D'Apollon, qui, chaud de sa flâme,
Va bruslant et poussant ton âme
Au sacré labeur des neuf Sœurs :
  Qui d'une grâce douce et fière
Sçais enfler l'estomach colère
Et rabaisser le front des rois :
Et qui de vers hautains et braves,
De mots, et de sentences graves
Fais rougir l'échaffaut grégeois :
  Qui de complaintes non communes
Vas lamentant les infortunes,
Malheur ordinaire des grans,
Pleurant la douleur échaufée
De celle qui vive étouffée
Avala des charbons ardans :

Qui des premiers en nostre France
Tiras sous la docte cadance
Et sous les accens de tes vers
Une amour chaste, une amour folle,
Rendant la voix et la parolle
Aux ombres mesmes des Enfers :

Soupirant de voix amollie
Les justes pleurs de Cornélie,
Qui veit le rivage escumer
Et rougir du sang de Pompée,
Et Scipion d'un coup d'espée
Navré se plonger dans la mer :

Je serois d'ingrate nature,
Ayant sucé la nourriture
Et le laict, tout ainsi que toy,
Sous mesme air et sur mesme terre,
Si l'amitié qui nous tient serre
Je n'estimois comme je doy.

Aussi l'on verra les rivières
Traîner leurs humides carrières
Contremont, lorsque s'oubliera
La mémoire et l'amitié sainte
Qui tient nos cœurs de ferme estrainte,
Et que le nœud s'en deslira.

R. Belleau.

ARGUMENT

Cornélie, fille de Métel Scipion, jeune dame romaine autant accomplie des grâces de corps et d'esprit qu'il en fut oncques, fut premièrement mariée au jeune Crasse, qui mourut avec son père en la défaicte des Romains contre les Parthes, puis espousa en secondes nopces Pompée le Grand, lequel trois ans après, sur les premiers feux de la guerre civile d'entre luy et César, l'envoya à Mitylène y attendre l'incertain succez des affaires. Et comme il se veit vaincu à la journée de Pharsale, il l'alla retrouver pour l'amener avec soy en Égypte, où il prétendoit refaire nouvelle armée, et livrer une seconde bataille à César. A ce voyage il fut tué par Achille et Septimie, Romain, aux yeux d'elle, de Sexte, son fillastre, et d'aucuns sénateurs ses amis. Depuis elle se retira à Rome; mais son père Scipion s'estant fait chef de ce qui resta du party depuis la bataille, assembla nouvelles forces, occupa la plus part de l'Afrique, et s'allia de Jube, roy de Numidie. Contre lesquels César, après avoir ordonné des affaires d'Égypte, de l'Asie et de l'estat de Rome, s'achemina sur la fin de l'hyver. Et là, après plusieurs légères rencontres, se donna entre eux forte et furieuse bataille près les murailles de Tapse, où Scipion, se voyant desconfit et son armée en pièces, se jetta avec peu de troupe dans aucuns vaisseaux qu'il avoit fait tenir au rivage. De là, il fist voile, tenant la route d'Espagne, où les enfans de Pompée commandoyent, lors qu'une tourmente de mer le poussa malgré luy près d'Hippon, ville d'Afrique, de la dévotion de César : où se tenant à l'ancre, fut assailli, combatu et investi par la flotte adversaire. Quoy voyant, pour ne tomber vif entre les mains de son ennemy, se donna du poignard dans le corps, et soudain se lança courageusement en la mer, où il mourut. César, ayant mené à fin ceste guerre et toutes les villes du pays réduit en son obéissance, retourna à Rome trionfer de ses victoires : où la misérable Cornélie, jà trop éplorée de la mort de son cher mary, entendant comme de surcrois le nouveau désastre d'Afrique et la piteuse mort de son père, eut occasion de redoubler ses pleurs et gémissemens, dont elle clost la catastrophe de cette tragédie. Vous verrez ce discours amplement traitté en Plutarque ès vies de Pompée, de César, et de Caton d'Utique, en Hirtius, v[e] livre des Commentaires de César, au ve livre des Guerres civiles d'Appian, et XLIIIe de Dion.

ACTEURS

M. Cicéron.
Cornélie.
Philippes, *Affranchi de Pompée*.
C. Cassie.

Décime Brute.
Jule César.
Marc-Antoine.
Le Messager.
Le Chœur.

CORNÉLIE

ACTE PREMIER

Cicéron

Je prie aux Immortels et sur tous à toy, Père,
A toy, grand Jupiter, nostre dieu tutélaire,
Que si pour nostre offense irritez contre nous
Voulez nous abysmer d'implacable courrous,
Vous choisissez au moins les plus coupables testes,
Et le reste sauvant, les broyez de tempestes;
Ou me prenez pour tous, pour tous, et le méchef
Et le malheur de tous versez dessur mon chef.
Tant de fois appaisez de pareilles hosties,
Vous avez retiré vos mains appesanties
De ce peuple mourable [51], et par la perte d'un,
Piteux avez gardé tout un pauvre commun.
Ores nous, desloyaux à nostre propre ville,
Rendons, faute de cœur, la liberté servile,
Qu'avecques tant de sang nos Pères ont tousjours,
Hazardeux à mourir, défendue en leurs jours.
Revienne encore Brute et le hardi Scévole,
Camille et Manle, armez pour nostre Capitole;
Reviennent, et ardans comme ils furent jadis,
Voyent sous un tyran nos cœurs abastardis
Laschement soupirer, voyent nos âmes, pleines
De vergoigne, endurer mille hontes vileines.
Méchante Ambition, des courages plus hauts
Poison enraciné, tu nous trames ces maux!

Tu renverses nos loix, mortelle Convoitise,
Et de nos libres cœurs arraches la franchise.
Nos pères t'ont trouvée au pied des premiers murs,
Et mourant délaissée à leurs nepveux futurs.
Tu souillas nostre ville encor toute nouvelle
Du sang rouge espandu par la main fraternelle,
Et attachas (ô crime!) au rempart demy-faict
Pour enseigne marquable un parricide faict.
Il n'y a foy qui dure entre ceux qui commandent
Égaux en quelque lieu, tousjours ils se débandent;
Ils se rompent tousjours, et n'a jamais esté
Entre rois compagnons ferme société.
Nous avons ces jours veu le gendre [52] et le beau-père
Se combatre ennemis, pharsalique misère;
Nous avons veu la plaine ondoyer rougissant
Et dessous tant de corps la terre gémissant
Pour ceste faim gloutonne, et plus de sang espandre
Que pour domter un monde il n'en falloit despendre.
Parthes, ne craignez plus que pour Crasse vanger
Nous allions rassaillir vostre bord estranger.
Ne craignez plus les dards de nos fières cohortes;
Ne les redoutez plus, elles sont toutes mortes :
Tant de braves guerriers, dont le nom seulement
Vous souloit effrayer, sont morts entièrement.
La civile fureur, plus que vous redoutable,
A presque renversé ceste ville indomtable,
Terreur de l'Univers, à qui tant d'hommes craints,
Tant de peuples félons se prosternent contraints,
Qui sinon par les dieux ne sçauroit estre esteinte,
A qui rien que les dieux ne sçauroit donner crainte,
Immortelle, immuable, et dont l'empire fort
Ne peut estre atterré que de son propre effort :
Que ny les blons Germains, peuple enragé de guerre,
Ny le Gaulois ardant, ny le More qui erre
Aux libyques sablons, renommé de Didon,
L'Arabe, le Médois, le Grec, le Macédon,

N'ont peu jamais domter : ainçois la teste basse,
N'osant devant son œil lever leur humble face,
Se courbent à ses loix, servilement croisant
Les bras bouclez au dos d'un gros carcan pesant.
Romme, hélas ! que te sert d'assugettir le monde?
Que te sert d'ordonner de la terre et de l'onde?
Que te sert d'enfermer sous le pouvoir latin,
L'aquilon, le midy, le couchant, le matin,
Et que le blond soleil, quelque part qu'il pourmeine
Son char estincelant, trouve l'aigle romaine,
Puisque ce grand empire à tes enfans ne sert
Que d'alléchante amorce à l'orgueil qui les pert,
Qui les pert et embarque en piteuse ruine,
Que jà desjà je voy de leur teste voisine?
Tu es comme un navire errant en haute mer,
Lors que la bise fait les vagues escumer;
Tu roules périlleuse, et le vent, qui te berse,
Deçà delà flotante, à demi te renverse.
Ton mas est tout brisé, tes voiles abatus,
Tes costez entrouverts de rames dévestus;
Tu n'as plus de cordage, et toutefois sans cables
Les vaisseaux ne sont point contre l'eau défensables.
Regarde que de rocs lèvent sur toy le front :
Si tu les vas heurtant, ils te mettront en fond,
Despouille de Neptune, et jouet misérable
Des Glauques et Tritons au cœur impitoyable.
Tu te vantes en vain de tes nobles ayeux;
Tu racontes en vain tes faicts victorieux;
Cela ne sert de rien : ainçois fait que nous sommes
En l'envieuse haine et des dieux et des hommes.
L'envie est tousjours jointe à la prospérité;
L'on est de l'heur d'autruy volontiers despité;
Et d'autant estimons nostre fortune pire,
Qu'à quelqu'un d'entre nous elle semble sourire.
Aussi que peu souvent en temps calme nous chaut
De tenir la raison pour bride comme il faut !

Nous sommes insolens des présens de Fortune,
Comme s'elle devoit nous estre toujours une,
Tousjours ferme et durable, et qu'elle n'eust les piez,
Comme elle a, sur le haut d'une boule pliez.
Quelquefois les bons dieux, enclins à nostre gloire,
Dessus nos ennemis nous donnèrent victoire,
Lors que jalousement l'Itale s'aigrissoit
Contre nostre Cité, qui nouvelle croissoit ;
Mais bien tost, chatouillez d'un succez favorable,
Allasmes guerroyer d'un cœur insatiable
Les peuples nos voisins, et nous élargissant
Dressasmes peu à peu cet empire puissant.
Nous avons subjugué Carthage et la Sicile,
Nous avons presque fait tout le monde servile
Pour le seul appétit de commander par tout,
Rome et la terre ensemble ayant un mesme bout :
Et ores nous vivons despouillez par un maistre
De la liberté franche où nous soulions tous naistre ;
Ores le joug pesant dont nous faisions courber
La teste d'un chacun vient dessur nous tomber.
Exemple aux orgueilleux de l'inconstance humaine,
Et du courroux des dieux contre une âme inhumaine !
Les dieux ne veulent point qu'aucun aille faisant
Ce que luy estant fait luy seroit desplaisant.
Ils veulent que l'on juge un autre par soymesme,
Et comme nous ferons qu'on nous face de mesme.
Et, à la vérité, c'est la raison qu'ainsi
Qu'on est traitté de nous, nous le soyons aussi.
Quel droict eurent jadis nos avares ancestres,
Ignoblement issus de grands-pères champestres,
Aux royaumes d'Asie ? Estoyent-ils héritiers
Des Mèdes, des Persans, les monarques premiers ?
Qu'avoyent-ils en l'Afrique ? en la Gaule ? en l'Espagne ?
Que nous devoit Neptune en l'extrême Bretagne ?
Ne sommes-nous larrons, cruels larrons du bien
De tant de pauvres gens qui ne nous doivent rien ?

Qu'avons-nous aux thrésors, aux libertez, aux vies
De tant de nations par la force asservies,
Dont les gémissemens et les pleurs à tous coups
Montent jusques aux dieux, pères communs de tous,
Qu'ils vont importunant à leur juste vengence [53]
Contre ceste Cité riche de violence ?
Las ! ce n'est pas assez de s'estendre bien loing,
De courir l'Univers de l'un à l'autre coing,
Tenir toute la terre à nostre main sugette,
Et voir sous mesme joug l'Ethiope et le Gète.
Celuy commande plus, qui vit du sien contant,
Et qui va ses désirs par la raison domtant,
Qui bourreau de soymesme après l'or ne soupire,
Qui ne convoite point un outrageux empire.
Nostre félicité n'est aux possessions;
Elle est de commander à nos affections,
D'embrasser la vertu, de ne cacher un vice
Au fond de l'estomach, dont le front nous pallisse.

Chœur

Sur ton dos chargé de misères
Des dieux la coléreuse main
Venge les crimes que tes pères
Ont commis, ô peuple romain;
Et si, pour destourner l'orage
Qui pend sur tes murs menacez,
Les dieux n'appaises courroucez,
Ton malheur croistra d'avantage.
 L'ire des bons dieux excitée
Est paresseuse à nous punir;
Souvent la peine méritée
Se garde aux races à venir;
Mais d'autant qu'ils l'ont retenue,
Prompts à pardonner nos péchez,
D'autant plus se monstrent faschez
Quand notre offense continue [54].

N'est digne peine de son crime :
De son crime juste loyer,
Pluton y devroit employer
Tous les tourmens de son abysme.

Las ! misérables que nous sommes,
Assez tost en dueil éternel
La Parque ne pousse les hommes
Devant le juge criminel ?
Assez tost nostre corps ne tombe
Dans le ventre obscur des tombeaux,
Si nous, de nous mesmes bourreaux,
Ne nous apprestons nostre tombe ?

Nos citez languissent désertes ;
Les plaines au lieu de moissons
Arment leurs espaules couvertes
De larges espineux buissons.
La mort en nos terres habite ;
Et si l'alme Paix ne descend
Dessur nous, peuple périssant,
La race latine est destruitte.

ACTE II

CORNÉLIE, CICÉRON

Cornélie

Voulez-vous arroser mes angoisses cruelles,
Les voulez-vous nourrir de larmes éternelles,
Mes yeux ? et voulez-vous que, faute de tarir
Vos renaissantes pleurs, je ne puisse mourir ?
Faites couler le sang de mes tortices veines
Par vos tuyaux cavez, deux larmeuses fontaines,

Et si bien espuisez mon corps de sa liqueur,
Que l'âme contumace abandonne mon cœur.
Dieux! souffrez que je meure, et que la Parque fière
Me face traverser l'infernale rivière,
Et que vaine ombre j'entre où le sort violant
A logé mes espoux [55] au royaume dolent.
Hélas! je veux mourir; mais la mort ténébreuse
Retire loing sa darde, [56] et me fuit dédaigneuse,
Cognoissant, l'envieuse, aux douleurs que je sens,
Que plus doux me seront les enfers pallissans
Que ceste vie horrible, et que son coup qui blesse,
Au lieu de m'outrager m'emplira de liesse.
Mais, ô dieux qui régnez au silence profond
Des effroyables nuits où les trespassez vont,
Dieux qui par les manoirs des ombres languissantes,
Entre les pleurs, les cris, et les plaintes sonnantes,
Exercez vostre empire, ô dieux, maistres de tous,
Démaisonnez mon âme et la tirez à vous.

Mes deux nobles maris, deux âmes vénérables,
Errent vostre despouille, et moy, l'amour des deux,
Puis-je encore survivre après le trespas d'eux?
Las! tu devois mourir, tu devois, Cornélie,
Rompre le fil sacré dont la Parque te lie,
Quand Crasse ton mary, sur la fleur de ses jours
Emporté de Bellonne, emporta tes amours;
Et non, comme tu feis, en violant les Mânes,
Rappeller en ton lict les voix hyménéanes.
Tu eusses, plus heureuse et plus digne du nom
De tes braves ayeux, acquesté le renom
De femme magnanime et qui sa foy loyale
Veut rendre à son espoux en l'onde stygiale.
Mais la fortune injuste, et le destin qui peut
Nous attacher le bien ou le mal comme il veut,
Ensorcela ma vie, et mon amour, trompée
De la fresle grandeur qui te couvroit, Pompée,

Je devins ton espouse, et l'infidelle dueil
De mon premier mary se perdit au cercueil.
Que s'il y a des dieux (comme certe il faut croire
Qu'il y en a là haut, et sous la voûte noire)
Et s'ils ont quelque soing de venger les sermens,
Qui se font sous Hymen par un couple d'amans,
Quand l'un ou l'autre atteint d'inconstance parjure
Faulse l'amour promis après la sépulture,
Ces dieux-là courroucez pour ma légère foy
Se sont voulu venger de Pompée et de moy,
Nous rendant malheureux, et dénouant la corde
De nostre sainct hymen par civile discorde.
Ainsi suis-je la cause et du courroux des dieux,
Et du trespas cruel qui te sille les yeux,
Déplorable Pompée : ainsi je suis l'orage,
La peste et le flambeau qui ta maison sacage.
Mais ce ne sont les dieux, ny Crasse, mon espoux,
Qui pour tienne me voir nous poursuivent jaloux ;
C'est un malheur couvert, une sourde influence,
Que j'ay receu du ciel avecques ma naissance,
De combler d'infortune et d'esclandre tous ceux
Que j'auray pour espoux en ma couche receus [57].
Hélas ! gardez-vous bien, noblesse romulide,
De chercher désormais mon amour homicide ;
Que le double malheur de Crasse et de Pompé
Garde qu'aucun de vous ne soit de moy trompé.
Il aura beau jouir des faveurs de fortune,
Estre riche, estre heureux, estre exempt d'infortune,
Que si nopcièrement je suis à ses costez,
Il sera tout soudain couvert d'adversitez :
Tant je suis pestilente, et tant et tant je verse
De mon sein regorgeant de misère diverse !
Je suis comme un poison, qui dans un corps tombé,
Rend, si tost qu'il l'attaint, le meilleur sang plombé,
Infecte ore le cœur, ore infecte le foye,
Selon qu'il les rencontre exposez à sa voye,

Et n'espargne non plus ce mal contagieux
Un membre qui est sain qu'un membre carieux.
Pompé, que t'a servi, dy, ma douce lumière,
Dy moy, que t'a servi ta vaillance guerrière
Encontre mon malheur ? Que t'a servi d'avoir
Sous tes commandemens veu la terre mouvoir ;
D'avoir où le soleil sort de l'onde éoïde,
Où le soleil au soir ses limonniers débride,
Fait cognoistre ton nom, cent fois plus redouté
Que ne sont des paisans les tonnerres d'esté ?
Que t'a servi d'avoir sous ta jeunesse tendre
Tant veu de beaux lauriers à ta sallade [58] pendre,
Tant de forts ennemis, en bataille rengez,
Renversez comme espics de gresle saccagez ?
D'avoir veu les yeux bas tant de grands rois barbares
Apporter à tes pieds leurs sceptres et tiares,
T'embrasser les genoux, et d'un humble soucy
Sur leur fortune et vie attendre ta mercy ?
[...........] qu'en tous les coings du monde
Lon voye volleter ta gloire vagabonde,
Et que Romme t'ait veu trionfer à trois fois
Des trois parts de la terre asservie à ses loix ? [59]
Que Neptune voguant sur les plaines venteuses
N'ait luy mesme eschappé tes mains victorieuses,
Puisque ton sort mauvais, puis que ton fier destin,
Envieux, te devoit Cornélie à la fin,
Par qui de tes beaux faicts la course continue
Comme d'un frein mordant demeure retenue,
Par qui l'honneur acquis de tes premiers combas,
Honteusement souillé devoit tomber à bas ?
O malheureuse femme ! ô femme à tous funeste,
Pire qu'une Mégère et pire qu'une peste !
En quel antre infernal iras-tu désormais
Du monde t'escarter pour n'y nuire jamais ?

Cicéron

Quelle fin à vos pleurs donra la destinée,
Race des Scipions ? ne viendra la journée
Que le dueil qui vous ronge, en joye converti
Rende vostre désastre et le nostre amorti ?

Cornélie

Ce ne sera jamais. Le temps ny les dieux mesmes
Ne sçauroyent arracher mes souffrances extrêmes,
Sinon qu'ayans pitié de mes gémissemens
La mort noye ma vie avecques mes tourmens.

Cicéron

Les accidens humains sur nostre teste tournent,
Et jamais attachez en un lieu ne séjournent,
Non plus que ce grand ciel, que nous voyons tousjours
D'un train infatigable entretenir ses tours.
Or ainsi que le ciel, des fortunes la source,
Court autour de la terre une éternelle course,
Il ne faut estimer qu'un désastre cruel,
Que le ciel va lâchant, dure perpétuel.
Après l'hyver glacé le beau printemps fleuronne ;
L'esté chaud vient après, après l'esté l'automne ;
Et jamais constamment l'influence des cieux
Soit bonheur, soit malheur ne verse en mesmes lieux.
J'ay veu, quand j'estois jeune, acharnez contre Sylle,
Maire, Cinne, Carbon tyranniser la ville,
Et tant de sang espandre, où leurs glaives plus forts
Ravageoyent ennemis, qu'on ne voyoit que morts ;
Puis je vey tout soudain, comme le sort se joue,
Ces tyrans, renversez au plus bas de la roue,
Perdre vie et puissance, exterminez par un,
Qui fist, pour se venger, plus de meurtre qu'aucun.
Encor Sylle estouffant son pouvoir tyrannique
Rendit le libre honneur à nostre République,
Qui paisible entretint son estat ancien,

Élevé de grandeur, sans discord citoyen,
Jusque aux jours convoiteux de ce tyran, qui brasse [60]
De soumettre le monde et Romme à son audace.
Mais le flateux bonheur, qui conduit son dessein,
Changera de visage et le lairra soudain,
Délivrant nostre ville, où depuis tant d'années
Les dieux ont leurs faveurs prodiguement données.

Cornélie

Les bons dieux pourront bien remettre en liberté,
Si tost qu'il leur plaira, nostre pauvre Cité;
Mais, las ! ils ne sçauroyent, en eussent-ils envie,
Ranimer à Pompée une seconde vie.

Cicéron

Pompé n'est regrettable, il n'eust peu mieux mourir
Qu'avecques son païs, qu'il voulut secourir.
Il avoit tant de fois cherché par les alarmes
Une si belle mort endossé de ses armes,
Qu'il n'avoit peu trouver la désirant, qu'alors
Que, plein d'ans et d'honneur, il vint jetter son corps
Comme un mur de défense ou comme une barrière,
Pour le salut douteux de sa ville emperière.
Il est mort bien-heureux, et pense qu'à grand tort,
Envieux de son bien, nous regrettons sa mort.

Cornélie

Las ! mon dueil seroit moindre, et les larmes fécondes,
Qui tombent de mes yeux comme de larges bondes,
Se pourroyent estancher, si entre les combas
Il eust le fer au poing acquis un beau trespas,
Couché sur un monceau de hasardeux gendarmes,
Ouvert d'une grand' playe au travers de ses armes,
Dans le flanc, dans la gorge, et dégouttant, parmy
Son héroïque sang, du sang de l'ennemy.

Mais il est mort (ô ciel!) non en une bataille,
Non la pique en la main au haut d'une muraille,
Défendant quelque brèche : hélas! car il est mort
Traistreusement meurtry sans belliqueux effort.
Il est mort à mes yeux, et la fortune amère
Me voulut faire voir cet acte sanguinaire.
Je l'ay veu, j'y estois [61], et, presque entre mes bras,
Il sentit le poignard et tomba mort à bas.
Lors le sang me gela dans mes errantes veines;
Le poil me hérissa comme espics dans les pleines;
Ma voix se cacha morte au gosier, et le poux
En mon froid estomach doubla ses foibles coups.
L'esprit qui se gesnoit de rage impatiente
S'efforça de briser sa prison violente,
Et plonger, délivré, ses tourmens tenaillant
Dans le fleuve de Lethe aux marez sommeillans.
Trois fois, pour absenter ceste ingrate lumière,
Je me voulu plonger dans l'onde marinière,
Et trois fois retenue avec larmes et cris,
Avec force de bras, à plaindre je me pris [62],
A crier, me destordre, et contre le ciel mesmes
Vomir de grand fureur mille outrageux blasphémes.
Depuis, ô Cicéron, mon corps s'est affoibly,
Mais non pas ma douleur, qui ne sent point d'oubly.
Je trespasse vivante, et soit que le jour sorte
De sa couche moiteuse, ou que la nuict l'emporte,
Soit que Phébus gallope, ou soit que retiré,
Le ciel soit brunement de sa sœur esclairé,
Je suis tousjours veillante, et le somme qui rampe
De son pavot mouillé mes paupières ne trempe.
La douleur me dévore, et au lieu de dormir,
Je ne fay que plorer, que plaindre et que gémir;
Que si par fois je dors, c'est quand le mal me ronge
Beaucoup plus asprement par quelque horrible songe.
Hé! dieux, que doy-je faire? hélas! me faudra-t-il
Moymesme retrancher de mon âge le fil?

Faudra-t-il que moymesme en fin j'ouvre la porte
A mon esprit dolent à celle fin qu'il sorte ?

Cicéron

Madame, il ne faut pas vous transporter ainsi.
Vous souffrez de l'angoisse; hé ! qui n'en souffre aussi ?
Le désastre est commun, et sans la servitude
Qui nous ourdist à tous mesme solicitude,
Sans le joug deshonneste où nous sommes baissez,
Sans la perte des bons qui sont morts ou chassez,
Il n'est presque celuy qui de son parentage
Ne lamente quelqu'un en ce publique orage [63].

Cornélie

Moindre n'est mon tourment, ny moindre ma douleur,
Pour voir à tout le monde un semblable malheur.

Cicéron

Plus patient on porte une dure fortune,
Quand on voit qu'elle tombe à tout chacun commune.
Et rien tant ne console en un piteux esmoy,
Que voir un autre en mesme ou pire estat que soy.

Cornélie

Le malheur d'un amy fait empirer le nostre.

Cicéron

Nostre propre malheur ne prend souci d'un autre.

Cornélie

Encor est-on atteint des tristesses d'autruy.

Cicéron

Voire quand en soymesme on ne sent point d'ennuy.

Cornélie

Les larmes que lon voit nos larmes rafraîchissent.

Cicéron

Nos pleurs parmi les pleurs communément tarissent.

Cornélie

Les miennes tariront quand, cendre en un cercueil,
Je ne sentiray plus ny tristesse ny dueil.

Cicéron

Que vous servent les pleurs ? que vous sert la tristesse
Contre l'impiteux dard de la mort larronnesse ?
Pensez-vous émouvoir par lamentables cris
Perséphone, Pluton et les ombreux esprits,
Pour ranimer le corps, qu'un froid sépulchre enserre,
De vostre espoux errant au centre de la terre ?
Charon le nautonnier jamais ne repassa
Aucun esprit humain pour retourner deçà.

Cornélie

Je sçay bien que mes cris Proserpine n'écoute,
Que les Enfers sont sourds, et que Pluton n'oit goute,
Et qu'inutilement en pleurs je me noyrois,
Si pour les esmouvoir sur Pompé je pleurois.
Pompé ne reviendra de la palle demeure,
Revoqué par mes pleurs, et c'est pourquoy je pleure :
Je pleure inconsolable, ayant un bien perdu
Hélas ! qui ne pourra m'estre jamais rendu.

Cicéron

Rien ne vit immortel sur la terre globeuse;
Tout est né pour despouille à la mort rapineuse.
Les paisans et les rois semblables à la fin
S'en vont tous pesle-mesle engloutis du Destin.
Et pourquoy plorez-vous un que la mort consomme,
Puis qu'il devoit mourir d'autant qu'il estoit homme,
Et que les fils des dieux, nez sur terre, n'ont pas
Plustost que nous chétifs évité le trespas ?

Ce brave Scipion, qui de sa république
Estendit la grandeur dans les sablons d'Afrique,
Vostre ancestre fameux, et ces deux qui leurs corps
Plantèrent pour barrière aux puniques efforts,
Ces frères Scipions, deux foudres de la guerre,
Morts ne sont-ils cachez dans le sein de la terre ?
Et ces grandes citez, qui ont leurs fondemens
Jusqu'au bas des Enfers, leur chef aux élémens,
Orgueilleuses de tours en pointes hérissées,
De temples, de palais, de murailles bossées,
Dont la fierté, la force, et le pouvoir sembloit
Menacer l'Univers qui sous elle trembloit,
N'ont elles quelquesfois veu leur grandeur tournée
En grands monceaux pierreux en moins d'une journée ?
Tesmoin en est Carthage, et toy, labeur des dieux,
Ilion embrasé des Grecs victorieux,
Dont l'antique beauté, la richesse et les armes
Sembloyent ne redouter les Dolopes gendarmes.
Toute chose prend fin, et rien n'en est exempt :
Possible que la mort nous mire en devisant,
Brandist sur nous sa darde, et jà desjà nous ouvre
Le chemin effroyant du plutonique gouffre.

Cornélie

Pleust aux dieux que son dard, teint de sang lernéan,
Me vint ores, plonger au lac tartaréan,
Victime achérontide, et me rendist compagne
A l'ombre de Pompée en la triste campagne.

Cicéron

La mort vient assez tost ; nostre jour limité
Ne doit, quoy qu'il ennuye, estre précipité.

Cornélie

Peut-on précipiter une journée heureuse ?

Cicéron
Quel heur attendez-vous dans une fosse ombreuse?

Cornélie
De sortir d'un malheur qui jour et nuit m'étreint.

Cicéron
Un magnanime cœur des malheurs ne se pleint.

Cornélie
Un magnanime cœur ne peut vivre en servage.

Cicéron
Nul humain accident ne domte un grand courage.

Cornélie
S'il faut souffrir ou faire un acte desplaisant?

Cicéron
Si c'est quelque mesfaict, soyez-en refusant.

Cornélie
Il vous fera mourir.

Cicéron
La mort n'est tant à craindre
Qu'elle doive personne à mal-faire contraindre.

Cornélie
S'elle est telle, et pourquoy la craignez-vous ainsi?

Cicéron
D'elle je n'eus jamais ny crainte ny souci.

Cornélie
Si ne voulez-vous pas qu'à secours on l'appelle.

Cicéron

Il ne faut l'appeler ny recourir à elle;
Mais s'elle nous vient prendre, et qu'un roy furieux
Comme un espouvantail la présente à nos yeux
Pour nous faire commettre une chose méchante,
Il ne faut que son dard nostre vie espouvante :
Autrement ne devons pour la crainte d'un mal
Dévider le fuseau de nostre jour fatal.
C'est par timidité que soymesme on se tue,
Ayant contre un malheur l'âme trop abbatue [64].

Cornélie

Ce n'est par lascheté, ny par faute de cœur,
Qu'on recourt à la mort pour sortir de langueur :
Au contraire celuy qui l'appelle se monstre
De courage esseuré contre le malencontre.
Quiconques ne frémist aux menaces de mort,
N'est suject comme un peuple aux injures du Sort.
L'eau, la flamme, le fer, le ciel, et Jupin mesme
Ne sçauroyent de frayeur luy faire le front blesme.
Que peut-il redouter, quand ce qui est la peur,
Quand la mort que l'on craint luy asseure le cœur ?
Non, non, il faut mourir; il faut d'une mort brave
Frauder nostre tyran pour ne luy estre esclave.

Cicéron

Ma fille, gardez-vous d'irriter le grand Dieu,
Qui met dans nostre corps, comme dans un fort lieu,
Nostre âme pour sa garde, ainsi qu'un sage prince
Met garnison ès forts qui bornent sa province [65].
Or comme il n'est loisible au desceu de son roy
Abandonner la place, en luy faulsant la foy,
Il ne faut pas aussi que ceste place on rende,
Qu'on sorte de ce corps, si Dieu ne le commande.
On l'iroit offensant, luy qui veut bien qu'ainsi
Qu'il nous preste la vie, il la retire aussi.

Chœur [66]

Tout ce que la massive terre
Soustient de son dos nourricier
Est sujet au ciel qui l'enserre
Et à son branle journalier :
Les félicitez, les désastres
Despendent de ce mouvement,
Et chaque chose prend des astres
Sa fin et son commencement.

Les empires, qui redoutables
Couvrent la terrestre rondeur,
De ces tournemens variables
Ont leur ruine et leur grandeur :
Et les hommes, foible puissance,
Ne sçauroyent arrester le cours
De ceste céleste influence
Qui domine dessur nos jours.

Rien de durable ne séjourne ;
Toute chose naist pour périr,
Et tout ce qui périst retourne
Pour une autre fois refleurir.
Les formes des choses ne meurent
Par leurs domestiques discors,
Que les matières qui demeurent,
Ne refacent un autre corps.

La rondeur des boules mouvantes,
Tournoyant d'un égal chemin,
Couple des natures naissantes
Le commencement à leur fin.
Ainsi les citez populeuses,
Qui furent champs inhabitez,
Recherront en plaines poudreuses,
Puis retourneront en citez.

Ne voit-on pas comme les veines
Des rochers dressez en coupeaux

Enfantent les belles fontaines,
Et les fontaines les ruisseaux,
Les ruisseaux les grosses rivières,
Les rivières aux flots chenus
Se vuident aux eaux marinières,
Et la mer aux rochers veinus ?

Comme nostre ville maistresse
Des princes a senty les loix,
La suitte des temps vainqueresse
L'assujettira sous les rois :
Et la couronne blondoyante,
Qui ceindoit des tyrans le chef,
De mille gemmes rayonnante,
Le viendra ceindre de rechef.

Encor les murailles levées
Par une pastourale main,
Dans le sang fraternel lavées,
Rougiront de meurtre inhumain :
Et encor l'injuste arrogance
D'un Tarquin ardant de fureur
Tiendra la romaine vaillance
En espouventable terreur.

Encor d'une chaste Lucrèce
L'honneur conjugal outragé
Sera par sa main vengeresse
Dessur son propre sang vengé :
Dédaignant son âme pudique
Supporter le séjour d'un corps,
Qu'aura l'audace tyrannique
Souillé d'impudiques efforts.

Mais ainsi que la tyrannie
Vaincra nos cœurs abastardis,
Advienne qu'elle soit punie
Aussi bien qu'elle fut jadis :
Et qu'un Brute puisse renaistre

Courageusement excité,
Qui des insolences d'un maistre
Redélivre nostre Cité.

ACTE III

CORNÉLIE, CHŒUR.

Cornélie

Quel désastre inhumain vos yeux de larmes bagne ?
Quel malheur survenu vous poind, tourbe compagne ?
Pourquoy vostre estomach vous allez-vous battant,
Et pourquoy poussez-vous un cry si esclattant ?
Dites, mes chères sœurs, dites moy ; je trespasse
Que je ne sçay quel dueil en vostre cœur s'amasse.

Chœur

O pauvre Cornélie ! hé ! n'avons-nous assez
Dequoy fournir de pleurs en nos malheurs passez ?

Cornélie

Je crains que la fortune encontre nous émeuë
De nos malheurs ne soit suffisamment repeuë.

Chœur

Et que peut la fortune, or' qu'elle en eust vouloir,
Machiner de nouveau pour nous faire douloir ?
Nous avons tout perdu, liberté, République,
Empire, dignité, sous la main tyrannique
De ce cruel Tarquin, et presque tous les bons
Sont tombez sous sa rage, ou courent vagabons
Par les terres et mers, banis de l'Italie,
Aux plus profonds déserts d'Espagne et Gétulie.

CORNÉLIE

Et ne feront les dieux, les dieux qui tant de fois
Ont défendu nos murs de la fureur des rois,
Que les bons Sénateurs, qui aux libyques plaines
Et aux champs espagnols, indomtez capitaines,
Gardent l'espoir romain, affertilent les champs
Des ennemis domtez par leurs glaives tranchans,
Et rapportent d'Afrique à nostre Capitole
Sur chapeaux de laurier l'empire qu'on nous vole ?
Or vous, Pénates saincts, Lares, ô bons Démons,
Gardes de nostre race, à qui nous réclamons
Aux affaires douteux, et qui du nom d'Afrique
Avez jadis orné nostre famille antique,
Je vous pry que ce nom par victoires gaigné,
Du sang cornélien ne soit point esloigné;
Et que mon géniteur, par victoire nouvelle
Acquise dans l'Afrique, Afriquan on appelle.
Mais je crain misérable.

CHŒUR

Hé ! dieux ! que craignez-vous ?

CORNÉLIE

Je crain l'ire des dieux si contraires à nous.

CHŒUR

Nostre encombre a des dieux appaisé la cholère.

CORNÉLIE

Et je crain de César la fortune prospère.

CHŒUR

La fortune est volage.

CORNÉLIE

Il la tient de long temps.

Chœur

Et d'autant la doit-il retenir moins de temps.

Cornélie

Maints songes effroyans mon désespoir redoublent.

Chœur

Et comment souffrez-vous que les songes vous troublent ? [67]

Cornélie

Qui ne se troublera de telles visions ?

Chœur

Ce sont de nostre esprit vaines illusions.

Cornélie

Facent les dieux bénins qu'elles soyent sans puissance.

Chœur

On songe volontiers ce que de jour lon pense.

Cornélie

Desjà la nuict muette, ayant fait long séjour,
Tournoit plus loing du soir que de l'aube du jour,
Et desjà le Bouvier sous le ventre de l'Ourse
De ses bœufs lens pressoit la paresseuse course,
Quand un petit sommeil (s'il faut ainsi nommer
Un estourdissement qui nous vient assommer)
Coula dedans mes yeux inusitez au somme,
Las et chargez des pleurs du dueil qui me consomme.
Et voicy que je voy près de mon lict moiteux
Le funèbre Pompé d'un visage piteux,
Palle et tout décharné, non tel qu'il souloit estre
En trionfe porté parmy le peuple maistre,
Lors que dedans un thrône il voyoit à ses piez

Les rois de gros cordeaux contre le dos liez.
Il estoit triste, affreux, les yeux creux, et la face,
La barbe et les cheveux oincts de sang et de crasse [68];
Un linceul tout saigneux sur son dos s'estendoit,
Qui jusques aux talons deschiré luy pendoit.
Il desserra ses dents de faibles peaux couvertes,
Puis ceste voix sortit, quand il les eut ouvertes.
« Vous dormez, Cornélie, et vostre père et moy
Vous devrions esmouvoir de prendre tant d'émoy.
Veillez, ma douce vie, et à nos tristes bières,
Pitoyable, rendez les amitiez dernières.
Un sort pareil au nostre attend mes pauvres fils,
Par un mesme adversaire et malheur desconfits.
Faites destourner Sexte en quelque estrange terre,
Loing du commun hasard qui commande en la guerre :
Qu'il ne retente plus, du carnage sauvé,
Pour me cuider venger, un Mars trop esprouvé. »
Il eut dit, et soudain une horreur frissonnante,
Une froide trémeur dans mes veines se plante,
M'arrache le sommeil : ma bouche ouverte fut
Par trois fois pour crier, mais onq' crier ne peut.
Je me dresse la teste, et mes deux bras je rue
Pour cuider l'embrasser [69], mais l'ombre disparue
Me frauda tromperesse, et l'accolant souvent
Je me trouvay tousjours n'accoler que du vent.
O âme valeureuse ! et bien tost l'âme mienne
N'ira voir comme vous la rive élysienne?
Chère âme, quand viendra la sévère Clothon
Despecer de mes jours le fatal peloton
Pour vous suivre compagne? hé ! pourroit bien mon père
Estre (ô méchef!) tombé dans la barque légère?
Pourroit estre desfaict, et tant de régimens
D'invincibles soldars, nostre franchise aimans,
Accompagner sa route? O que puisse estre vaine
D'un esclandre si dur ma peur presque certaine !

Chœur

Ma dame, je vous pry que d'un idole faux
La nocturne terreur ne rengrège vos maux [70].

Cornélie

Ma peur n'est pas d'un songe, elle est de chose vraye,
Et c'est ce qui m'estonne, et c'est ce qui m'effraye.
Je vey le grand Pompée et sa voix entendy,
Et cuidant l'embrasser, mes deux bras j'estendy.
Le somme s'enfuyant avoit laissé déclorre
Mes yeux espouvantez, que je le vey encore.
Je ne le peu toucher, il ne le permit pas;
Plus viste qu'un esclair il coula de mes bras.

Chœur

Ce sont fantômes vains, et larves solitaires
Fréquentans les tombeaux et les creux cimetaires.
Ils trompent volontiers de visages masquez
Les hommes en tristesse, à leur semblant moquez :
Ils contrefont les morts de voix et de figure,
Et nous vont prédisant mainte triste avanture.
Quand nos vagues esprits sont desgagez du corps,
Ils passent l'Achéron, le commun port des morts,
Puis jugez par Éaque, aux rives stigiennes
Ont demeure éternelle, ou aux élysiennes,
Et dans leur corps, qui gist sous un tombeau reclus,
Pour apparoir de nuict ils ne retournent plus.
Personne, que la Mort inévitable domte,
En ce monde laissé des Enfers ne remonte.
Ils sont clos d'un rampart qu'on ne sçauroit forcer.
Ils ont Cerbère au pied qu'on ne peut amorcer.
Ainsi ne pensez point avoir reveu Pompée,
Ce n'est qu'un faux démon dont vous fustes trompée.

Cornélie

Doncque, ô Royne du monde, ô ville qui estens
Tes bras victorieux jusqu'aux sillons flotans

Du vieillard Océan, qui tes victoires pousses
Des déserts de Libye aux Scythes porte-trousses,
Tu es assujettie, et portes à ce coup,
Sur ton col orgueilleux un misérable joug !
Tu sers, superbe Rome, et la terre arrosée
De ton beau sang se rit de te voir maistrisée.
Tu as tout subjugué, tout donté, mais la main
Des dieux plus forts que toy rend ton ouvrage vain.
Tu iras désormais la main au dos liée,
La teste contre bas de vergongne pliée,
Devant le char vainqueur, et ton rebelle enfant,
Le diadème au front te suivra trionfant.
Tes chefs si courageux, et de qui la vaillance,
Jointe avec si bon droit, levoit nostre espérance,
Sont morts atterrassez, pasture des oiseaux,
Pasture des poissons qui rament sous les eaux.
Scipion est occis, et Caton, et Pétrée,
Et Vare, et Jube, roy de la more contrée.
Or, vous, que la faveur de Fortune et des dieux
A sauvé du danger de ce choc furieux,
N'esprouvez derechef, indomtez de courage,
L'heur de nostre ennemi, de peur d'un tiers carnage.
Il est comme un grand feu qui ravage allumé
Le feste d'un logis jà presque consumé [71];
Il rampe furieux, de toict en toict s'élance;
Plus on luy jette d'eau, plus a de violence;
Il s'enflamme, il s'asprit [72] de l'adversaire effort,
Tant qu'il trouve où se prendre, et puis il tombe mort.
César de mesme sorte indomtable surmonte
Les hommes, les vaisseaux que Rome luy affronte :
Rien ne le peut combattre, et nostre vain labeur
Ne luy est que louange, et à nous que malheur.
C'est toy, Rome, qui l'as nourri trop indulgente,
Et qui luy as armé la dextre si puissante
Qu'il lève maintenant, parricide, sur toy,
Violant de nature et des hommes la loy.

Comme un simple paisant qui de fortune trouve
Des louveaux en un bois au desceu de la louve,
Les massacre soudain, fors un tant seulement,
Qu'il emporte et nourrist pour son esbatement ;
Avecques ses aigneaux aux pastis il le meine,
Il l'estable avecque eux comme une beste humaine,
Le traitte tendrement : mais luy grand devenu,
Au lieu d'avoir le bien du berger recogneu,
Une nuict qu'il s'avise, estrangle insatiable
Tout le foible troupeau, puis s'enfuit de l'estable.
O dieux, qui eustes soing des romulides murs,
Asseurez des assauts de tant de peuples durs :
Et toy, grand Jupiter, à qui le Capitole
Tant de bœufs consacrez dévotement immole,
Férétrien, Stateur : et toy, Mars thracien,
Père du bon Quirin, nostre autheur ancien,
Pourquoy ceste Cité nous avez-vous gardée,
Ceste belle Cité tant de fois hasardée ?
Pourquoy nous avez-vous défendus des Sabins,
Des Samnites félons, des belliqueux Latins ?
Pourquoy des fiers Gaulois la guerrière jeunesse
Avez-vous repoussé de nostre forteresse ?
Pourquoy du roy Molosse et du traistre Annibal
Avez-vous préservé le coupeau Quirinal ?
Et pourquoy fistes-vous que ma main salutaire
Naguères nous sauvast du feu catilinaire,
Pour tomber maintenant, gardez de tant d'ennuis,
Au servile malheur où nous avez réduits,
Pour servir maintenant non quelque roy d'Asie,
Mais de l'un d'entre nous l'aveugle frénaisie ?
Que s'il nous reste encor' quelque masle vigueur,
Si nous avons encor' quelque sang dans le cœur,
Tu ne te vanteras long temps de tes conquestes ;
Tu ne tiendras long temps le joug dessur nos testes ;
Long temps dans nostre sang tu ne te baigneras :
Je prévoy que bien tost tu le revomiras,

Comme un vilain mastin, qui de charongne infette
S'est tant farcy le sein qu'il faut qu'il la rejette.
Penses-tu dominer? penses-tu estre roy
De tant de gens vaillans aussi nobles que toy?
Penses-tu que lon ait une âme si bastarde
De te voir régner maistre, et qu'on ne la hasarde?
Il me semble desjà voir dedans mille cœurs
La honte, la douleur, le despit, les rancœurs,
Le fiel enfler de rage, et desjà mainte espée
Traitte [73] pour desgager la franchise usurpée,
Et ton corps, déchiré de cent poignars aigus,
Immoler à nos chefs par ta force vaincus.

PHILIPPES [74], CORNÉLIE

Philippes

Je sens en mes malheurs heureuse ma fortune,
Que j'aye accompagné l'encombreux infortune
Du grand Pompé, mon maistre, et qu'ainsi que vivant
Je l'ay tousjours servi, mort je l'aille servant.
Je fus en mesme nef, quand la main parricide
Des Nilides trompeurs tira son sang humide,
Et que luy, qui estoit l'effroy de l'univers,
En un moment décheu, tomba mort à l'envers.
Je répandi sur luy maintes larmes amères,
Et luy dy sanglotant les parolles dernières.
Puis dessus le rivage, esbatement des flots,
Qui sembloyent accorder avecques mes sanglots [75],
Un buscher je dressay de petites aisselles [76]
Esparses çà et là, demeurant de nasselles.
Là j'estendi son corps, que le consommant feu
Craquetant, bluettant, dévora peu à peu.
Je resserray dolent dedans ces urnes creuses
Des membres consommez les reliques cendreuses,
Qu'eschapé de la rage et de l'onde et du vent,

Des Syrtes et des rocs esprouvez si souvent,
J'apporte à Cornélie, à fin qu'ell' les dévale
Avecques ses ayeulx en la tombe fatale.

Cornélie

Las ! qu'est-ce que je voy !

Philippes

       Ce sont les tendres os
De vostre grand Pompé dans ces urnes enclos.

Cornélie

O douce et chère cendre, ô cendre déplorable [77],
Qu'avecques vous ne suis-je ! ô femme misérable,
O pauvre Cornélie, hé ! n'aura jamais fin
Le cours de ceste vie où me tient le destin ?
Ne seray-je jamais avecques vous, ô cendre !
N'est-il temps qu'on me face au sépulchre descendre ?
O déloyales mains, qui sous couleur d'amour
Le receustes pour faire un si malheureux tour !
O barbares, méchans, traistres, abominables,
Vous avez diffamé vos bords inhospitables
Du crime le plus lâche et le plus odieux
Qui se puisse commettre à la face des dieux.
Vous avez violé le devoir d'hostelage ;
A un homme affligé vous avez faict outrage ;
Avez celuy meurtry qui vous tendoit les bras,
Et vers un bien-faicteur vous estes faicts ingrâts.
Que pour un tel forfaict, jamais de vostre terre
La peste ne soit hors, la famine et la guerre ;
Les serpens de Cyrène et les libyques ours,
Les tygres, les lyons y establent tousjours ;
Vostre Nil nourricier au lieu de bleds fertiles
La couvre de crapaus, d'aspics, de crocodiles,
Qui vous infectent tous, qui vous dévorent tous,
Ou que la terre s'ouvre et referme sur vous,

Abominable race, où plus qu'en tout le monde
La traison, la luxure et l'homicide abonde.

Philippes
Hélas ! laissez ces cris.

Cornélie
Hé ! ne doy-je pas bien
Me plaindre d'un tel faict ?

Philippes
Cela ne sert de rien.

Cornélie
Les dieux ne puniront si grande félonnie ?

Philippes
S'ils l'ont déterminé, vous la verrez punie.

Cornélie
Nos prières ne vont jusqu'à leur thrône sainct ?

Philippes
Les dieux prestent l'oreille au chétif qui se plaint.

Cornélie
Nos suppliantes voix leurs courages n'émeuvent ?

Philippes
De nulles passions émouvoir ne se peuvent.

Cornélie
Ne font justice à ceux qui la vont demandant ?

Philippes
Or qu'on ne la demande, ils nous la vont rendant.

CORNÉLIE

César vit toutefois.

PHILIPPES

Le mérité supplice
Ne suit incontinent après le maléfice,
Et souvent les grands dieux gardent expressément
Les hommes scélérez pour nostre châtiment;
Puis, s'en estans servis, rendent avec usure
Le guerdon de leur crime et de leur forfaiture,

CORNÉLIE

C'est l'espoir qui nourrist mes jours infortunez :
Sans cela dès long temps ils fussent terminez.
J'espère que bien tost les dieux, las de l'esclandre
Qu'il fait journellement, broyront son corps en cendre,
Si dans Rome trop lasche il ne se trouve aucun
Qui vange d'un poignard le servage commun.
Non, je verray bien tost (Dieu m'en face la grâce)
Son corps souillé de sang estendu dans la place,
Ouvert de mille coups, et le peuple à l'entour
Tressaillant d'allégresse en bénire le jour.
Alors vienne la mort, vienne la mort meurtrière,
Et m'ouvre l'Achéron, infernale rivière :
Je descendray joyeuse, ayant ains que mourir
Obtenu le seul bien que je puis requérir.
Pompé ne peut revivre, et partant à cette heure
Je ne requiers sinon que l'homicide meure.

PHILIPPES

César plora sa mort.

CORNÉLIE

Il plora mort celuy
Qu'il n'eust voulu souffrir estre vif comme luy [78].

PHILIPPES

Il punit ses meurtriers.

Cornélie

                Et qui meurtrit Pompée
Que luy qui le suivit tousjours avec l'espée?
Non, celuy l'a meurtry qui poursuivit sa mort,
Et qui pour le meurtrir a mis tout son effort,
Qui en ha la despouille, et dont la gloutte envie
De commander n'avoit obstacle que sa vie.

Philippes

Si fit-il égorger Achillas et Photin
Pour ce meurtre commis.

Cornélie

              Ce fut pour autre fin.
Ils avoyent conspiré de le meurtrir luy mesme.

Philippes

Qu'acquiert-il de sa mort?

Cornélie

           L'autorité suprême.

Philippes

Il parle de ses faits fort honorablement.

Cornélie

Tout le bien qu'il en dit n'est que desguisement.

Philippes

Il n'a permis vaincueur qu'on rompist ses statues.

Cornélie

Ce pendant qu'il défend qu'elles soyent abbatues,
Les siennes il conserve, et par ceste douceur
Dont il nous va pipant, rend son estat plus seur.

Philippes

Il n'eust voulu voir mort celuy qui fut son gendre.

Cornélie

Si eust, puis qu'il vouloit la liberté défendre.

Philippes

Leur première amitié le pouvoit esmouvoir.

Cornélie

Il ne l'a point aimé, que pour le décevoir,
Et bien qu'il l'eust aimé d'une amitié non feinte,
Si eust elle esté vaine. Il n'est chose si sainte
En l'âme des mortels, qui puisse retarder
L'indomtable désir qu'on ha de commander.
Non, la crainte des dieux, et du grondant tonnerre,
Non, l'amour que lon doit à sa natale terre,
Non, des antiques loix le sceptre à tous égal,
Non, la chaste amitié du lien conjugal,
Non, le respect du sang, non, l'amour ordinaire
Du père à ses enfans, des enfans à leur père,
Ne peut rien contre un cœur que le soin furieux
De maistriser chacun maistrise ambicieux.

Philippes

Laissez cela, Madame.

Cornélie

Il faut que je le laisse,
Attendant des grands dieux la faveur vengeresse.

Philippes

Je crains que vos douleurs croissent de ces discours.

Cornélie

Philippes, mes douleurs sont égales tousjours.

Philippes

Le temps modère tout.

Cornélie

La saison ne modère
De mon esprit dolent l'éternelle misère.
Plustost dedans la mer les animaux paistront,
Et les poissons flottans sur la terre naistront;
Plustost le clair soleil ne luira plus au monde,
Que mon mal se relâche, et ma peine féconde.
Ma tristesse est un roc, qui durant les chaleurs
Produist comme en hyver une source de pleurs
Qui ne s'espuise point : car bien qu'à grand' secousse
Un auton de soupirs de l'estomac je pousse,
Ardant comme une braise, encor' ce chaud venteux
Ne sçauroit désécher mes yeux tousjours moiteux.

Philippes

Doncques ne tariront ces larmes continues?

Cornélie

Elles pourroyent possible estre un peu retenues
Par la mort de César.

Philippes

Madame, gardez-vous
Parlant ainsi de luy d'irriter son courroux.

Cornélie

Je ne redoute point d'un tyran la colère.

Philippes

Il faut redouter ceux qui nous peuvent mal-faire.

Cornélie

Quel mal me peut-il faire?

PHILIPPES

Et qu'est-ce que ne peut
Celuy qui a pouvoir de faire ce qu'il veut?

CORNÉLIE

Il ne peut rien sur moy qui me soit redoutable.

PHILIPPES

Il vous fera mourir.

CORNÉLIE

La mort m'est souhaitable.

PHILIPPES

D'un rigoureux tourment.

CORNÉLIE

Qu'il m'applique le feu,
Me face despecer les membres peu à peu,
Me consomme de faim, me gesne, me torture,
M'abandonne aux lions : il n'y a mort si dure
Qui me bourrelle tant que de vivre et le voir
Trionfant de nos maux en suprême pouvoir.
S'il me veut tourmenter, me tienne ainsi chétive,
M'oste l'espoir de mort, et face que je vive.
Je mourrois, je mourrois, et le tombeau chéry
M'auroit desjà rendue au sein de mon mary,
Sans l'attente que j'ay de le voir satis-faire
A l'outrage public d'une mort sanguinaire.

CHŒUR

Fortune, qui ceste rondeur
Assujettist à sa grandeur,
  Inconstante déesse,
Nous embrasse et nous comble d'heur,
  Puis tout soudain nous laisse.

Ses pieds, plus légers que le vent
Elle déplace plus souvent,
  Que des autons l'haleine
N'esboule le sable mouvant
  De la cuite Cyrène.

Ore elle nous monstre le front
De mille liesses fécond,
  Ore elle se retourne,
Et de son œil au change prompt
  La faveur ne séjourne.

Instable en nos prospéritez,
Instable en nos adversitez,
  De nous elle se joue,
Qui tournons sans cesse agitez
  Au branle de sa roue.

Jamais au soir le blond soleil
Ne luy veit tombant au sommeil
  Une face bénine,
Qu'au matin dés qu'il ouvre l'œil
  Ne la trouve chagrine.

Elle n'a seulement pouvoir
Sur un peuple à le décevoir,
  Mais sa dextre volage
Peut un grand empire mouvoir,
  Comme un simple mesnage,

Et donne les mesmes terreurs
Aux couronnes des empereurs,
  Tremblans à sa menace,
Qu'à la moisson des laboureurs
  Qui dépend de sa grâce.

Le marchand qui fait escumer
Pour le proffit l'avare mer,
  Craintif sur le rivage,
Te vient, déesse, réclamer
  Pour faire bon voyage.

Tu peux sur les flots mariniers,
Tu peux sur les sillons blatiers [79],
　　Sur les vignes fertiles,
Et tu peux sur tous les mestiers
　　Qui s'exercent aux villes.

Mais sur tout se monstre ton bras
Puissant au hasard des combas,
　　Où plus qu'en autres choses
Qui se conduisent icy bas,
　　Arbitre, tu disposes.

Tel a par ton pouvoir mocqueur
Toute sa vie esté vaincueur,
　　Qui, au fort de sa gloire,
Perd contre un jeune belliqueur
　　La vie et la victoire.

Ainsi l'empereur libyen,
Qui du beau sang ausonien
　　Enyvra nostre plaine,
Fut vaincu vaincueur ancien
　　D'un jeune capitaine.

Ainsi Maire, l'honneur d'Arpin,
Qui défendit le nom latin
　　De la cimbroise rage,
Esprouva de ton cœur mutin
　　L'inévitable outrage.

Et Pompé de qui les beaux jours
Tu as favorisé tousjours
　　De gloire libérale,
En vain implora ton secours
　　Aux plaines de Pharsale.

Ore César, qui gros d'honneur
Se voit de la terre seigneur,
　　Présomptueux n'y pense,
Ne prévoyant de son bon-heur
　　La constante inconstance.

Rien ne vit affranchi du Sort :
Personne devant qu'estre mort
   Heureux on ne peut dire.
A celuy seul qu'esteint la mort
   Fortune ne peut nuire.

ACTE IV

CASSIE. DÉCIME BRUTE [80]

Cassie

Misérable Cité, tu armes contre toy
La fureur d'un tyran pour le faire ton roy ;
Tu armes tes enfans, injurieuse Romme,
Encontre tes enfans pour le plaisir d'un homme,
Et ne te souvient plus d'avoir faict autrefois
Tant ruisseler de sang pour n'avoir point de rois,
Pour n'estre point esclave, et ne porter fléchie
Au service d'un seul le joug de Monarchie.
Ores dessus nos corps l'un sur l'autre estendus,
Comme espis en juillet quand les champs sont tondus,
Tu bastis un royaume et, pour estre asservie,
Libérale de sang employes nostre vie :
Tu nous meurtris, cruelle, et le sort casuel,
Qui le monde régist, nous massacre cruel.
Puis, il y a des dieux ! Puis le ciel et la terre
Vont craindre un Jupiter terrible de tonnerre !
Non, non, il n'en est point : ou s'il y a des dieux,
Les affaires humains ne vont devant leurs yeux.
Ils n'ont souci de nous, des hommes ils n'ont cure,
Et tout ce qui se fait se fait à l'avanture.
Fortune embrasse tout, la Justice et le bien
N'ont de ces dieux qu'on croit ny faveur ny soustien.

Scipion s'est planté l'espée en la poitrine,
Et sanglant eslancé dedans la mer voisine;
Caton s'est arraché les entrailles du corps;
Fauste et Affrane pris meurtrièrement sont morts;
Jube et Petrée ont faict, combatant à outrance,
De leurs mains l'un à l'autre égale violence.
Nostre armée est rompue, et les ours libyens
Vont dévorant les corps de nos bons citoyens.
Nostre tyran vaincueur, hautain de sa fortune,
Vient ores trionfer de la perte commune;
Nous le voyons terrible en un char élevé,
Traîner l'honneur vaincu de son peuple esclavé;
Ainsi Rome à César donne un pouvoir suprême,
Et de Rome César trionfe en Rome mesme.
Quoy, Brute? et nous faut-il, trop craignant le danger,
Laisser si laschement sous un prince ranger?
Faut-il que tant de gens, morts pour nostre franchise,
Se plaignent aux tombeaux de nostre couardise?
Et que les Pères vieux voisent [81] disant de nous :
Ceux-là ont mieux aimé, tant ils ont le cœur mous,
Honteusement servir en démentant leur race,
Qu'armez pour le païs mourir dessus la place?

Décime Brute

Je jure par le Ciel, thrône des Immortels,
Par leurs images saincts, leurs temples, leurs autels,
De ne souffrir, vray Brute, aucun maistre entreprendre
Sur nostre liberté, si je la puis défendre.
J'ay César en la guerre ardentement suyvi [82],
Pour maintenir son droit, non pour vivre asservi.
Que si, empoisonné d'une ardeur convoiteuse,
Il veut lever sur nous la main impérieuse,
S'il veut régner dans Rome, et que Pompé desfait
N'ait esté poursuyvi sinon pour cet effect,
Si ayant terminé ceste mutine guerre
L'empire il ne veut rendre à sa natale terre,

Il verra que Décime a jusques aujourd'huy
Porté pour luy l'estoc qu'il tournera sur luy ;
Il verra que ma dextre au sang haineur souillée,
Sera, quoy qu'il m'en fasche, au sien propre mouillée.
Je l'aime chèrement, je l'aime ; mais le droit
Qu'on doit à son païs, qu'à sa naissance on doit,
Toute autre amour surmonte : et plus qu'enfant, que père,
Que femme, que mary, nostre patrie est chère.

Cassie

Si ceste brave ardeur bouillonne en vostre sang,
Si un si franc désir vous pointelle le flanc,
Que jà desjà, Décime, en sa gorge frapée
N'allons-nous courageux ensaigner nostre espée ?
Il m'est à tard de voir le beau jour esclairer
Qu'il meure, et que sa mort nous face respirer.
Il m'est, il m'est à tard, j'ards, je brusle, j'affole
Que lon ne le massacre, et que lon ne l'immole
Aux Ombres des occis, que pour la liberté
Le méchant a privez de la douce clairté.

Décime Brute

Possible que luy mesme à l'exemple de Sylle,
Ayant déraciné la discorde civile,
Despouillera la force et la grandeur qu'il a.

Cassie

Vous ne verrez que Sylle il ressemble en cela.
Sylle estant assailli de la force adversaire,
S'arma pour se défendre et de Cinne et de Maire,
Les desfit, les chassa, puis s'estant asseuré
Dévestit le pouvoir qu'il n'avoit désiré,
Ne retint le royaume : et César, au contraire,
Sans avoir ennemy s'est jetté volontaire
Au cœur de l'Italie, et dans le champ de Mars,

Comme un Brenne barbare a conduit ses soldars,
A traversé les mers, et hardy d'une armée
De fières légions à vaincre accoustumée,
Nous a suivy partout, ardant d'exterminer
Tous ceux qui l'empeschoyent de pouvoir dominer.
Et ore, ayant atteint le but de son emprise,
Iroit-il renoncer à sa puissance acquise ?
Il ne le faut pas croire; il l'achète trop cher,
Trop y a travaillé pour la vouloir lascher.

Décime Brute

Encor' n'est-il pas roy portant le diadème.

Cassie

Non, il est Dictateur : et n'est-ce pas de mesme ?
Il peut tout, il fait tout, bref il est roy, sinon
Qu'il ne porte d'un roy la couronne et le nom.

Décime Brute

Il n'est point sanguinaire.

Cassie

                  Il a, bruslant de guerre,
Déserté d'habitants la plus part de la terre.
Jà la Gaule, et l'Afrique, et le Pont, et le bord
De l'Espaigne esloignée où le soleil s'endort,
L'Itale, l'Émathie, et l'Égypte sont pleines
Par son fer outrageux de charongnes humaines.
La peste, la famine, et l'orage des eaux
Ensemble ne font tant de lugubres tombeaux,
Y fust de Jupiter la tempeste fumeuse,
Que de ce monstre fier la main ambicieuse.

Décime Brute

Il ne le faut blasmer de ceux qu'emporte Mars.

CASSIE

Il en est l'homicide avecques ses soldars.

DÉCIME BRUTE

La guerre seroit donc des hommes rejettable.

CASSIE

Il la faut détester, s'elle n'est raisonnable.

DÉCIME BRUTE

Il a l'empire accreu de mainte nation.

CASSIE

Mais il l'a ruiné par son ambition.

DÉCIME BRUTE

Il a vengé l'outrage à nos ancestres faitte
Par la Gaule mutine, ore à nos loix sujette.

CASSIE

Il a mis en danger, par sa témérité
Contre un peuple innocent, nous et nostre Cité.
On le devoit livrer pour expier la ville,
D'avoir sans cause esmeu l'Alemagne tranquille.
Il alloit irritant ces nations exprés
Pour nourrir une armée, et s'en aider aprés
Contre le nom latin, l'attraînant aguerrie
Dans Rome pour ravir sa belle seigneurie.
Comme un qui veut paroistre honorable des siens,
Pour le prix de la lutte, aux jeux Olympiens,
Devant qu'entrer en place oingt les espaules d'huile,
S'exerce longuement pour estre plus agile,
Les Gaules à César estoyent un avant-jeu
Du discord citoyen qu'il a depuis esmeu
Pour se faire monarque, apprenant à combatre
Un peuple qui ne veut au servage s'abatre.

Décime Brute

Laissez finir la guerre; alors on cognoistra
S'il veut tenir l'empire, ou s'il s'en démettra.

Cassie

Non, Décime, jamais, jamais, Décime; il aime
Par trop ardentement la puissance suprême.
Mais tandis que Cassie aura goutte de sang
En son corps animeux, il voudra vivre franc,
Il fuira le servage ostant la tyrannie,
Ou l'âme de son corps il chassera bannie.

Décime Brute

Toute âme généreuse, indocile à servir,
Déteste les tyrans.

Cassie

              Je ne puis m'asservir,
Ny voir que Rome serve, et plustost la mort dure
M'enferre mille fois que vivant je l'endure.
Les chevaux courageux ne maschent point le mors,
Sujets au chevalier, qu'avecque grands efforts :
Et les toreaux cornus ne se rendent domtables
Qu'à force, pour paistrir les plaines labourables.
Nous, hommes, nous, Romains, ayant le cœur plus mol,
Sous un joug volontaire irons ployer le col ?
Rome sera sujette, elle qui les provinces
Souloit assujettir, assujettir les princes ?
O chose trop indigne ! un homme efféminé,
Que le roy Nicomède a jeune butiné,
Commande à l'univers, la terre tient en bride,
Et maistre donne loy au peuple romulide,
Aux enfans du dieu Mars, et personne ne prend
Volonté d'effacer un opprobre si grand,
D'essuyer ceste tache ! O Brute, ô Servilie,
Qu'ores vous nous laissez une race avilie !

Brute est vivant, il sçait, il voit, il est présent,
Que sa chère patrie on va tyrannisant :
Et comme s'il n'estoit qu'une vaine semblance
De Brute son ayeul, non sa vraye semence,
S'il n'avoit bras ny mains, sens ny cœur, pour oser,
Simulacre inutile, aux tyrans s'opposer,
Il ne fait rien de Brute, et d'heure en heure augmente
Par trop de lascheté la force violente.
C'est trop long temps souffert, c'est par trop enduré.
L'on deust avoir desjà mille fois conjuré,
Mille fois prins le fer, mille fois mis en pièces
Ce tyran, pour vanger nos publiques détresses [83].

Chœur

Celuy qui d'un courage franc
Prodigue vaillamment son sang
Pour le salut de la patrie,
Qui sa vie entretient exprés
Pour meurtrir les tyrans pourprés
Sans crainte qu'elle soit meurtrie,

Et qui au travers des cousteaux
Des flammes et des gouffres d'eaux,
Asseuré dans son âme brave,
Les va tuer entre les dars
De mille escadres de soldars,
Délivrant sa franchise esclave,

Comme un peuple ne tombe pas
De la mort gloute le repas :
Son renom, porté par la gloire
Sur l'aile des siècles futurs,
Franchira les tombeaux obscurs
D'une perdurable mémoire.

Les peuples qui viendront aprés
Luy feront des honneurs sacrez,
Et chaque an la jeunesse tendre
Ira, le chef de fleurs orné,

Chanter au beau jour retourné
Dessur son héroïque cendre.

   Ainsi les deux Athéniens
Qui du col de leurs citoyens
Ont la servitude arrachée,
Vivront tousjours entre les preux,
Et jamais au sépulcre creux
Ne sera leur gloire cachée.

   Le peuple, qui ne satisfait
Que d'ingratitude au bien-faict,
De ceux le mérite guerdonne
Qui, pour le délivrer des mains
De quelques tyrans inhumains,
Mettent en danger leur personne.

   Et Jupiter, père de tous,
Vomissant son juste courroux
Sur les superbes diadèmes,
Fait, à fin de les malheurer,
Encontre eux souvent conjurer
Leurs enfans et leurs femmes mesmes.

   Ne dois-tu pas craindre un chacun,
Toy qui te fais craindre au commun ? [84]
La crainte, qui la haine engendre,
Importune nous poursuivant,
A beaucoup d'hommes fait souvent
Beaucoup de choses entreprendre.

   O combien les rois sont couverts
Tous les jours de hazards divers !
Qu'au sort est sujette leur vie,
Pressant une pauvre cité
En estroitte captivité,
Qui ne leur doit estre asservie !

   Peu de tyrans selon le cours
De nature ferment leurs jours :
Plustost par les poisons couardes
Ils meurent traistrement surpris,

Plustost par les peuples aigris,
Et plustost par leurs propres gardes.
  Celuy vit bien plus seurement,
Qui loin de tout gouvernement,
Caché dessous un toict de chaume,
Sans rien craindre et sans estre craint,
Incogneu, n'a l'esprit atteint
Des troubles sanglans du royaume [85].

CÉSAR, MARC-ANTOINE

CÉSAR

O superbe Cité, qui vas levant le front
Sur toutes les citez de ce grand monde rond,
Et dont l'honneur, gaigné par victoires fameuses,
Espouvante du ciel les voûtes lumineuses !
O sourcilleuses tours ! ô coustaux décorez ! [86]
O palais orgueilleux ! ô temples honorez !
O vous, murs que les dieux ont maçonnez eux-mesmes,
Eux-mesmes étoffez de mille diadèmes,
Ne ressentez-vous point de plaisir en vos cueurs,
De voir vostre César, le vaincueur des vaincueurs,
Accroistre vostre empire avecques vos louanges,
Par tant de gloire acquise aux nations estranges ?
O beau Tybre, et tes flots de grand' aise ronflans
Ne doublent-ils leur crespe à tes verdureux flancs,
Joyeux de ma venue ? et d'une voix vagueuse
Ne vont-ils annoncer à la mer escumeuse
L'honneur de mes combats ? ne vont, ne vont tes flots
Aux Tritons mariniers faire bruire mon los,
Et au père Océan se vanter que le Tybre
Roulera plus fameux que l'Eufrate et le Tigre ?
Jà presque tout le monde obéist aux Romains ;
Ils ont presque la mer et la terre en leurs mains ;
Et soit où le soleil de sa torche voisine

Les Indiens perleux au matin illumine,
Soit où son char, lassé de la course du jour,
Le ciel quitte à la nuict qui commence son tour,
Soit où la mer glacée en crystal se reserre,
Soit où le chaud rostist l'estomach de la terre,
Les Romains on redoute, et n'y a si grand roy
Qui au cœur ne frémisse oyant parler de moy.
César est de la terre et la gloire et la crainte;
César des vieux guerriers a la louange estainte.
Taise les Scipions Romme, et les Fabiens,
Les Fabrices, Métels, les vaillans Déciens;
César a plus qu'eux tous emporté de batailles,
Plus de peuples domté, plus forcé de murailles;
César va trionfant de tout le monde entier,
Et tous à peine ils ont trionfé d'un cartier.
Les Gaulois, qui jadis venoyent au Tybre boire,
Ont veu boire sous moy les Romains dans le Loire,
Et les Germains affreux, naiz au mestier de Mars,
Ont veu couler le Rhin dessous mes estendars.
Les Bretons, enfermez au royaume liquide
Du marinier Neptune, ont pris de moy la bride,
Prosternez à mes pieds; les Ibères lointains,
Les Mores desloyaux, les Numides soudains,
Ceux que l'Euxin ondoye, et les peuples farouches
Qui reçoivent le Nil dégorgeant par sept bouches,
Ont fléchi dessous moy : mesme ceste Cité,
Qui presque l'univers tient en captivité,
Ploye dessous ma force, et ce guerrier, mon gendre,
Qui voulut imprudent à ma gloire se prendre,
Ce grand Mars de Pompé, de qui le beau renom
Et les gestes estoyent jà plus grands que son nom,
A son dam esprouva par une seule entorce
Que j'avois plus que luy d'heur, de cœur et de force,
Quand les thessales champs rougirent sous les corps
De tant de citoyens dedans les armes morts,
Et que luy, coustumier de vaincre et mettre en fuite,

Fut vaincu, fut chassé, sa troupe déconfite.
Ore ce Scipion, qui, fier d'estre venu
De ce grand Africain aux armes si cogneu,
S'est osé affronter à mes bandes guerrières
Sur le bord de Libye aux plaines sablonnières,
A perdu son armée, et luy trop inhumain,
Pour ne sembler vaincu s'est occis de sa main.
Or trionfons, Antoine, et aux dieux rendons grâces
D'avoir de nos haineux rabbatu les audaces :
Allons au Capitole.

Marc-Antoine

Allons, brave César;
Couronnez-vous la teste et montez dans le char.
Le peuple impatient forcène par la rue,
Et avecque liesse à la porte se rue
Pour voir son empereur, que la bonté des dieux
Après tant de hasards luy rend victorieux.

César

J'atteste Jupiter qui tonne sur la terre,
Que contraint malgré moy j'ay mené ceste guerre
Et que victoire aucune, où j'apperçoy gésir
Le corps d'un citoyen, ne me donne plaisir :
Mais de mes ennemis l'envie opiniâtre
Et le malheur romain m'a contraint de combatre.

Marc-Antoine

Ils vouloyent vostre gloire abatre, et le Destin
A renversé l'effect de leur vouloir mutin;
Vostre los mérité s'est accreu de la honte
D'eux, qui de vos vertus ne vouloyent faire conte.
Ainsi tousjours advienne aux hommes envieux !

César

Je n'ay jamais pensé leur estre injurieux;
Mais bien je n'ay voulu que ma grandeur nouvelle

Souffrist autoriser une grandeur sur elle :
Ainsi que n'est César d'aucun inférieur,
César ne peut souffrir aucun supérieur.

MARC-ANTOINE

Ore ils sont desconfits, et sur la terre dure
La plus part estendus sont des corbeaux pasture :
Mais je crains que trop bon vous en aillez sauver
Qui voudront contre vous traitrement s'eslever.

CÉSAR

Qu'y ferions-nous, Antoine ? ils iront dans l'Espagne
Se joindre aux exilez qui tiennent la campagne,
Où le mauvais Démon les va guidant, à fin
De trouver, obstinez, une sanglante fin.

MARC-ANTOINE

Je ne crains pas ceux là qui courent à l'espée,
Et qui pour y mourir ont l'Espagne occupée.

CÉSAR

Qui doncques craignez vous ?

MARC-ANTOINE

Je crain ceux qui, méchans,
Ne vous ayant peu vaincre ouvertement aux champs,
Brassent secretement en leur âme couarde
De vous meurtrir à l'aise, en ne vous donnant garde.

CÉSAR

Ceux conspirer ma mort qui la vie ont de moy ?

MARC-ANTOINE

Aux ennemis domtez il n'y a point de foy.

César

En ceux qui vie et biens de ma bonté reçoivent ?

Marc-Antoine

Voire, mais beaucoup plus à la patrie ils doivent.

César

Pensent-ils que je sois ennemy du païs ?

Marc-Antoine

Mais cruel ravisseur de ses droits envahis.

César

J'ay à Rome soumis tant de riches provinces !

Marc-Antoine

Rome ne peut souffrir commandement de princes.

César

Qui s'opposera plus à mon authorité ?

Marc-Antoine

Ceux que de force on fait vivre en captivité.

César

Je ne crains point ceux-là qui restent de la guerre.

Marc-Antoine

Je les crains plus que ceux qu'ensevelist la terre.

César

On fait bien d'ennemis quelquefois des amis.

Marc-Antoine

On fait plus aisément d'amis des ennemis.

César

On gaigne par bienfaits les cœurs les plus sauvages.

Marc-Antoine

On ne sçauroit fléchir les résolus courages.

César

Et si bienfait aucun nos Citoyens n'espoind,
De qui n'auray-je peur?

Marc-Antoine

            De ceux qui ne sont point.

César

Quoy? tûroy-je tous ceux de qui j'ay deffiance?

Marc-Antoine

Vous n'aurez autrement la vie en asseurance.

César

J'aimerois mieux plustost du tout ne vivre pas,
Que ma vie asseurer avec tant de trespas.
J'ay trop peu de souci de prolonger mon heure.
Je veux vivre si bien que mourant je ne meure,
Ains que laissant la tombe à mon terrestre faix,
Je vole dans le ciel sur l'aile de mes faicts.
Puis n'ay-je assez vescu pour mes jours, pour ma gloire?
Puis-je trop tost aller dans le Cocyte boire?
Hastive ores ne peut la mort siller mes yeux.
Celuy trop tost ne meurt qui meurt victorieux.

Marc-Antoine

Assez pour vostre los a duré vostre vie,
Mais non pour vos amis, ny pour vostre patrie :
Quand vous auriez les ans du pylien Nestor,
Ce nous seroit trop peu, vous devriez vivre encor.

César

Nos jours sont limitez qu'on ne sçauroit estendre.

Marc-Antoine

On les accourcist bien par faute d'y entendre.

César

Les dieux et la fortune ont soin de nous garder.

Marc-Antoine

Sur l'attente des dieux ne se faut hasarder.

César

Que feroy-je autre chose?

Marc-Antoine

Ayez à vostre porte
Et à l'entour de vous une garde bien forte.

César

Il n'est telle seurté qu'en l'amitié des siens.

Marc-Antoine

Il n'est telle rancueur qu'elle est de citoyens.

César

Il vaudroit mieux mourir que vivre en deffiance.

Marc-Antoine

Souvent se deffier est estimé prudence.

César

La vie qui n'est point en ce peureux souci,
N'est seulement heureuse, ains la mort l'est aussi.
La mort qu'on ne prévoit, et qui sur nous se darde

D'un effort improveu sans qu'on s'en prenne garde,
Me semble la plus douce [87], et s'il plaisoit aux dieux
Que je mourusse ainsi, j'en mourroy beaucoup mieux.
La crainte que l'on a d'un mal tant soit extrême
Trouble plus un esprit que ne fait le mal mesme.

Chœur de Césariens

O beau soleil qui viens riant
Des bords perleux de l'Oriant,
   Dorant ceste journée
   De clairté rayonnée,
Garde de civile fureur
Le chef de ce grand empereur,
   Qui de l'Afrique noire
   Apporte la victoire.
Et toy de qui, douce Vénus,
Les Enéades sont venus,
   Ta faveur ne recule
   De la race d'Iule.
Ains fay que luy, ton cher enfant,
Entre son peuple trionfant,
   Repousse de la terre
   Les tisons de la guerre ;
Que bien tard quittant le souci
De nous qui l'adorons icy,
   Nouvel astre il esclaire
   A nos murs salutaire.
Io ! que son grand front guerrier
Soit tousjours orné de laurier,
   Et ses belles statues
   De lauriers revestues.
Io ! que par tous les cantons
On n'apperçoive que festons,
   Qu'à pleines mains on rue
   Des fleurs parmi la rue.

Il a vaincu ses ennemis,
Il les a tous en route mis,
  Puis, sans meurtrir personne,
  A chacun il pardonne.
Aussi les bons dieux, le support
De tous ceux à qui lon fait tort,
  Sont tousjours adversaires
  Des hommes sanguinaires.
Jamais ils n'allongent leurs jours,
Ains les accourcissent tousjours,
  Et font tomber leur vie
  En la main ennemie.
César privé par ses haineurs,
Citoyen, des communs honneurs,
  Contraint de se défendre
  Alla les armes prendre.
La seule envieuse rancueur,
Qui leur espoinçonnoit le cueur
  Pour sa gloire soudaine,
  Alluma ceste haine.
Méchante Envie, hé! que tu fais
D'encombre à ceux que tu repais !
  Que ton poison leur verse
  Une langueur diverse !
Il tourne le sang de leur cueur
En une jaunastre liqueur,
  Qui par tuyaux chemine
  Le long de leur poitrine.
L'estrangère prospérité
Leur est une infélicité :
  La tristesse les mange
  Au son d'une louange.
Ny de Phébus l'œil radieux,
Ny le repas délicieux
  Ny le somme amiable
  Ne leur est agréable.

Ils ne reposent jour ne nuict ;
Tousjours ce bourreau les poursuit,
   Qui leur mord les entrailles
   De pinçantes tenailles.
Ils portent les flambeaux ardans
D'une Tisiphone au dedans ;
   Leur âme est becquetée
   Comme d'un Prométhée.
La playe ne se ferme point,
Elle est tousjours en mesme poinct :
   De Chiron la science
   N'y a point de puissance.

ACTE V

LE MESSAGER, CORNÉLIE, LE CHŒUR

Le Messager

Malheureux que je suis ! entre mille dangers
De fer, de feu, de sang et de flots estrangers,
Entre mille trespas, entre mille traverses
Que j'ay souffert sur terre et sur les ondes perses,
La Parque me dédaigne, et j'ay veu tant de fois
La mort bouillante au meurtre entrer sous les harnois !
J'ay veu devant mes yeux en ceste dure guerre
Tant de corps estendus d'hommes ruez par terre
Tant de braves seigneurs ! et toy sur tous, et toy,
Scipion, mon cher maistre, autheur de mon esmoy !
Et je vis misérable, et la mort assouvie
De tant de noble sang n'a cure de ma vie !

Cornélie

Hé ! dieux ! tout est perdu !

Le Chœur

Scipion est desfait;
Mais le malheur n'est pas si grand comme on le fait :
Oyez-le un peu, madame.

Cornélie

O Fortune cruelle !

Le Messager

Et encore il me faut en porter la nouvelle !
Le dueil de Cornélie (ha ! que j'en ay pitié !)
Ma première tristesse accroistra de moitié.

Cornélie

Hé ! pauvrette ! que n'ay-je abandonné le monde ?
Que ne suis-je desjà sous la terre profonde ?
O dolente ! ô chétive !

Le Chœur

Est-ce le brave cueur
Qu'il faut contre un destin qui monstre sa rigueur ?
Soyez plus magnanime, et que le dueil, Madame,
Comme d'un peuple abject vostre raison n'entame.
Possible que la route est moindre que le bruit.
Escoutons-le parler.

Cornélie

Hélas ! tout est destruit.
Or, adieu, mon cher père !

Le Chœur

Il s'est sauvé peut estre.

Le Messager

Mais n'entendé-je pas la fille de mon maistre ?
Quels soupirs, quels sanglots, quels regrets, quelles pleurs
Suffiront, Cornélie, à plaindre vos malheurs ?

CORNÉLIE

Où est ton empereur?

LE MESSAGER

Où sont nos capitaines? [88]
Où sont nos légions? où tant d'âmes romaines?
Les terres et les mers, les vautours, les corbeaux,
Les lyons et les ours leur servent de tombeaux.

CORNÉLIE

O misérable!

LE CHŒUR

Hélas! qu'ores le ciel se monstre
Contre ceste maison chargé de malencontre!

CORNÉLIE

Venez me prendre, ô Parque.

LE CHŒUR

Et pourquoy plorez-vous?
Il est mort vaillamment, n'est-il pas mieux que nous?

CORNÉLIE

Or, conte, Messager.

LE CHŒUR

Son trespas magnanime
Vous pourra consoler du tourment qui vous lime.

CORNÉLIE

Conte nous sa desfaitte, et quel dur accident
A rompu tant de peuple, aux combats si ardant.

LE MESSAGER

César, qui cognoissoit le cœur de ses gendarmes
Et leur bouillante ardeur de s'esprouver aux armes,

Ne cherchoit qu'à combatre, et de tout son effort
Tâchoit escarmouchant de nous tirer du fort.
Souvent, pour irriter nos bandes casanières,
Il s'en venoit donner jusques dans nos barrières,
Jusques dans la tranchée, appellant nos soudars,
Qui se tenoyent fermez, et lasches et couards.
Mais voyant à la fin que toutes ses amorces
N'induisoyent nostre chef d'aventurer ses forces,
Ains que le costoyant et suivant nuict et jour,
Le cuidoit à la longue ennuyer du séjour,
Fait marcher son armée, et toute nuict chemine
Les armes sur le dos, jusques à la marine,
Se trouve devant Tapse, et à ses gens lassez
La fait dès le jour mesme enceindre de fossez,
Fait élever des tours, s'y campe, et délibère
Par force l'enlever des mains de l'adversaire.
Scipion n'eut plustost advis de son dessain,
Qu'ayant peur pour la place, il y marche soudain,
Cognoissant de combien importoit telle ville
Et qu'avec peu de gens y commandoit Virgile.
Tout s'espand par les champs, comme un camp mesnager
De caverneux fourmis, venus pour fourrager
Lors que l'hiver prochain ses froidures appreste :
Ils sortent de leur creux, ils se jettent en queste;
La terre en est couverte, et ne peut-on marcher
Qu'on n'en face à milliers sous les pieds escacher.
Ainsi nos bataillons, eslargis sur l'arène
Pour suyvre l'ennemy, couvroyent toute la plaine.
Or de Tapse approchans nous fermons de fossez
Pour retraitte du camp, si nous estions forcez :
Puis sortons, et César, que le séjour travaille,
Nous voyant sur la plaine ordonnez en bataille,
En saute d'allégresse et aux meurtres voué,
Court vestir le harnois, qui craquette enroué.
César avoit conduit une armée en Afrique
D'hommes, qui n'avoyent rien que la targue et la pique,

Le fer dessur le dos, mais qui d'un brave cueur
Bataillant sçavoyent faire un colonnel vaincueur.
Ils sortent tous aux champs, sinon quelque partie
Qui demeure au fossé de peur d'une sortie.
César les met en ordre, et chasque régiment
De parole encourage à faire vaillamment,
Remonstre qu'il ne faut qu'un vieil soldat redoute
L'effort d'un ennemi tant de fois mis en route,
Qui jà songe à la fuitte, et qui tout harassé
Ne soustiendra jamais, s'il se voit enfoncé.
Tandis nostre empereur, d'un armet effroyable
Pressant ses blancs cheveux et son front vénérable,
Couvert d'un fort plastron, la targue en une main,
La coutelace en l'autre, alloit d'un œil serain
Visiter tous ses rangs, les prescher à combatre,
A charger, soustenir d'un cœur opiniâtre.
Ores (ce disoit-il) [89] est venu le beau jour
Qu'il faut que la Patrie esprouve nostre amour.
Voicy, mes compagnons, le beau jour, voicy l'heure,
Qu'il convient que chacun ou soit libre, ou qu'il meure.
De ma part je ne veux d'ancien sénateur,
D'empereur, de consul devenir serviteur.
Je vaincray bravement, ou sera ceste espée
(Ell' luy brilloit au poing) dedans mon sang trempée.
Nous ne combattons point pour ravir des thrésors.
Nous ne combattons point pour eslargir nos bors,
Pour une gloire acquerre, et laisser estoffées
Aux races advenir nos maisons de trophées,
Mais bien nous combattons pour nostre liberté,
Pour le peuple romain par la crainte escarté;
Nous combattons, enfans, pour nostre propre vie,
Pour les biens, les honneurs, les loix et la patrie.
Ores le bien, l'Empire, et l'estat des Romains,
(Le vray prix du vaincueur), balance entre nos mains.
Pensez comme aujourd'huy les matrones pudiques
Invoquent les bons dieux dans nos temples antiques,

Les yeux battus de pleurs, à fin que leur vouloir
Soit de favoriser à nostre saint devoir.
Je voy Romme en horreur, en triste solitude,
Et les vieux sénateurs gémir leur servitude :
Je les voy, ce me semble, et que tous larmoyeux
Ils lèvent dessur nous et le cœur et les yeux.
Or sus, monstrons nous donc dignes de nos ancestres.
Combattons de tel cœur que demeurions les maistres;
Que ce brave tyran, percé de part en part,
Tombe mort en la presse au pied de son rampart,
Et que ses bataillons comme touchez d'un foudre,
Renversez par monceaux ensanglantent la poudre.
Ainsi dist : et ses gens, criant tous à la fois,
De parole et de mains approuvèrent sa voix.
Le bruit monta léger jusques dedans les nues,
Comme quand l'Aquilon souffle aux Alpes cornues,
Les chesnes esbranlez, l'un à l'autre battant,
Dans l'espesse forest font un son esclatant.
La trompette commence : et lors, comme tempeste,
Ils courent l'un sur l'autre et de pieds et de teste.
La poussière se lève, et comme gros nuaux,
Ténébreuse enveloppe et hommes et chevaux;
Les flèches et les dards greslent dessur les armes;
La terre, en décochant, tremble sous les gendarmes;
L'air résonne de cris [90], le soleil appallist;
Le feu sort des harnois et dans le ciel jaillist.
Les bataillons serrez, hérissonnans de pointes,
Se choquent furieux de longues piques jointes,
Heurtent à grand' secousse, ainsi que deux taureaux,
Jaloux de commander l'un et l'autre aux troupeaux,
Courent impétueux si tost qu'ils s'entre-advisent,
Et de corne et de front le test ils s'entre-brisent.
Ils rompent pique et lance, et les esclats pointus,
Bruyant sifflant par l'air volent comme festus.
Puis saquent à l'espée, et de pointe et de taille
Découpent acharnez maint plastron, mainte escaille :

Le sang découle à terre, et jà par gros bouillons
Court enflé par la plaine entre les bataillons.
La terre se poitrist, et toute la campagne,
Qui volloit en poussière, au sang romain se bagne,
Devient grasse et visqueuse, et fond dessous les pieds,
Comme un limon fangeux qui les retient liez.
La Discorde sanglante, à longs serpens crineuse,
Les bras nus, teste nue, erroit, déesse affreuse,
Au travers des scadrons, les alloit animant
D'un fouet sonnant le meurtre et d'un tison fumant.
Bellonne, ardant de rage, au plus fort de la presse
Couroit qui çà qui là, d'une prompte allégresse,
Détranchoit, terrassoit, faisoit sourdre un estang
Où passoit son espée ointe de nostre sang.
Ores nous repoussions leurs batailles forcées,
Or' les nostres estoyent par elles repoussées :
Comme aux Alpes on voit quand la Bize et le Nort
Contre-soufflent un pin de leur plus grand effort,
Ore de ce costé son chef à terre pendre,
Ore de cestuy-là contrairement descendre.
Ainsi l'un pressoit l'autre, et toutes les deux parts,
Chargeant de mesme effort, mesme cœur, mesmes dars,
Couroyent à la victoire, et prodigues de vie
Avoyent de s'entre-occire une bruslante envie.
Trois fois les bataillons esclaircis de soldars
S'allèrent rallier dessous les estendars
Pour reprendre l'haleine, et puis l'ayant reprise,
Trois fois rencouragez revinrent à la prise.
Comme deux forts lyons combatans pour l'amour
Devant une lyonne au libyque séjour,
Après que longuement ils ont vomy leur rage,
Qu'ils se sont esprouvez de force et de courage,
Lors la mâchoire teinte et d'escume et de sang,
Les poulmons espongeux leur battant dans le flanc,
La langue demy traitte, à trois pas se retirent,
Et lassez de la peine en halettant respirent :

Puis s'estans reposez, le colère jaloux
Plus aspre que devant les appareille aux coups,
Les rejoint, les recouple, et dans leur cœur demeure
Fièrement acharné, tant que l'un des deux meure.
César, de qui les yeux brilloyent estincelans,
Des siens espoinçonnoit les courages bruslans,
Dedans les rancs marchoit, voyoit de qui la dextre
Se monstroit au carnage ou plus ou moins adextre :
Voyoit de qui les dars ne rougissoyent qu'au bout,
Et ceux qui dégoutoyent ensanglantez du tout;
Voyoit ceux qui tomboyent chancelant de foiblesse,
Et ceux qui trespassoyent estendus dans la presse;
Les poussoit, enflamboit, les emplissoit d'horreur,
Comme quand Alecton va soufflant la fureur
Aux entrailles d'Oreste, et qu'une torche ardante
Luy rallume au dedans sa coulpe renaissante.
Car adonc, comme espoints de piquants aiguillons,
Serrez pied contre pied, ses guerriers bataillons
Vont la teste baissée, et, fermes sur leurs piques,
Ouvrent de grand effort les phalanges libyques,
Fendent tout, rompent tout, renversent tempesteux
Tout ce que faisant teste ils trouvent devant eux.
Nos gens prennent la fuitte, et ne peut la prière
Ny l'exemple des chefs arrester leur carrière.
Ils courent esperdus comme aux champs calabrois,
Quand trois loups affamez qui debusquent d'un bois
Donnent dans des brebis, les fuyardes s'espandent
Aux yeux de leurs bergers, qui hardis les défendent.

Cornélie

O fortune cruelle !

Le Messager

On ne résista plus :
Tout fut soudain rempli d'un désordre confus,
De meurtre, de carnage, et les bandes entières
Trébuchoyent plus espois que javelles blatières.

On ne voyoit qu'horreur, que soldars encombrez
Sous le faix des chevaux, que des corps démembrez
Nageans dans leur sang propre, et des piles dressées
D'hommes qui gémissoyent, sous les armes pressées,
Coulant comme un esponge, ou l'amas raisineux
Qu'un pesant fust escache en un pressouer vineux.
Aux uns vous eussiez veu la teste my-partie
Et la cervelle auprès qui tramblottoit sortie;
Les uns percez à jour, les autres soustenoyent
De leurs mourantes mains leurs boyaux qui traînoyent;
Aux uns la cuisse estoit ou l'espaule abbattue,
Ou se tiroyent du corps une flèche pointue;
Aucuns, navrez à mort, renversez sur les reins,
Crioyent miséricorde, estendans les deux mains
Au barbare ennemy, qui l'oreille estoupée,
Frémissant de fureur, mettoit tout à l'espée.
Ce qui peut eschapper en fuyant print parti
De regagner le camp dont il estoit parti :
Mais y voyant entrer l'ennemy pesle-mesle,
Qui les alloit hachant comme espics sous la gresle,
Tira droit vers le fort où Jube se campoit.
Mais, las ! desjà César de malheur l'occupoit.
Doncques désespérez de se pouvoir défendre,
Mettant les armes bas offrirent de se rendre
Au gendarme espandu, qui d'un cœur endurci
Les aima mieux tuer que les prendre à merci.

Cornélie

Et Scipion mon père?

Le Messager

Après qu'il veit l'esclandre,
Et ses gens déconfits par la plaine s'espandre,
Qu'il veit son labeur vain à les rencourager
De se rejoindre ensemble à fin de recharger,
Les ennemis sur eux fondre comme un tonnerre,

Rompre ses bataillons, ses enseignes par terre,
Et desjà les monceaux croistre de toutes parts,
Le chemin empesché des corps de ses soudars,
S'arracha de la foule, et regrettant sans cesse
La souspirable mort d'une telle jeunesse,
Chemina vers le port, où ses vaisseaux trouvant,
S'embarqua, puis fit voile à la merci du vent.
Or estoit son dessein d'aborder en Espagne,
Pour refaire une armée et tenir la campagne.
Mais comme le malheur pire nous suit tousjours,
La tourmente le prit au milieu de son cours,
Le jetta près d'Hippone, où la flotte adversaire
Ceste coste escumant faisoit course ordinaire,
Qui le voyant à l'ancre avec peu de vaisseaux,
Assiégé de la terre, et du vent, et des eaux,
L'investit de furie, enfonçant en peu d'heures
Que dura le combat ses navires meilleures.
Le sien fut assailli, qui débatu long temps
Fist terminer la vie aux meilleurs combatans.
Là ce qui nous restoit de noblesse romaine
Mourut l'espée au poing devant son capitaine.
Lors voyant Scipion son navire entr'ouvert
De feu, de fer, de sang et d'ennemis couvert,
Ses gens mis aux cousteaux, le ciel, l'onde, la terre
Et les dieux conjurez à luy faire la guerre,
Se retire à la pouppe, et d'un visage franc
Regardant son estoc qui rougissoit de sang,
Dist : « Puis que nostre cause est par les dieux trompée,
Je n'ay plus de recours qu'à toy, ma chère espée,
Qu'à toy, mon dernier bien; j'auray de toy cest heur
De ne me voir jamais de libre serviteur. »
Il n'avoit achevé, que d'une main cruelle
Il se la plante au corps jusques à la pommelle.
Le sang chaud et fumeux sortit en bouillonnant.
Je le vey chanceler; j'accours incontinant
Et le cuide embrasser, mais luy, craignant de vivre

Ès mains de l'ennemy qui le venoit poursuivre,
S'avance sur le bord, et roidissant les bras,
Se jette dans la mer la teste contre bas.

Cornélie

O dieux cruels ! ô ciel ! ô fières destinées !
O soleil lumineux qui dores nos journées !
O flambeaux de la nuict pleins d'infélicitez !
Hécate triple en noms, et triple en déitez !
Arrachez-moy la vie, estouffez-moy chétive,
Ou dans les creux Enfers poussez-moy toute vive.
Tirez-moy de ce monde, et qu'entre les esprits
Je face résonner les abysmes de cris.
Misérable, dolente, en détresse plongée,
Foisonnant en malheurs et de malheurs rongée,
Que feray-je ? où iray-je ? où auray-je recours
Pour vanger mon outrage, ou pour clorre mes jours ?
Venez, Dires , venez; venez, noires Furies,
Venez, et dans mon sang soyez tousjours nourries.
Le tourment d'Ixion, l'aigle de Prométhé,
Le roc qui est sans fin par Sisyph remonté
Soit ma peine éternelle, et que la gesne, entée
Au dedans de mon cœur, soit de mon cœur ostée.
Je souffre misérable, hélas ! je souffre plus
Qu'ils ne font tous ensemble aux infernaux palus.
O destin plein d'encombre ! ô misère fatale,
Tombant sans nostre faute aux hommes inégale !
Qu'ay-je fait contre vous, dites, Ciel punissant ?
Que vous puis-je avoir fait en mon âge innocent,
Quand je perdy mon Crasse ? et qu'ay-je fait encore
Pour avoir veu meurtrir mon Pompé, que je plore ?
Mais qu'ay-je fait d'horrible, hélas ! qu'ay-je commis
Pour te perdre, mon père, entre tes ennemis ?
Au moins, Ciel, permettez, permettez à ceste heure
Après la mort des miens que moymesme je meure.
Poussez-moy dans la tombe, ores que je ne puis,

Veufve de tout mon bien, recevoir plus d'ennuis,
Et que vous n'avez plus, m'ayant ravi mon père,
Ravi mes deux maris, sujet pour me déplaire.
Or toy (ô bien heureuse) à qui la douce mort
A faict, prenant ta vie, un salutaire effort,
Tu ne dois désormais, envieuse Julie [91],
Vanger d'un cœur jaloux ton tort sur Cornélie.
Mets fin à ton cholère, ombre sacrée, et voy
Quel malheur j'ay d'avoir, folle, entrepris sur toy.
Voy ma dure langueur. Possible l'ayant veuë
Tu seras de pitié toymesme toute esmeuë,
Et te repentiras (si tu n'as bien le cœur
Plus que d'une tigresse enyvré de rigueur)
D'avoir ton Adrastée [92] attisé si cruelle
Au cœur de ton César pour une faute telle,
Et par luy fait dresser tant de sanglants tombeaux,
Pour avoir ton espoux rallumé les flambeaux
De ta couche déserte, indignement jalouse
Contre l'heur usurpé d'une seconde espouse.

Le Chœur

Jamais y eut-il ville où la calamité
Fist si cruel séjour qu'ore en ceste Cité?
Fut jamais République, où le peuple on veit estre,
Fuyant la liberté, si désireux d'un maistre?

Cornélie

O dieux, qui de Carthage eustes jadis souci,
Par nos premiers ayeux destruitte sans mercy
Quand le destin, contraire aux phalanges d'Afrique,
Rua pieds contre mont sa belle République,
Que le fer impiteux abbatit à grand tas
Ses guerriers nourriçons envoyez au trespas,
Que ses palais dorez la flamme au pied tombèrent,
La mer rougit de sang, vos saincts temples fumèrent :
Ore, dieux afriquains, ore est venu le temps

Que de nous revengez devez estre contans,
Et contans les esprits de ces vieux capitaines,
Qui vaincus ont passé par les armes romaines,
Les Hannons, Amilcars, Asdrubals, et sur tous
Hannibal, qui rendit Thrasymène si roux.
Ores les mesmes champs, qui sous leurs corps gémirent,
Dessous les corps romains accravantez soupirent;
Nous empourprons leur terre, et allons immolant
Nos corps à leurs tombeaux, leur ruine égalant :
Et comme un Scipion renversa leur puissance,
Ils ont un Scipion dont ils prennent vengeance.

Le Chœur

Pleurons, ô troupe aimée, et qu'à jamais nos yeux
En nostre sein mourant découlent larmoyeux;
Pleurons, et de soupirs faisons grossir les nues;
Faisons l'air retentir de plaintes continues;
Battons-nous la poitrine, et que nos vestemens,
Deschirez par lambeaux, tesmoignent nos tourmens;
Que nos cheveux, retors d'une soigneuse cure,
Tombent de nostre chef flottans à l'avanture,
Sans richesse, sans art; que l'or qui jaunissoit,
De perles esclairé, loing de nos temps soit [93].

Cornélie

Las ! que feray-je plus ? O mes compagnes chères,
Vivray-je, hélas, vivray-je, en ces douleurs amères,
Veufve de mes espoux, de mon père, et du bien
Qu'avoit en liberté mon lignage ancien ?
Las ! me faudra-t-il voir la maison de Pompée,
Maison de tant d'honneur, par Antoine occupée ?
Voir les beaux ornemens que le monde soubmis
Luy avoit amassez orner ses ennemis ?
Vendre sous une pique [94], et voir mettre en criées
De mille nations les richesses triées ?
Meurs plustost, Cornélie : et pour nourrir ton corps

Ne fay que ces deux chefs en vain paroissent morts :
Qu'on ne trionfe d'eux en éternel diffame,
Sur toy, fille de l'un et de l'autre la femme.
Mais, las ! si je trespasse ains que d'avoir logé
Dans un sombre tombeau mon père submergé,
Qui en prendra la cure ? iront ses membres vagues
A jamais tourmentez par les meurtrières vagues ?
Mon père, je vivray; je vivray, mon espoux,
Pour faire vos tombeaux, et pour pleurer sur vous
Languissante, chétive, et de mes pleurs fumeuses
Baigner plaintivement vos cendres généreuses :
Puis, sans humeur, sans force, emplissant de sanglots
Les vases bien-heureux qui vous tiendront enclos,
Je vomiray ma vie et tombant, légère ombre,
Des esprits de là bas j'iray croistre le nombre.

MARC-ANTOINE

TRAGÉDIE

A MONSEIGNEUR DE PIBRAC [95],

Conseiller du Roy en son privé Conseil,
Président en sa Cour de Parlement,
et Chancelier de Monsieur, frère de Sa Majesté

A qui doy-je plus justement présenter de mes poëmes qu'à vous, Monseigneur, qui les avez le premier de tous favorisez, leur donnant hardiesse de sortir en public, et qui vous mesmes, nous traçant le chemin de Piérie, y allez souvent chanter des vers, dont la nombreuse perfection et saincte majesté ravit nos esprits, estonnez d'ouir de si doctes merveilles ? Mais sur tout, à qui mieux qu'à vous se doivent addresser les représentations tragiques des guerres civiles de Rome, qui avez en telle horreur nos dissentions domestiques et les malheureux troubles de ce Royaume, aujourd'huy despouillé de son ancienne splendeur et de la révérable majesté de nos Rois, prophanée par tumultueuses rébellions ? Pour ces causes, Monseigneur, et à fin de conjouir avec toute la France de la nouvelle dignité dont nostre bon Roy a n'aguères, pour le bien de son peuple et ornement de sa Justice, libéralement décoré vostre vertu, je vous consacre ce Marc-Antoine, chargé de son autheur de s'aller très-humblement présenter à vos yeux, et vous dire que s'il a (comme j'espère) cest honneur de vous estre agréable, il ne craindra d'aller cy après la teste levée par tout, asseuré

de ne trouver sous vostre nom que bon et honorable recueil
de tout le monde, et que les autres ouvrages qui viennent
après, encouragez de ceste faveur, se hasteront de voir
le jour, pour marcher en toute hardiesse sur le théâtre
françois, que vous m'avez jadis fait animer au bord de vostre
Garomne.

Vostre affectionné serviteur,
ROBERT GARNIER.

Quid magna parvis extenuem modis?
  Grande ac recens, et non alio prius
  Dictum ore, Garnieri, tragœdæ
  Prime lyræ arbiter, intonasti.
Quod, prisca scenæ si redeat fides,
  Mirè obstupescet : quodque nepotibus
  Aut assequi, aut posse æmulari
  Maximè opimus erit triumphus.
Sed parce paulùm, parce cruoribus
  Et cæde scenam spargere, quam furor
  Æstusque Atridarum, et libido
  Imperiosa malis fatigant.
Quin blandiori tu potius modo
  Pandis, jocosæ nomine Martiæ,
  Illos quibus te occidit ignes,
  Et quibus invicem eam trucidas.
Non, si minaci mobilior freto,
  Quas provocavit nunc refugit preces,
  Sic olim erit : vindex dolosæ
  Mentis Amor, tacito elaborat
Ævo insolentes ferre animos jugum.
  Perge hos calores : Martia jam sua
  Te merce, Garnieri, beabit :
  Jam fugæ eam piget et morarum :

Et quæ canoris percutit in jugis
  Potentum acerbas Melpomene vices
  Blandum novo applaudens furori ;
  En, tibi Calliopen maritat.
Functum cothurno, inquit, tibi habe, soror,
  Garnierium ac orna : hic numeris tuas
  Absolvet artes, Cypriamque
  Myrtum aliis nimium invidebit.

                                        P. Amyus.

Ejusdem ad eumdem Anagramma

Macte cothurnatis, Garnieri vivide, Musis :
  Nondum regna suas sat didicere vices.
Heu quantas tibi maturant tua secula lauros,
  Qui vanis terror regibus [96] *esse potes.*

                                        P. Amyus [97].

SONNET

Augure, tu chantois une grand' piperie
  Au Macédonien, vainqueur de l'Oriant,
  Quand d'un sort desguisé tu allois variant
  La volonté des dieux pour son Alexandrie.
La troupe des oiseaux en présage nourrie
  Annonçoit bien alors un signal plus riant :
  C'est qu'un Pair estranger iroit s'appariant
  Un jour dans ces lieux noirs, rougis par sa turie.
Et plus : qu'encore en fin un cygne aonien
  Par ses vers animez du chant méonien
  Repuiseroit le sang de sa playe à outrance.
C'est toy, qui de Sophocle ayant seul hérité,
  Toy, toy, robert garnier, manceau de la ferté,
  Reviens morte braver la tragédie en france.

                    Pasch. Robin du Faux, Angevin [98].

Malgré du Temps le perdurable cours,
Ton nom, caché dedans l'onde oublieuse,
Reflorira, Cléopâtre amoureuse,
Ayant Garnier chantre de tes amours.

FRANÇOISE HUBERT [99].

ARGUMENT

Après la desfaicte de Brute et de Cassie près la ville de Philippes, où la liberté romaine rendit les derniers souspirs, M. Antoine, ayant traversé és provinces d'Asie, fut tellement espris de la singulière beauté de Cléopâtre, roine d'Égypte, arrivée en Cilice en royale magnificence, que sans avoir souci des affaires de Rome et de la guerre des Parthes qu'il avoit sur les bras, il se laissa par elle conduire en sa ville d'Alexandrie, où il passa le temps en toutes espèces de délices et amoureux esbatemens. Et bien qu'après la mort de sa femme Fulvie il eust espousé Octavie, sœur du jeune César, belle et vertueuse dame à merveilles, et qu'il eust desjà eu d'elle de beaux enfans ce néantmoins l'amour de ceste royne avoit tant gaigné et fait de si profondes brèches en son cœur, qu'il ne s'en peut retirer : d'où César print occasion de s'offenser et de luy faire guerre. Ils se rencontrèrent avec toutes leurs forces en bataille navale près le chef d'Actie, où M. Antoine, ayant, sur l'ardeur du combat, descouvert sa dame (dont il s'estoit lors accompagné) faire voile et se mettre en fuite avec soixante vaisseaux qu'elle conduisoit, fut si transporté d'entendement, qu'il se tira soudain du milieu de sa flotte, et se meist honteusement à la suyvre, abandonnant ses gens, qui, après quelque devoir, furent mis en route et contraints pour la pluspart de se rendre au vainqueur. Il se retira avec elle en Alexandrie, où César le poursuivit sur le renouveau. Il alla camper tout joignant les murailles de la ville et y assiégea Antoine : qui après quelques braves sorties, se voyant

abandonné de ses gens, qui s'alloyent journellement et à
la file rendre à César, eut quelque imagination sur Cléopâtre
qu'elle s'entendist avec luy pour le ruiner, et par sa ruine
moyenner son accord. Parquoy elle, redoutant sa fureur et
désespoir, se retira avec deux de ses femmes dedans le
monument qu'elle avoit fait superbement bastir. Puis
envoya luy dire qu'elle estoit morte. Ce qu'il creut tellement, qu'après quelques regrets il commanda à un sien serviteur de le tuer : lequel ayant prins l'espée, et s'en estant
donné dedans le corps, tomba mort aux pieds de son maistre,
qui la relevant, se la planta dedans le ventre, dont toutesfois il ne mourut sur l'heure : ainsi s'estant jetté sur un lict,
et luy ayant esté annoncé que Cléopâtre vivoit, se fist
porter vers elle jusque à la porte du sépulchre, qui ne luy
fut ouverte ; seulement elle jetta quelques chaisnes et cor-
dages par les fenestres, où l'on l'empaqueta demy mort.
Et ainsi fut tiré tout sanglant par Cléopâtre et ses deux
femmes, puis couché honorablement sur un lict, et ensé-
pulturé. Ce pendant l'un des gardes d'Antoine ayant reserré
l'espée après qu'il s'en fut frappé, la porta, toute saigneuse
comme elle estoit, à César, avec les nouvelles de sa mort.
Voylà le sujet de ceste tragédie, amplement discouru par
Plutarque en la Vie d'Antoine, et au 51e livre de Dion.

ACTEURS

Marc-Antoine.

Philostrate, *Philosophe* [100].

Cléopatre.

Charmion. \
Éras. } *Femmes d'honneur de Cléopâtre.*

Diomède, *Secrétaire de Cléopâtre.*

Lucile, *Amy d'Antoine.*

Octave César.

Agrippe, *Amy de César.*

Euphron, *Gouverneur des enfans de Cléopâtre.*

Les enfans de Cléopatre.

Dircet, *Archer des gardes d'Antoine.*

Le Chœur d'Égyptiens.

Le Chœur des soldars de César.

MARC-ANTOINE

ACTE PREMIER

Marc-Antoine

Puisque le ciel cruel encontre moy s'obstine,
Puisque tous les malheurs de la ronde machine
Conspirent contre moy, que les hommes, les dieux,
L'air, la terre et la mer me sont injurieux,
Et que ma royne mesme en qui je soulois vivre,
Idole de mon cœur, s'est mise à me poursuivre,
Il me convient mourir. J'ay pour elle quitté
Mon païs, et César à la guerre incité,
Vengeant l'injure faicte à sa sœur, mon espouse,
Dont Cléopâtre estoit à mon malheur jalouse;
J'ay mis pour l'amour d'elle, en ses blandices pris,
Ma vie à l'abandon, mon honneur à mespris,
Mes amis dédaignez, l'empire vénérable
De ma grande Cité dévestu misérable,
Dédaigné le pouvoir qui me rendoit si craint,
Esclave devenu de son visage feint.
Inhumaine, traistresse, ingrate entre les femmes,
Tu trompes, parjurant, et ma vie et mes flammes,
Et me livres, mal-sage, à mes fiers ennemis,
Qui bien tost puniront ton parjure commis.
Tu as rendu Péluse, abord à ceste terre,
Rendu tous mes vaisseaux et mes hommes de guerre,
Si que je n'ay plus rien, tant je suis délaissé,
Que ces armes icy, que je porte endossé.

Tu les deusses avoir, pour despouillé me rendre
En la main de César sans me pouvoir défendre.
Car tant qu'elles seront en ma main, que César
Ne me pense mener trionfé dans un char.
Non, que César ne pense orner de moy sa gloire.
Et dessur moy vivant exercer sa victoire.
Toy seule, Cléopâtre, as trionfé de moy ;
Toy seule as ma franchise asservy sous ta loy ;
Toy seule m'as vaincu, m'as domté, non de force,
(On ne me force point) mais par la douce amorce
Des grâces de tes yeux, qui gaignèrent si bien
Dessur ma liberté, qu'il ne m'en resta rien.
Nul autre désormais que toy, ma chère roine,
Ne se glorifiera de commander Antoine.
Ait César la fortune, et tous les dieux amis
Luy ayent Jupiter, et les destins promis
Le sceptre de la terre : il n'aura la puissance
De soumettre ma vie à son obéissance.
Mais après que la mort, mon courageux recours,
De mon instable vie aura borné le cours,
Et que mon corps glacé, sous une froide lame,
Dans le sein d'un tombeau sera veuf de son âme,
Alors tant qu'il voudra l'assugétisse à soy ;
Alors ce qu'il voudra César face de moy ;
Me face démembrer pièce à pièce, me face
Inhumer dans les flancs d'une louve de Thrace.
O misérable Antoine ! hé ! que te fut le jour,
Le jour malencontreux que te gaigna l'amour !
Pauvre Antoine, dès l'heure, une palle Mégère,
Crineuse de serpens, encorda ta misère !
Le feu qui te brusla n'estoit de Cupidon,
(Car Cupidon ne porte un si mortel brandon)
Ainçois d'une Furie, ains le brandon qu'Atride
Sentit jadis brusler son âme parricide,
Quand errant forcené la rage dans le sang,
Il fuyoit son forfait qui luy pressoit le flanc,

Empreint en sa moüelle, et le fantôme palle
De sa mère, sortant de l'onde stygiale.
Antoine, pauvre Antoine, hélas ! dès ce jour-là,
Ton ancien bon-heur de toy se recula;
Ta vertu devint morte, et ta gloire animée
De tant de faicts guerriers se perdit en fumée.
Dès l'heure, les lauriers, à ton front si connus,
Mesprisez, firent place aux myrtes de Vénus,
La trompette aux hauts-bois, les piques et les lances,
Les harnois esclatans aux festins et aux dances.
Dès l'heure, misérable ! au lieu que tu devois
Faire guerre sanglante aux Arsacides rois,
Vengeant l'honneur romain, que la route de Crasse
Avoit désembelly, tu quittes la cuirasse
Et l'armet effroyant, pour d'un courage mol
Courir à Cléopâtre, et te pendre à son col,
Languir entre ses bras, t'en faire l'idolâtre :
Bref, tu soumets ta vie aux yeux de Cléopâtre.
Tu t'arraches en fin, comme un homme charmé
S'arrache à l'enchanteur qui le tient enfermé
Par un forçable sort : car ta raison première,
Débrouillant les poisons de ta belle sorcière,
Reguarit ton esprit : et lors de toutes pars
Tu fais refourmiller la terre de soudars;
L'Asie en est couverte, et jà l'Eufrate tremble,
De voir dessur son bord tant de Romains ensemble
Souffler l'horreur, la rage, et d'un œil menaçant
Aller à gros scadrons ses ondes traversant.
On ne voit que chevaux, qu'armes estincelantes,
On n'oit qu'un son hideux de troupes frémissantes;
Le Parthe et le Médois abandonnent leurs biens,
Et se cachent, peureux, aux monts hyrcaniens,
Redoutant ta puissance : adonc te prend envie
D'assiéger la grand' Phraate, honneur de la Médie;
Tu campes à ses murs, que tu assaus sans fruit,
Pour n'y avoir (malheur !) tes machines conduit.

Tandis tu fais séjour, tandis tu te reposes,
Et tandis ton amour, nourry de telles choses,
Se refait, se reforme, et peu à peu reprend
Sa puissance première et redevient plus grand,
De ta royne les yeux, les grâces, les blandices,
Les douceurs, les attraits, amoureuses délices,
Rentrent dedans ton âme, et de jour et de nuit,
Veillant ou sommeillant, son idole te suit.
Tu ne songes qu'en elle, et te repens sans cesse
D'avoir pour guerroyer laissé telle Déesse.
Des Parthes tu n'a plus ny de leurs arcs souci,
D'escarmouches, d'assauts, ne d'allarmes aussi,
De fossez, de rampars, de gardes, ne de rondes :
Tu ne veux que revoir les canopides ondes,
Et le visage aimé, dont le semblant moqueur,
Errant en ta moüelle, envenime ton cœur.
Son absence t'affole, et chaque heure, et chaque heure
Te semble, impatient, d'un siècle la demeure.
Assez tu penses vaincre, avoir du los assez,
Si bien tost tu revois les sillons hérissez
De l'Égypte féconde, et sa rive estrangère
Que ta royne, autre Phar', de ses beaux yeux esclaire.
Te voylà de retour, sans gloire, mesprisé,
Lascivement vivant d'une femme abusé,
Croupissant en ta fange : et ce pendant n'as cure
De ta femme Octavie et de sa géniture,
De qui le long mespris aiguise contre toy
Les armes de César, qui te donnent la loy.
Tu pers ton grand empire, et tant de citez belles,
Qui vénéroyent ton nom, t'abandonnent rebelles,
S'élèvent contre toy, suivant les estandars
De César, qui vainqueur t'enclost de toutes pars,
T'enferme dans ta ville, où à peine es-tu maistre
De toy, qui le soulois de tant de peuples estre.
Mais encor', mais encor', ce qui t'est le plus grief,
Et de tous les méchefs le suprême méchef,

Hélas! c'est Cléopâtre, hélas! hélas! c'est elle,
C'est elle qui te rend ta peine plus cruelle,
Trahissant ton amour, ta vie trahissant,
Pour complaire à César qu'elle va chérissant,
Pensant garder son sceptre, et rendre la Fortune
Adversaire à toy seul, qui doit estre commune.
Si l'aymé-je tousjours, et le premier flambeau
De sa meurtrière amour m'ardra dans le tombeau.
Bien d'elle je me plains de ne m'estre loyale,
Et de n'avoir constance à ma constance égale,
Consolant mon malheur, et ne me desprisant
Non plus que quand le Ciel m'alloit favorisant.
Mais quoy? le naturel des femmes est volage,
Et à chaque moment se change leur courage.
Bien fol qui s'y abuse, et qui de loyauté
Pense jamais trouver compagne une beauté.

Chœur

    Tousjours la tempeste bruyante
Les vagues ne fait escumer;
Tousjours Aquilon ne tourmente
Le repos de l'ondeuse mer;
Tousjours du marchand, qui traverse
Pour le prouffit jusqu'au Levant,
Le navire creux ne renverse
Sous le flot agité du vent.

    Tousjours Jupiter ne desserre,
Animé de sanglant courroux,
Les traits flambants de son tonnerre
Contre les rocs et contre nous;
Tousjours l'ardant Esté ne dure
Sur le sein des champs endurci,
Et tousjours la gourde froidure
Ne les endurcist pas aussi.

    Mais tousjours, tandis que nous sommes
En ce bas monde séjournant,

Les malheurs, compagnons des hommes,
Vont nostre vie entretenant;
Les adversitez éternelles
Se perchent dessur nostre chef,
Et ne s'en vont point qu'au lieu d'elles
Ne survienne un plus grand méchef.

   Nature en naissant nous fait estre
Sugets à les souffrir tousjours;
Comme nous commençons à naistre,
A naistre commencent leurs cours,
Et croissant nostre mortel âge,
Ces malheurs avec nous croissant
Nous vont tenaillant davantage
Et davantage tirassant.

   De rien les grandeurs passagères
N'y servent : car plus elles sont
Superbes, et plus les misères
A l'encontre lèvent le front.
Aux couronnes elles s'attachent,
Les menaçant, et maintefois
De grande fureur les arrachent
Du chef tyrannique des rois.

   En vain par les ondes segrettes
Nous irons pour les éviter,
Aux Scythes et aux Massagètes,
Loin sur le Borée habiter;
En vain sur les plaines bouillantes
Où Phébus lance ses rayons :
Tousjours nous les aurons présentes
En quelque part que nous soyons.

   Les ténèbres plus obstinées
Ne joignent la pesante nuict,
La clairté dorant les journées
De plus près le soleil ne suit,
Et ne suit plus opiniâtre
L'ombre légère un corps mouvant,

Que le malheur pour nous abatre
Sans cesse nous va poursuivant.

Heureux qui jamais n'eut de vie,
Ou que la mort dès le berceau
Luy a, pitoyable, ravie,
L'emmaillotant dans le tombeau.
Heureux encore en sa misère,
Qui le cours d'une vie usant
Loin des Princes se va retraire,
Et leurs charges va refusant.

Pour avoir le caut Prométhée
Par fraude prins le sacré feu,
Des grands dieux la dextre irritée
A le tas des malheurs esmeu,
Et des tremblantes maladies,
Qui vont avançant nostre fin,
Pour punir nos mains trop hardies
De faire un céleste larcin.

Tousjours depuis la race humaine,
Odieuse au ciel, n'a cessé
De porter la poitrine pleine
De mal l'un sur l'autre entassé ;
Maintenant le malheur espine
De mille et mille afflictions
Nostre âme, qui toute divine
Vivoit franche de passions.

Les guerres et leur suitte amère
Font icy de long temps séjour,
Et la crainte de l'adversaire
Augmente en nos cœurs nuict et jour.
Nostre malheur tousjours empire :
Moindre estoit hier nostre ennuy
Qu'ores, et demain sera pire
Que n'est encores ce jourdhuy.

ACTE II

Philostrate

Quelle horrible Mégère, enragément cruelle,
Ore à si grande outrance, Égypte, te bourrelle?
As-tu tant irrité les dieux par ton forfait?
As-tu commis contre eux un si coupable faict,
Que leur main rougissante, en menaces levée,
Vueille estre dans ton sang meurtrièrement lavée,
Et leur bruslant courroux, qui ne s'appaise point,
Nous aille sans pitié foudroyer de tout poinct?
Nous ne sommes issus de la monstreuse masse
Des Géans conjurez, ne sortis de la race
Du languard Ixion, en faux amours menteur :
Ny du fier Salmoné, de vains foudres auteur :
Ny du cruel Tantal', ny d'Atré, dont la table
Fut tant, pour se venger, à Thyeste exécrable,
Et au luisant Soleil, qui voyant tel repas,
De l'horreur qu'il en eut retourna sur ses pas,
Et de ses limonniers hastant la course pronte,
Alla fondre en la mer et s'y cacha de honte :
A l'heure la nuit sombre au monde s'espandit,
Et sa robe estoilée en plein jour estendit.
Mais quoy que nous soyons, et quelques maléfices
Que nous ayons commis, hélas! de quels supplices
Et plus aigres tourmens peuvent monstrer les dieux
A la terre et au ciel qu'ils nous ont odieux?
De soudars estrangers, horribles en leurs armes,
Nostre terre est couverte, et nos peuples de larmes :
Rien que d'effroy, d'horreur on ne voit entre nous,
Et la présente mort nous marchande à tous coups.
Nostre ennemy vainqueur est au port et aux portes;
Nostre cœur est failli, nos espérances mortes;
Nostre royne lamente, et ce grand empereur,

Jadis (que fust-il tel!) des hommes la terreur,
Abandonné, trahy, n'a plus autre pensée
Que d'étouffer son mal d'une mort avancée;
Et nous peuple imbécile, en continus regrets,
Soupirons, larmoyons dans les temples sacrez
De l'argolique Isis, non plus pour nous défendre,
Mais pour mollir César, et piteux nous le rendre,
Qui serons son butin, à fin que sa bonté
Nostre mort convertisse en la captivité.

O qu'estrange est le mal où le destin nous range!
Mais, hélas! que la cause est encor plus estrange!
Un amour, un amour (las! qui l'eust jamais creu!)
A perdu ce royaume, embrasé de son feu!
Amour dont on se joue, et qu'on dit ne s'esprendre
Que dans nos tendres cœurs, met nos villes en cendre,
Et ses traits doucereux, qui ne meurtrissent pas,
Qui n'ulcèrent aucun, nous comblent de trespas.

Tel fut l'horrible amour, sanglant et homicide,
Qui glissa dans ton cœur, bel hoste priamide,
T'embrasant d'un flambeau, qui fist ardre depuis
Les pergames Troyens, par la Grèce destruits!
De cet amour, Priam, Sarpédon, et Troïle,
Glauque, Hector, Deïphobe, et mille autres, et mille
Que le roux Simoïs, bruyant sous tant de corps,
A poussé dans la mer, devant leurs jours sont morts :
Tant il est pestilent, tant il esmeut d'orages,
Tant il ard de citez, tant il fait de carnages,
Quand sans reigle, sans ordre, insolent, aveuglé,
Nos sens il entretient d'un plaisir déreiglé.

Les dieux tout cognoissans ont prédit nos désastres
Par signes en la terre et par signes aux astres,
Qui nous devoyent mouvoir, si la Fatalité
N'eust, indomtable, ourdy nostre calamité.
Les comètes flambans par le travers des nues,
A grands rayons de feu, comme tresses crinues,
L'effroyable Dragon aux rivages sublant,

Et nostre sainct Apis incessamment beuglant
N'aguères avons veu, ses larmes continues,
Le sang tombant du ciel en pluyes incognues,
Les images des dieux au front morne d'ennuis,
Et les esprits des morts apparoissans les nuicts :
Et ceste nuict encore, estant toute la ville
Pleine d'effroy, d'horreur, et de crainte servile,
Le silence par tout, avons ouy les sons
De divers instrumens et diverses chansons
Par le vague de l'air, et le bruit des caroles
Telles qu'à Nyse font les Edonides folles
Aux festes de Bacchus, et sembloit que ce chœur
La ville abandonnast pour se rendre au vaincueur [101].
Ainsi sommes laissez et des dieux et des hommes,
Ainsi sous la merci des ennemis nous sommes,
Et nous faut désormais suivre les volontez
Et les lois de celuy qui nous a surmontez [102].

Chœur [103]

Il nous faut plorer nos malheurs,
Il nous faut les noyer de pleurs.
　Les malheurs que l'on pleure
Reçoivent quelque allègement,
Et ne donnent tant de tourment
　Comme ils font tout à l'heure.
Il nous faut la triste chanson,
Dont accoise son marriçon
　La gente Philomèle,
Lamentant au doux renouveau,
Dessur un verdissant rameau,
　Son antique querèle.
Et nous faut le funèbre chant
Dont va ses douleurs relaschant
　Sur l'onde ismarienne
Le jazard daulien oiseau,
Pour avoir esté le bourreau

D'Itys, la race sienne.
Bien que les ondeux alcyons
Chantent tousjours leurs passions
　　Et leur Ceyque pleurent,
Dont les membres dessous les flots
De l'impiteuse mer enclos
　　Pour tout jamais demeurent,
Et bien que l'oiseau, qui mourant
Va si doucement soupirant
　　Aux rives de Méandre,
Amollisse presque le cueur
De la mort pleine de rigueur,
　　Qui venoit pour le prendre :
Si est-ce que leur lamenter
Ne peut nos douleurs contenter;
　　Toutes leurs dures plaintes
Ne suffisent à déplorer
Ce qu'il nous convient endurer
　　En nos âmes contraintes.
Ny les phaëthontides sœurs
Nous peuvent égaler ès pleurs
　　Qu'ils versent pour leur frère
Tombé dans le fleuve Éridan,
Du beau char compasseur de l'an
　　Conducteur téméraire,
Ny celle que les puissans dieux
Ont tournée en roc larmoyeux,
　　Qui sans cesse distile :
Faisant voir encor sa langueur
Par une pleureuse liqueur
　　Sur le mont de Sipyle,
Ny les larmes qu'on va serrant
De l'arbre, qui pleure odorant
　　Le diffame de Myrrhe :
Qui pour ses ardeurs contenter
Osa l'embrassement tenter

De son père Cinyre.
Ny tous les hurlemens que font
Sur Dindyme, le sacré mont,
Les chastrez de Cybèle,
Appellans, de fureur troublez,
Atys, en longs cris redoublez,
Que la forest recèle.
Nos regrets ne sont limitez,
Non plus que nos adversitez,
Qui n'ont point de mesure.
Que ceux lamentent par compas,
Qui telles misères n'ont pas
Que celles que j'endure.

CLÉOPATRE, ÉRAS, CHARMION, DIOMÈDE

Cléopatre

Que je t'aye trahi, cher Antoine, ma vie,
Mon âme, mon soleil ? que j'aye ceste envie ?
Que je t'aye trahi, mon cher seigneur, mon roy ?
Que je t'aye jamais voulu rompre la foy ?
Te quitter, te tromper, te livrer à la rage
De ton fort ennemi ? que j'aye ce courage ?
Plustost un foudre aigu me poudroye le chef,
Plustost puissé-je choir en extrême méchef,
Plustost la terre s'ouvre et mon corps engloutisse,
Plustost un tigre glout de ma chair se nourrisse,
Et plustost et plustost sorte de nostre Nil,
Pour me dévorer vive, un larmeux crocodil.
Tu as donc estimé que mon âme royale
Ait couvé pour te prendre une amour desloyale ?
Et que, changeant de cœur avec l'instable sort,
Je te vueille laisser pour me rendre au plus fort ?
O pauvrette ! ô chétive ! ô Fortune sévère !
Et ne portoy-je assez de cruelle misère,

Mon royaume perdant, perdant la liberté,
Ma tendre géniture, et la douce clairté
Du rayonnant soleil, et te perdant encore,
Antoine, mon souci, si je ne perdois ore
Ce qui me restoit plus? las! c'estoit ton amour,
Plus cher que sceptre, enfans, la liberté, le jour.
Ainsi preste de voir la carontide nasse,
Je n'auray ce plaisir de mourir en ta grâce;
Ainsi le seul confort de ma calamité,
D'avoir mesme sépulcre avec toy, m'est osté;
Ainsi je plaindray seule en l'ombreuse campagne,
Et, comme j'espérois, ne te seray compagne.
O suprême malheur!

Éras

     Pourquoy vos maux cruels
Allez-vous aigrissant de cris continuels?
Pourquoy vous gesnez-vous de meurdrissantes plaintes?
Pourquoy vous donnez-vous tant de dures estraintes?
Pourquoy ce bel albastre arrousez-vous de pleurs?
Pourquoy tant de beautez navrez-vous de douleurs?
Race de tant de rois, n'avez-vous le courage
Assez brave, assez fort pour domter cet orage?

Cléopatre

Mes maux sont indomtez, et nul humain effort
Ne les sçauroit combatre; il n'y a que la mort.

Charmion

Il n'est rien impossible à celuy qui s'efforce.

Cléopatre

L'espoir de mes malheurs ne gist plus en la force.

Charmion

Il n'est rien que ne domte une aimable beauté.

Cléopatre

Ma beauté trop aimable est nostre adversité :
Ma beauté vous renverse et accable de sorte
Que César sa victoire à bon droit luy rapporte.
Aussi fut elle cause et qu'Antoine perdit
Une armée, et que l'autre entière se rendit,
Ne pouvant supporter (tant son âme amoureuse
Ardoit de ma beauté) ma fuitte vergongneuse :
Ains comme il apperceut, du rang où il estoit
Vaillamment combatant, ma flotte qui partoit,
Oublieux de sa charge, et comme si son âme
Eust esté attachée à celle de sa dame,
Abandonna ses gens, qui d'un si brave cœur
Leur vie abandonnoyent pour le rendre vaincueur,
Et sans souci de gloire et de perte d'armées,
Suivit de son vaisseau mes galères ramées,
Se faisant compagnon de ma route, et blessant
Par un si lasche faict son renom florissant.

Éras

Estes-vous pour cela cause de sa desfaitte ?

Cléopatre

J'en suis la seule cause, et seule je l'ay faitte.

Éras

La frayeur d'une femme a troublé son esprit.

Cléopatre

Le feu de son amour par ma frayeur s'asprit.

Éras

Et devoit-il mener à la guerre une royne ?

CLÉOPATRE

Hélas ! ce fut ma faute, et non celle d'Antoine !
Antoine (hé ! qui fut oncq' capitaine si preux ?)
Ne vouloit que j'entrasse en mes navires creux,
Compagne de sa flotte, ains me laissoit peureuse
Loin du commun hazard de la guerre douteuse.
Las ! que l'eussé-je creu ! tout l'empire romain
Maintenant, maintenant ployroit sous nostre main [104] :
Tout nous obéiroit, les vagabons Sarmates,
Les Germains redoutez, les sagétaires Parthes,
Les Numides errans et les peuples brulez
Des rayons du soleil, les Bretons reculez.
Mais, las ! je n'en fis conte, ayant l'âme saisie,
A mon tresgrand malheur, d'ardente jalousie,
Par-ce que je craignois que mon Antoine absent
Reprint son Octavie et m'allast délaissant.

CHARMION

Telle estoit la rigueur de vostre destinée.

CLÉOPATRE

Telle estoit mon erreur et ma crainte obstinée.

CHARMION

Mais qu'y eussiés-vous fait s'il ne plaisoit aux dieus ?

CLÉOPATRE

Les dieux sont tousjours bons, et non pernicieus.

CHARMION

N'ont-ils pas tout pouvoir sur les choses humaines ?

CLÉOPATRE

Ils ne s'abaissent pas aux affaires mondaines,
Ains laissent aux mortels disposer librement
De ce qui est mortel dessous le firmament.

Que si nous commettons en cela quelques fautes,
Il ne faut nous en prendre à leurs majestez hautes,
Mais à nous seulement, qui par nos passions
Journellement tombons en mille afflictions.
Puis quand nous en sentons nos âmes espinées,
Nous flattant, disons lors que ce sont destinées,
Que les dieux l'ont voulu, et que nostre souci
Ne pouvoit empescher qu'il n'en advint ainsi.

CHARMION

Les choses d'ici bas sont au ciel ordonnées
Auparavant que d'estre entre les hommes nées,
Et ne peut destourner nostre imbécilité
L'inviolable cours de la fatalité.
La force, la raison, la prévoyance humaine,
La piété dévote et la race y est vaine,
Et mesme Jupiter, modérateur des cieux,
Qui souverain commande aux hommes et aux dieux,
Bien qu'il soit tout puissant, que la terre féconde,
Nostre ferme séjour, l'air nuageux et l'onde
Meuve au clin de ses yeux, ne sçauroit toutefois
De ces fatalitez rompre les dures lois.
Quand les murs d'Ilion, ouvrage de Neptune,
Eurent les Grecs au pied, et que de la Fortune
Douteuse par dix ans la roue ore tournoit
Vers leurs tentes, et ore aux Troyens retournoit [105],
Cent et cent fois souffla la force et le courage
Dans les veines d'Hector, l'asprissant au carnage
Des ennemis batus, qui fuyoyent à ses coups,
Comme moutons peureux aux approches des loups,
Pour sauver (mais en vain, car il n'y peut que faire)
Les pauvres murs troyens de la rage adversaire,
Qui les teignit de sang, et par terre jettez
Les chargea flamboyans de corps ensanglantez.
Non, Madame, croyez que si le sceptre antique
De vos ayeux régnans sur l'onde canopique

Vous est de force osté, c'est le vouloir des dieux,
Qui ont souventefois les princes odieux.
Ils ont à toute chose une fin ordonnée ;
Toute grandeur du monde est par eux terminée,
L'une tost, l'autre tard, selon comme il leur plaist,
Et personne ne peut enfreindre leur arrest.
Mais qui plus est encor, à nous, langoureux hommes,
Qui sugets par sur tout de leurs volontez sommes,
N'est cogneu ce destin, et vivans ne sçavons
Combien ne comment vivre au monde nous devons.
Si ne faut-il pourtant d'un désespoir se paistre,
Et se rendre chétif auparavant que l'estre.
Il faut bien espérer jusques au dernier poinct,
Et faire que de nous le mal ne vienne point.
Aidez-vous donc, Madame, et quittez de bonne heure
D'Antoine le malheur, de peur qu'il vous malheure ;
Retirez-vous de luy, pour sauver du courroux
De César irrité vostre royaume et vous.
Vous le voyez perdu, sans que vostre alliance
Puisse plus apporter à son mal d'allégeance ;
Vous le voyez perdu, sans que vostre support
Luy puisse désormais donner aucun confort.
Tirez-vous de l'orage, et n'allez de vous mesme
Perdre en vous obstinant ce royal diadème :
Recourez à César.

CLÉOPATRE

Plustost le jour qui luit
Obscur se couvrira du voile de la nuict ;
Plustost les flots moiteux de la mer orageuse
Vagueront dans le ciel, et la bande nuiteuse
Des estoiles luira dans l'écumeuse mer,
Que je te laisse, Antoine, au désastre abysmer.
Je te suivray par tout, soit que ton âme forte
Entretienne ton corps, ou que triste elle sorte,
Traversant l'Achéron, pour habiter les lieux
Destinez pour demeure aux hommes demy-dieux.

Vy, s'il te plaist, Antoine, ou meurs lassé de vivre ;
Tu verras, mort et vif, ta princesse te suyvre :
Te suyvre, et lamenter ton malheur importun,
Qui m'est, ainsi qu'estoit ton empire, commun.

Charmion

Que sert à son malheur cette amour éternelle ?

Cléopatre

Qu'elle serve, ou soit vaine, elle doit estre telle.

Éras

C'est mal fait de se perdre en ne profitant point.

Cléopatre

Ce n'est mal fait de suyvre un amy si conjoint.

Éras

Mais telle affection n'amoindrist pas sa peine.

Cléopatre

Sans telle affection je serois inhumaine.

Charmion

Inhumain est celuy qui se brasse la mort.

Cléopatre

Inhumain n'est celuy qui de misères sort.

Charmion
Vivez pour vos enfans.

Cléopatre
        Je mourray pour leur père.

Charmion
O mère rigoureuse !

Cléopatre

Espouse débonnaire !

Éras

Les voulez-vous priver du bien de leurs ayeux ?

Cléopatre

Les en privé-je ? non, c'est la rigueur des dieux.

Éras

N'est-ce pas les priver du bien héréditaire
Que le faire tomber en la main adversaire,
Craignant d'abandonner un homme abandonné,
Que tant de légions tiennent environné ?
D'abandonner un homme, à qui toute la terre
Bandée avec César fait outrageuse guerre ?

Cléopatre

Tant moins le faut laisser que tout est contre luy.
Un bon amy doit l'autre assister en ennuy.
Si lors qu'Antoine, orné de grandeur et de gloire,
Menoit ses légions dedans l'Euphrate boire,
Suivy de tant de rois que son nom redouté
S'élevoit triomfant jusques au ciel vouté,
Qu'il alloit disposant, maistre, à sa fantaisie,
Et du bien de la Grèce et du bien de l'Asie,
Et qu'en un tel bonheur je l'eusse esté changer
Pour César, l'on eust dit mon cœur estre léger,
Infidelle, inconstant : mais ore que l'orage,
Et les vents tempesteux luy donnent au visage,
Jà, jà prest d'abysmer, hélas ! que diroit-on ?
Que diroit-il luy mesme au logis de Pluton,
Si moy, qu'il a tousjours plus aimé que sa vie,
Si moy qui fus son cœur, qui fus sa chère amie,
Le quittois, l'estrangeois, et possible sans fruict,

Pour flatter laschement César qui le destruit?
Je ne serois volage, inconstante, infidelle,
Ains méchante, parjure, et traistrement cruelle.

CHARMION

Fuyant la cruauté vous l'exercez sur vous.

CLÉOPATRE

C'est pour ne l'exercer encontre mon espous.

CHARMION

L'affection première est à nous-mesmes deüe.

CLÉOPATRE

Mon espous est moymesme.

CHARMION

                Elle est puis estendue
Sur nos enfans, amis, et le terroir natal.
Et vous pour le respect d'un amour conjugal,
Encor' peu conjugal, perdez vostre patrie,
Vos enfans, vos amis et vostre propre vie :
Tant amour ensorcelle et trouble nos esprits !
Tant nous gaigne ce feu quand il est trop espris !
Aumoins si vostre mal emportoit son encombre.

CLÉOPATRE

Il le veut enfermer en un sépulcre sombre.

CHARMION

Et que telle qu'Alceste, inhumaine pour soy,
Le peussiez exempter de la mortelle loy :
Mais sa mort est certaine, et desjà son espée
Dedans son tiède sang est, peut estre, trempée,
Sans que vostre secours le puisse garantir
Des pointes de la mort, qu'il doit bien tost sentir.

Que vostre amour ressemble à l'amour ancienne
Que nourrit en son cœur la royne carienne,
Ardant de son Mausole : élevez un tombeau,
Qui de son orgueil face un miracle nouveau.
Faites luy, faites luy de riches funérailles ;
Faites graver autour l'horreur de ses batailles,
Un monceau d'ennemis sur la terre gisans ;
Pharsale y soit pourtrait, et les flots arrosans
Du profond Énipée, y soit l'herbeuse plaine
Qui logea son armée au siège de Modène ;
Y soyent tous ses combats, et ses faits courageux,
Et qu'à son los chaque an on célèbre des jeux ;
Honorez sa mémoire, et de soigneuse cure
Elevez, nourrissez vostre progéniture
Sous le gré de César, qui, prince généreux,
Leur permettra jouir de ce royaume heureux.

CLÉOPATRE

Quel blasme me seroit-ce ? hé, dieux ! quelle infamie,
D'avoir esté d'Antoine en son bon-heur amie,
Et le survivre mort, contente d'honorer
Un tombeau solitaire, et dessur luy plorer ?
Les races à venir justement pourroyent dire
Que je l'aurois aimé seulement pour l'empire,
Pour sa seule grandeur, et qu'en adversité
Je l'aurois méchamment pour un autre quitté :
Semblable à ces oiseaux, qui d'ailes passagères
Arrivent au printemps des terres estrangères,
Et vivent avec nous tandis que les chaleurs
Et leur pasture y sont, puis s'envolent ailleurs.
Et comme on voit aussi bavoler, importune,
De petits moucherons une tempeste brune
Sur un vin vendangé, qui dans la tonne boust,
Et n'en vouloir sortir tant qu'ils sentent le moust,
Puis se perdre dans l'air ainsi qu'une fumière,
Et n'apparoir plus rien de cette fourmillière.

ÉRAS

Mais quel profit rendra vostre cruel trespas?

CLÉOPATRE

Le gain ny le profit je ne demande pas.

ÉRAS

Quel los en aurez-vous de la race future?

CLÉOPATRE

De gloire ny de los je n'ay maintenant cure.

ÉRAS

Quel but en vostre mort devez-vous donc avoir?

CLÉOPATRE

Le seul but de ma mort sera le seul devoir.

ÉRAS

Il faut que le devoir sur quelque bien se fonde.

CLÉOPATRE

C'est dessur la vertu, le seul bien de ce monde.

ÉRAS

Quelle est ceste vertu?

CLÉOPATRE

Ce qui nous est décent.

ÉRAS

Décent de s'outrager, de s'aller meurdrissant?

CLÉOPATRE

J'esteindray mes ennuis d'une mort généreuse.

Charmion

Vous teindrez vostre los d'une mort furieuse.

Cléopatre

Compagnes, je vous pry', ne révoquez mes sens
De suivre mon Antoine aux Enfers pallissans.
Je mourray, je mourray : faut-il pas que sa vie,
Sa vie et sa mort soit de la mienne suyvie ?
Ce pendant vous vivrez, chères sœurs, et vivant,
Nos funèbres tombeaux honorerez souvent,
Y respandrez des fleurs, et quelquesfois, peut estre,
Le tendre souvenir d'Antoine, vostre maistre,
Et de moy misérable aux pleurs vous convira,
Et nos saintes amours vostre voix bénira.

Charmion

Madame, et pensez-vous de nous vouloir déjoindre ?
Pensez-vous que la mort sans nous vous aille poindre ?
Pensez-vous nous laisser, et qu'un mesme soleil
Mortes ne nous estende en un larmeux cercueil ?
Nous mourrons avec vous, et l'impiteuse Parque
Ensemble nous rendra dans l'infernale barque.

Cléopatre

Las ! vivez, je vous pry' ; le désastreux esmoy
Qui bourrelle mon cœur ne s'adresse qu'à moy.
Mon sort ne vous attouche, et pour vivre en servage,
N'encourrez comme moy ny honte ny dommage.
Vivez, mes sœurs, vivez : et par ce que je suis
Pour le soupçon d'Antoine en une mer d'ennuis,
Et que je ne puis vivre, or' que j'en eusse envie,
Et le pouvant, ne veux sortir de ceste vie
Veuve de son amour, Diomède, fay tant
Que contre moy chétive il ne s'aille irritant ;
Arrache de son cœur ce dommageable doute
Qu'il a conceu de moy dès le jour de sa route,

Bien qu'à tort. (J'en atteste et le beuglant Apis,
Et t'en atteste aussi, vénérable Anubis.)
Conte luy que mon âme, ardant impatiente
De son amour perdue, a, pour marque constante
De sa fidélité, laissé mon foible corps,
Et que j'accrois le nombre innombrable des morts.
Va donc, et s'il advient qu'encore il me regrette,
Et pour moy de son cœur un seul soupir il jette,
Je seray bien heureuse, et d'un cœur plus contant
Sortiray de ce monde où je me gesne tant.
Mais ce pendant entrons en ce sépulcre morne,
Attendant que la mort mes desplaisances borne.

Diomède

Je vous obéiray.

Cléopatre

Ainsi puissent les dieux
Récompenser un jour ton cœur officieux.

Diomède

Et n'est-ce pas pitié, bons dieux, ô dieux célestes!
De voir sourdre d'amour tant de choses funestes?
Et n'est-ce pas pitié, que ce mortel brandon
Renverse ainsi destruit tout l'honneur macédon?
Où sont ces doux attraits, et ces douces œillades
Qui des dieux eussent faict les poitrines malades?
Que fait cette beauté, rare présent des Cieux,
Merveille de la terre? hélas! que font ces yeux,
Et cette douce voix par l'Asie entendue,
Et par l'Afrique noire en déserts estendue?
N'ont-ils plus de pouvoir? est morte leur vertu?
Ne pourra par eux estre Octave combatu?
Las! et si Jupiter au milieu de son ire,
Le foudre dans la main pour un peuple destruire,
Avoit jetté ses yeux sur ma royne, soudain
Le foudre puisseur luy cherroit de la main;

Le feu de son courroux s'en iroit en fumée,
Et d'autre feu seroit sa poitrine allumée.
Rien ne vit de si beau; Nature semble avoir
Par un ouvrage tel surpassé son pouvoir;
Elle est toute céleste, et ne se voit personne
La voulant contempler qu'elle ne passionne.
L'albastre qui blanchist sur son visage saint
Et le vermeil coral qui ses deux lèvres peint,
La clairté de ses yeux, deux soleils de ce monde,
Le fin or rayonnant dessur sa tresse blonde,
Sa belle taille droitte, et ses frians attraits,
Ne sont que feux ardans, que cordes, et que traits.
Mais encor ce n'est rien auprès des artifices
De son esprit divin, ses mignardes blandices,
Sa majesté, sa grâce et sa forçante voix,
Soit qu'ell' la vueille joindre au parler de ses dois,
Ou que des rois sceptrez recevant les harangues,
Elle vueille respondre à chacun en leurs langues :
Toutesfois au besoin elle ne s'aide point
De toutes ces beautez, tant le malheur la poind,
Se plonge en la tristesse, et toute son estude
Est de plorer, gémir, chercher la solitude.
Il ne luy chaut de rien : ses cheveux sont espars,
Les rayons enchanteurs de ses meurtriers regars
Sont changez en ruisseaux que la douleur amasse,
Et tombant vont laver le marbre de sa face.
Son beau sein découvert luy sanglotte à tous coups,
Qu'inhumaine à soy mesme elle offense de coups.
Las ! c'est nostre malheur : car si au lieu de larmes
Ore elle avoit recours à ses amoureux charmes,
Pour se rendre César serf de ses volontez,
(Comme elle pourroit bien usant de ses beautez)
Nous serions garantis du mal qui nous menace,
Et le sceptre asseuré pour elle et pour sa race.
O malheureux celuy qui se peut secourir,
Et faute de secours se va laissant mourir !

Chœur

O douce terre fertile
Où le soleil anima
Le premier homme d'argile,
Que le Nil bourbeux forma :
Où les sciences premières,
Nostre céleste ornement,
Ont prins leur commencement
Pour nos poitrines grossières,
Qui tant de siècles durant
Souloyent estre nourricières
D'un rude esprit ignorant;

Où le Nil, nostre bon père,
D'un secours perpétuel
Nous apporte, débonnaire,
Le commun vivre annuel,
La visitant chaque année
Et couvrant d'un limon gras
Qu'il luy verse de sept bras
A la saison retournée :
Faisant que par tel engrés
Elle rende moissonnée
Heureuse abondance après !

O vagueux prince des fleuves,
Des Ethiopes l'honneur !
Il faut qu'ores tu espreuves
Le servage d'un seigneur;
Que du Tybre, qui est moindre
En puissance et en renom,
Voises révérant le nom,
Qui fait tous les fleuves craindre,
Superbe de la grandeur
Des siens qui veulent enceindre
De ce monde la rondeur.

Il faut qu'ores tu envoyes
De tes tributaires eaux

Par les marinières voyes
Chaque an des présens nouveaux :
Nos bleds, ta fertile fange,
De brigandes mains pillez,
Lairront nos champs despouillez
Pour voir une terre estrange,
Qui fière d'un tel butin
En accroistra la louange
De son empire latin.

   Rien ne te sert que tes cornes
Se vont en terre cachant,
Et que tous les ans tes bornes
Tu vas bien loing relâchant;
Que cent peuples tu traverses
Plié, courbé mille fois,
Encernant plaines et bois
Du cours de tes ondes perses,
Que de sept larges gosiers
Lassé du chemin tu verses
Dedans les flots mariniers.

   Rien n'est tant que la franchise
En ce chétif monde heureux,
Et qui plus souvent attise
Un courage généreux.
Mais s'il faut vivre en servage,
Et sous un joug se ranger,
Tousjours un joug estranger
Nous oppresse d'avantage,
Et double sugection
Sentons en nostre courage
D'une estrange nation.

   Désormais au lieu d'un prince,
Qui, prenant son estre icy,
De sa natale province
Avoit naturel soucy,
Nous verrons le front austère

D'un Romain plein de fureur,
Qui brandira pour terreur
La hache proconsulaire,
Bannissant avec nos rois
L'observance salutaire
De nos politiques lois.

Il n'est puissance mondaine
Si grande que le Destin,
Comme une moindre, n'ameine
Avec le temps à sa fin.
Le Temps abat toute chose;
Rien ne demeure debout;
Sa grande faulx tranche tout,
Comme le pié d'une rose;
La seule immortalité
Du ciel estoilé s'oppose
A sa forte déité.

Il viendra quelque journée
Pernicieuse à ton heur,
Qui t'abatra ruinée
Sous un barbare seigneur,
Et de flammes impiteuses
De toutes parts ravageant,
O Romme, ira saccageant
Tes richesses orgueilleuses
Et tes bastimens dorez,
Dont les pointes envieuses
Percent les cieux éthérez.

Comme tes forces tu dardes
Deçà delà moissonnant
Les peuples de mains pillardes,
Sur chacun entreprenant :
Chacun à ton infortune
Accourant s'efforcera
D'emporter ce qu'il pourra

De la despouille commune :
Tu verras tout empoigner
Sans te laisser marque aucune
Pour ta grandeur tesmoigner.
 Semblable à l'antique Troye,
Le séjour de tes ayeux,
Tu seras l'ardente proye
D'un peuple victorieux.
Car de ce monde qui tourne
Nous voyons journellement
Qu'au premier commencement
Toute chose en fin retourne,
Et que rien, tant soit-il fort,
Immuable ne séjourne,
Mais est altéré du sort.

ACTE III

MARC-ANTOINE, LUCILE

Marc-Antoine

Lucile, seul confort de ma fortune amère,
En qui seul je me fie, et en qui seul j'espère,
Réduit à désespoir : las ! n'est venu le jour
Que la mort me ravisse et la vie et l'amour ?
Que doy-je plus attendre ? ay-je retraitte aucune ?
Je demeure tout seul resté de ma fortune,
Tout me fuit, tout me laisse, et personne de ceus
Qui ont de ma grandeur les plus grands bien receus
N'assiste à ma ruine; ils ont maintenant honte
D'avoir par le passé faict de moy quelque conte,
S'en retirent, monstrant m'avoir, pour me piper,
Suivy, sans à mon mal vouloir participer.

Lucile

Il ne se treuve rien de durable en ce monde.
Tousjours sera trompé qui son espoir y fonde.

Marc-Antoine

Encor' rien ne me tue et ne m'afflige tant
Que voir ma Cléopâtre ainsi me déjettant
S'entendre avec César, luy transporter ma flâme,
Son amour, qui m'estoit plus chère que mon âme.

Lucile

Vous ne le devez croire; elle a le cœur trop haut,
Magnanime et royal.

Marc-Antoine

          Elle a l'esprit trop caut,
Embrasé de grandeurs, et qui tousjours soupire
Après le maniment de nostre grand empire.

Lucile

Vous avez si long temps esprouvé son amour.

Marc-Antoine

Mais le bonheur faisoit avecque moy séjour.

Lucile

Quelle marque avez-vous de son amour changée?

Marc-Antoine

La bataille d'Actie et Péluse assiégée,
Perdues par sa fraude; et mes vaisseaux ramez,
Et mes loyaux soudars pour ma querelle armez,
Qu'elle vient d'inciter, l'inhumaine, à se rendre
A César, mon haineur, au lieu de me défendre;
L'honneur faict à Thyrée avecques tel accueil,
Leurs longs propos secrets, sans mon sceu, sans mon vueil;

Et du traistre Alexas la desloyale injure
Me tesmoignent assez de son amour parjure.
Mais, ô si quelques dieux ont soin des amitiez,
Ses trompeurs changemens seront d'eux chastiez.

LUCILE

Le dueil qu'elle a porté depuis nostre desfaite,
L'abandon de sa terre à nos gens pour retraite,
Son chétif appareil pour la célébrité
Du révérable jour de sa nativité,
Au contraire l'apprest et prodigue despense
Qu'elle a depuis monstré, festant vostre naissance,
Nous déclarent assez que son cœur est sans fard,
Également touché de l'amour qui vous ard.

MARC-ANTOINE

Or soit que son amour ou soit faulse, ou soit vraye,
Elle a faict en mon âme une incurable playe.
Je l'aime, ainçois je brusle au feu de son amour;
J'ay son idole faux en l'esprit nuict et jour;
Je ne songe qu'en elle, et tousjours je travaille,
Sans cesse remordu d'une ardente tenaille.
Extrême est mon malheur, mais je le sens plus doux
Que le cuisant tison de mon tourment jaloux :
Ce mal, ains ceste rage en mon âme chemine,
Et dormant et veillant incessamment m'espine.
Ait César la victoire, ait mes biens, ait l'honneur
D'estre sans compagnon de la terre seigneur;
Ait mes enfans, ma vie au mal opiniâtre,
Ce m'est tout un, pourveu qu'il n'ait ma Cléopâtre.
Je ne puis l'oublier, tant j'affole, combien
Que de n'y penser point seroit mon plus grand bien.
Je suis comme un malade, à qui la fièvre ardente
A mis dans le gosier une soif violente;
Il boit incessamment, jaçoit que la liqueur
Du désiré breuvage attise sa langueur :

Il ne se peut domter, la santé désirée
Succombe à la chaleur de sa gorge altérée.

Lucile

Laissez-là cet amour qui recroist vos ennuis.

Marc-Antoine

Je m'y efforce assez, mais, hélas ! je ne puis.

Lucile

Pensez qu'avez esté si fameux capitaine,
Et qu'ore estes décheu par cette amitié vaine.

Marc-Antoine

Le penser importun de ma félicité
Me plonge d'avantage en cette adversité.
Car rien tant ne tourmente un homme en sa misère
Que se représenter sa fortune prospère.
Aussi c'est mon angoisse, et ma gesne, et mon mal,
Pareil aux passions du manoir infernal,
Que me ressouvenir de l'heureuse puissance
Que je m'estois acquis par guerrière vaillance,
Et me ressouvenir de l'heur continuel
Qu'ores me vient tollir mon désastre cruel.
J'ay faict trembler d'effroy tous les peuples du monde
Au seul bruit de ma voix, comme les joncs d'une onde
Mouvants au gré des flots ; j'ay par armes domté
L'Itale, et nostre Romme au peuple redouté ;
J'ay soustenu, pressant les rempars de Mutine,
L'effort de deux consuls venus à ma ruine,
Souillez en leur sang propre et qui par leur trespas
Tesmoignèrent ma force et addresse aux combas.
J'ay, vengeur de César, ton oncle, ingrat Octave,
Teint de sang ennemy les rivages que lave
Le rougeâtre Énipée, et ses flots empeschez
De cent monceaux de corps l'un sur l'autre couchez,

Lors que Cassie et Brute infortunez sortirent
Contre nos légions, qui deux fois les desfirent
Sous ma conduitte seule, ayant Octave au cœur,
Tandis qu'on combattoit, et la fièvre et la peur.
Un chacun le sçait bien, et que toute la gloire
On donnoit à moy seul d'une telle victoire.
Là sourdit l'amitié, l'immuable amitié
Dont mon cœur a depuis au vostre esté lié ;
Et fut là, mon Lucile, où Brute vous sauvastes,
Et que pour vostre Brute Antoine vous trouvastes.
Ce me fut plus grand heur d'acquérir tel amy
Que d'avoir déconfit Brute mon ennemy.
Or ma vertu première esteinte me délaisse,
Et Fortune m'engouffre en extrême destresse.
Elle m'a retiré son visage riant ;
Elle va de malheurs contre moy variant.
Je suis laissé, trahy, si qu'entre mille et mille
Qui me suivoyent amis, je n'ay que vous, Lucile :
Vous seul m'accompagnez, ferme comme une tour,
Contre le sort humain en une sainte amour.
Que si de quelque dieu ma voix est entendue,
Et ne soit dans le ciel vainement espandue,
Une telle bonté sans gloire ne sera,
Et la postérité tousjours la vantera.

Lucile

Des hommes l'amitié doit estre tousjours une,
Sans bransler, variable, avecque la Fortune,
Qui tousjours se desplace, et oncques ne voudroit
Arrester constamment sa boule en un endroit.
Aussi faut recevoir comme chose usagère,
Les révocables biens qu'elle preste légère,
Et ne s'en asseurer, ny fonder son espoir,
Comme dessur un bien qui ne puisse décheoir.
Au contraire penser que rien n'est de durée

Fors la seule Vertu, nostre hostesse asseurée,
Nous modérant de sorte en la prospérité
Que ne soyons troublez d'une infélicité
Quand sur nous elle arrive, et ne prenant trop d'aise
De la bonne Fortune, ennuy de la mauvaise.
Ne ployez au malheur.

Marc-Antoine

Hélas ! il est trop fort.
Maint malheur on soustient par quelque réconfort,
Mais celuy qui m'estreint ne peut trouver défense
(Tant il est outrageux) d'une seule espérance.
Il ne me reste rien que de m'ouvrir le sein,
Hastant ma lente mort d'un poignard inhumain.

Lucile

César, comme héritier des grandeurs de son père,
Voudra contr'imiter sa douceur débonnaire
Envers vous qu'il cognoist extrait de mesme sang [106],
Qui estes son beau-frère [107] et tenez pareil rang
En l'empire romain, qui, compagnon de guerre,
Des meurtriers de César avez purgé la terre.
Vous avez partagé ce monde en portions,
Comme font héritiers de leurs successions,
Et par commun accord avez jà tant d'années
En paisible repos vos charges gouvernées.

Marc-Antoine

L'alliance et le sang demeurent sans pouvoir
Contre les convoiteux qui veulent tout avoir.
Le fils à peine peut souffrir son propre père
En un commun royaume, et le frère son frère :
Tant cet ardant désir de commander est grand,
Et tant de jalousie en nos cœurs il esprend !
On permettra plustost aimer celle qu'on aime,
Que de communiquer au sacré diadème.

Toute chose on renverse et tout droit on esteint,
Amitié, parentèle, et n'y a rien si saint
Qu'on n'aille violant pour se rendre seul maistre :
Et n'a-t-on soing comment, pourveu qu'on le puisse estre.

Lucile

Et bien qu'il soit monarque, et que cet univers
Ne recognoisse plus deux empereurs divers;
Romme le craigne seul, l'Orient il assemble
Avecques l'Occident, et les régisse ensemble :
Pourquoy ne permettra qu'en repos vous vivez
Sans empire, sans charge, entre les gens privez,
Philosophant, paisible, en la Grèce lettrée,
En Espagne, en Asie, ou quelque autre contrée?

Marc-Antoine

Son empire asseuré jamais ne pensera
Tandis que Marc-Antoine en ce monde sera.
La crainte et le soupçon, la défiance palle
Accompagnent tousjours la majesté royale,
Engendrez de rapports : les rapports nuict et jour,
Hostes perpétuels, ne bougent d'une cour.

Lucile

Il n'a pas faict mourir vostre frère Lucie [108];
De Lépide il n'a pas la vieillesse accourcie,
Combien que l'un et l'autre en ses mains soit tombé,
Et qu'il fust de colère encontre eux enflambé.
Ains cetuy-là, tranquile, encore seigneurie
Les peuples basanez de la grande Ibérie,
Et cetuy-cy retient, pontife souverain,
Sa dignité sacrée avec ce prince humain.

Marc-Antoine

Il ne craint de ceux-là la force peu guerrière.

LUCILE

Il ne craint un vaincu regorgeant de misère.

MARC-ANTOINE

La fortune se change.

LUCILE

Un ennemy si bas
A grand peine sçauroit jamais lever le bras.

MARC-ANTOINE

J'ay fait ce que j'ay peu. Pour mes preuves dernières,
Tout m'estant défailly, j'ay tenté les prières,
(Lasche homme que je suis!) dont estant déjeté,
Je luy ay de nous deux le combat présenté,
Bien qu'il soit en sa force, et que jà la vieillesse
M'oste en m'affoiblissant et la force et l'addresse.
Si l'a-t-il refusé, tant son cœur est couard,
Vilainement craintif d'un louable hasard.
C'est dequoy je me plains, et dequoy je m'accuse;
C'est en quoy la Fortune outrageusement use
Contre mon chef grison : c'est en quoy, malheureux!
Les immortels je blasme, à mon mal rigoureux :
Qu'un homme efféminé de corps et de courage,
Qui du mestier de Mars n'apprist oncque l'usage,
M'ait vaincu, m'ait domté, m'ait chassé, m'ait destruit,
M'ait après tant de gloire au dernier poinct réduit,
Qui suis le sang d'Hercule, et qui dès mon enfance
Ay mon los embelly d'une heureuse vaillance.
Tesmoing en est la Gaule aux peuples indomtez,
L'Espagne courageuse, et les champs lamentez
Par mille et mille voix, de l'aspre Thessalie,
Jà lavez par deux fois du sang de l'Italie.

LUCILE

Tesmoing en est l'Afrique, et tous les quatre coings
De la terre vaincue en seront les tesmoings.

Car, et en quel endroit de l'habitable terre,
De louange affamé n'avez-vous fait la guerre?

Marc-Antoine

Tu sçais, féconde Égypte, Égypte de mes faits
Beaux et honteux coupable, Égypte, hélas! tu sçais
Comment je me portay, combatant pour ton prince,
Quand je luy reconquis sa rebelle province,
Contre les ennemis me monstrant valeureux,
Et après le combat pitoyable vers eux.
Encor si pour ternir ma louange et l'abatre,
Fortune me faisoit par un plus fort combatre
Et plus guerrier que moy, et qu'elle m'eust poussé
L'un de ces empereurs si craints le temps passé,
Un Camile, un Marcel, un Scipion d'Afrique,
Ce grand César, l'honneur de nostre République,
Un Pompée envieilly sous les horreurs de Mars,
Et qu'après la moisson d'un monde de soudars
En cent combats meurtris, cent assauts, cent batailles,
Percé d'un coup de picque au travers des entrailles,
Je vomisse la vie et le sang au milieu
De mille et mille corps abattus en un lieu!
Non, non! Ou je devois mourir entre les armes,
Ou combatu cent fois armer nouveaux gendarmes,
Cent batailles livrer, et perdre avecque moy
Plustost le monde entier, qu'il me soumist à soy,
Luy qui n'a jamais veu les piques enlacées
Mordre son estomach de pointes hérissées,
A qui Mars fait horreur, et qui trop laschement
Se cache, pour n'ouyr son dur frémissement.
La fraude est sa vertu, la ruse et la malice;
Ses armes sont les arts du cauteleux Ulysse,
A Modène conneus par les consuls, navrez
Tous deux de coups mortels par ses gens attitrez,
Pour avoir leur armée, et en faire la guerre,
Contre sa foy promise, à sa natale terre.

Du triumvir Lépide à son secours venu,
Qu'il devoit honorer comme il estoit tenu,
L'empire il usurpa, quand il eut par amorces
Desbauché, corrompu la pluspart de ses forces.
Toutesfois il me domte, et me fait son butin,
Et domte avecques moy tout l'empire latin.
O chose esmerveillable ! un désordre d'Actie
A subjugué la terre et ma gloire obscurcie.
Car depuis, comme atteint du colère des dieux,
Comme espris de fureur et plus que furieux,
L'esprit troublé de mal, je n'ay jamais faict conte
De vouloir réparer ma perte ne ma honte :
Je n'ay plus résisté.

Lucile

Les affaires guerriers,
Et sur tout les combats succèdent journaliers,
Tantost bien, tantost mal. Et bien que la Fortune
Ès choses de ce monde ait sa force commune,
Qu'elle modère tout, face tout, que tout soit
Attaché, maniable, autour de son rouet,
Si nous semble pourtant que plus elle s'adonne
Qu'à nul autre exercice au mestier de Bellonne,
Et que là sa faveur, muable comme vent,
Avec plus de pouvoir se monstre plus souvent.
D'où vient qu'on voit tousjours ceux qui en leur jeunesse
Y ont eu de l'honneur le perdre en leur vieillesse,
Combatus de quelcun qui n'est point belliqueux,
Et qui sera depuis vaincu d'un moindre qu'eux.
Car sa coustume n'est d'estre tousjours propice,
Mais de nous renverser comme d'un précipice,
Quand nous sommes montez par sa bénignité
Jusqu'au plus haut sommet d'une félicité.

Marc-Antoine

Que je dois bien maudire en mon âme offensée,
Jour et nuict lamentant, cette amour insensée,

Dont ma belle ennemie, alléchante, attrapa
Ma peu caute raison, qui depuis n'eschapa.
Ce ne fut la Fortune à la face inconstante,
Ce ne fut du Destin la force violente
Qui forgea mon malheur. Hé ! ne sçait-on pas bien
Que c'est que l'un et l'autre, et qu'ils ne peuvent rien?
Fortune que l'on craint, qu'on déteste et adore,
N'est qu'un événement dont la cause on ignore.
Encore bien souvent la cause on apperçoit,
Mais l'effet se découvre autre qu'on ne pensoit.
La seule volupté, peste de nostre vie,
Nostre vie, et encor' de cent pestes suivie,
M'a filé ce désastre, estant d'homme guerrier
Dès le commencement devenu casanier,
N'ayant soing de vertu, ny d'aucune louange :
Ains comme un porc ventru touillé dedans la fange,
A cœur saoul me voitray en maints salles plaisirs,
Mettant dessous le pied tous honnestes désirs.
Ainsi je me perdy : car trouvant ce breuvage
Savoureux à mon goust, je m'en remply, mal-sage,
Si qu'avec la douceur d'une telle poison
Peu à peu j'esgaray mon antique raison.
J'offensay mes amis qui de moy s'esloignèrent;
Je feis que mes haineurs contre moy s'eslevèrent;
Je pillay mes sujets, et pour mes serviteurs
Je me veis entouré de blandissans flateurs.
Mes armes au crochet se couvrirent d'araignes;
Mes soudars par les champs vaguèrent sans enseignes,
Et ce pendant César, qui n'eust oncque entrepris
De s'attaquer à moy, m'eut soudain à mespris,
Print cœur de me combatre, espérant la victoire
D'un homme si perdu qui n'avoit soing de gloire.

LUCILE

La douce volupté, délices de Cypris,
Débilite nos corps, offusque nos esprits,

Trouble nostre raison, de nostre cœur déchasse
Toutes saintes vertus, et se met en leur place.
Comme le fin pescheur attire le poisson
Avec un traistre appas qui couvre l'hameçon,
Ainsi le plaisir sert au vice de viande,
Pour nostre âme amorcer, qui en est trop friande.
Ce venin est mortel également à tous,
Mais il fait aux grands rois plus d'outrage qu'à nous :
Ils en perdent leur sceptre, et par grande misère
Le font, à leur escient, cheoir en main estrangère.
Leurs peuples ce pendant, la charge sur le dos,
Sont pillez de flateurs qui leur sucent les os,
Ne sont point gouvernez, servent aux grands de proye,
Tandis que ce fol prince en ses plaisirs se noye,
Qui n'oit rien, ne voit rien, et ne fait rien d'un roy,
Semblant luy mesme avoir conjuré contre soy.
Lors l'égale Justice erre à l'escart bannie,
Et se plante en son lieu l'avare tyrannie ;
Le désordre confus en tous estats se met ;
Maint crime, mainte horreur sans crainte se commet ;
Puis la rébellion mutine se descouvre,
Qui ores d'un prétexte, or' d'un autre se couvre,
Pique les ennemis, qui aussi tost debout
Entrent sans résistance, et s'emparent de tout.
Voylà de Volupté les effects dommageables.

Marc-Antoine

Les loups si dangereux ne sont dans les estables,
La gelée aux raisins, ny la pluye aux fruits meurs,
Que ce plaisir apporte aux princes de malheurs.

Lucile

Autre exemple il ne faut que du roy d'Assyrie,
A qui ce monstre osta l'âme et la seigneurie.

Marc-Antoine

Autre exemple il ne faut que de moy malheureux,
Qui pers l'honneur, la vie et mon empire heureux.

Lucile

Encor' d'autant ce mal a la force plus grande
Qu'il ne se treuve presque aucun qui s'en défende.
Mesme les demi-dieux, qui jadis ont vescu
Domteurs de l'Univers, ne l'ont jamais vaincu.
Quoy ? ce fameux Alcide, Alcide, la merveille
De la terre et du ciel, en force nompareille,
Qui Géryon, Antée, et Lyce a combatu,
Qui Cerbère attraîna, monstre trois fois testu,
Qui vainquit Achelois, qui l'Hydre rendit morte,
Qui le ciel souleva de son espaule forte,
Ne ploya sous le faix de cette volupté ?
De cette passion ne se veit pas domté ?
Quand d'Omphale captif, méonienne royne,
Il brusloit comme vous de Cléopâtre, Antoine,
Dormoit en son giron, luy baisottoit le sein,
Achetoit son amour d'un servage vilain,
Tirant à la quenouille et de sa main nerveuse
Retordant au fuzeau la filace chambreuse.
Sa masse domteresse aux solives pendoit ;
Son arc comme jadis encordé ne tendoit ;
Sur ses flèches filoit la mesnagère araigne,
Et son dur vestement estoit percé de teigne.
Les monstres, à plaisir, sans crainte cependant
S'alloyent multipliez par le monde espandant,
Les peuples tourmentoyent, mesprisant sa mollesse
Et son cœur amoureux, esbat d'une maistresse.

Marc-Antoine

En cela seulement semblable je luy suis ;
En cela de sa race avouer je me puis ;

En cela je l'imite et ses mœurs je rapporte;
Bref il est mon ancestre en ceste seule sorte.
Mais sus, il faut mourir, et d'un brave trespas
Expier mon diffame et mes nuisans esbas.
Il faut, il faut mourir; il faut qu'une mort belle,
Une mort généreuse à mon secours j'appelle;
Il me faut effacer la honte de mes jours;
Il me faut décorer mes lascives amours
D'un acte courageux, et que ma fin suprême,
Lave mon déshonneur, me punissant moymesme.
Allons, mon cher Lucile : hé ! pourquoy plorez-vous ?
Cette fatalité commune est à nous tous;
Nous devons tous mourir : chacun doit un hommage
Au dieu, qui les Enfers eut jadis en partage.
Appaisez vostre ennuy, las ! et ne gémissez,
Car par vostre douleur mon mal vous aigrissez [109].

Chœur

    Las que nous tourmente l'envie
Et le désir de cette vie !
Que ce nous est un fier bourreau
Qui nous travaille et nous martelle
D'une gesne perpétuelle
Que l'ignoble peur du tombeau !

    La mortelle Parque au contraire
Nous offre un secours salutaire
Contre tous les humains malheurs,
Et nous ouvre sans fin la porte,
Par où faut que nostre âme sorte
De ses incurables douleurs.

    Quelle déesse plus humaine
Peut ensevelir nostre peine ?
Quel autre remède plus doux
Pour désaigrir nostre poitrine
De l'aspre tourment, qui s'obstine
A nous torturer, avons-nous ?

L'espérance qui nous conforte
En nos angoisses n'est si forte,
Car souvent elle nous déçoit,
Promettant guarir la misère
De celuy qui tousjours espère
Un vain secours qu'il ne reçoit.

Mais la mort en sa foy certaine,
Ne repaist d'apparence vaine
L'affligé qui l'appelle à soy :
Ains arrache si bien son âme
De la destresse qui l'entame
Qu'il ne luy reste un seul esmoy.

Celuy qui d'une brave audace
Voit, sans pallir, la noire face
Du bourbeux fleuve d'Achéron,
Et le traversant ne s'estonne
De voir la perruque grisonne
De son vieil batelier Charon,

Qui peut voir, affranchy de crainte,
Des Ombres l'effroyable feinte,
Errans sur les rivages cois,
Qu'Alecton de sa torche ardante
Et ses couleuvres n'espouvante,
Ny Cerbère de ses abois,

Mais qui peut disposer luymesme,
Quand il veut, de l'heure suprême
De ses libres jours sans effroy,
Cette belle franchise estime
En son courage magnanime,
Plus que la fortune d'un roy [110].

La mer, des Aquilons poussée,
Bouillonnant de rage insensée,
Esmouvoir son âme ne peut :
Ny la turbulente tempeste
D'un peuple, qui mutin de teste
Contre les magistrats s'esmeut.

Ny d'un tyran l'horrible face,
Qui ne souffle que la menace
Et ne se repaist que de sang :
Ny mesme la dextre tonnante
De Jupiter qui accravante
D'un rocher l'indomtable flanc [111];

   Ny de la carnagère guerre
Les foudres désertans la terre,
Et les bataillons poudroyans
De soudars ardans en leurs armes,
Et les gros scadrons de gendarmes,
Qui vont les plaines effroyans;

   Ny les coutelas homicides
Trempez aux entrailles humides
Des peuples pesle-mesle esteints
D'une grand'ville saccagée,
Par un roy barbare rangée
Sous l'effort de ses dures mains.

   O que c'est une chose vile,
Sentant son courage imbécile,
Qu'au besoin ne pouvoir mourir,
Laissant choir d'une main mollastre
Le poignard tiré pour combatre
La douleur qu'on ne peut guarir.

   Heureux en son malheur Antoine,
Et bien heureuse nostre royne,
Qui vont leurs vies estouffer,
Pour frauder la dextre félonne
Du vainqueur qui les environne,
Si désireux de trionfer.

   La seule mort les peut défendre
Que César ne les puisse offendre,
Despitant son foible pouvoir,
Et de toute la ronde terre
Inutil sur ceux qu'elle enferre
Descendus en l'Averne noir,

Où d'Amasis l'âme est enclose,
Où le grand Psammetiq repose,
Et où reposent enfermez
Sur les Élysiennes plaines,
Francs de toutes mortelles peines,
Nos regretables Ptolomez.

ACTE IV

CÉSAR, AGRIPPE, DIRCET, *Messager*.

CÉSAR [112]

O grans dieux immortels qui avez toutes choses
Au céleste pouvoir de vos dextres encloses,
Par qui le chaud, le froid, le tonnerre et les vens,
Les propres qualitez des mois s'entresuivans
Ont leurs cours et leur estre, et qui par destinées
Des empires avez les puissances bornées,
Leurs âges et leurs temps, et qui ne changeant point
Changez tout, sans tenir nulle chose en un poinct,
Vous avez élevé jusques au ciel qui tonne
La romaine grandeur par l'effort de Bellonne,
Maistrisant l'univers d'une horrible fierté,
L'univers captivant veuf de sa liberté.
Toutesfois aujourdhuy cette orgueilleuse Romme
Sans bien, sans liberté, ploye au vouloir d'un homme;
Son empire est à moy, sa vie est en mes mains;
Je commande, monarque, au monde et aux Romains.
Je say tout, je peux tout, je lance ma parole
Comme un foudre bruyant de l'un à l'autre pole :
Égal à Jupiter, j'envoye le bon-heur
Et malheur où je veux, sur Fortune seigneur.

Il n'est ville où de moy l'on ne dresse une idole,
Où à moy tous les jours une hostie on n'immole :
Soit où Phébus attelle au matin ses chevaux,
Où la nuict les reçoit, recreus de leurs travaux,
Où les flammes du ciel bruslent les Garamantes,
Où souffle l'Aquilon ses froidures poignantes,
Tout recognoist César, tout frémist à sa voix,
Et son nom seulement espouvante les rois.
Antoine le sçait bien, qui de toute la terre
N'a prince qui pour luy s'allie en cette guerre,
Qui s'arme contre moy, redoutant le pouvoir
Qu'entre tous les mortels le Ciel m'a faict avoir.
Antoine, le pauvre homme, embrasé de la flamme
Que luy mirent au cœur les beautez d'une femme,
S'est esmeu contre moy, qui n'ay peu supporter
L'injure de ma sœur, la voyant mal traiter,
La voyant délaissée, et son mary s'esbatre
Dedans Alexandrie avec sa Cléopâtre
En plaisirs déreiglez, ne faisant nuict et jour
Que plonger leurs esprits aux délices d'amour.
Il assembla l'Asie avec luy conjurée ;
Il poussa sur les flots de la mer azurée
Mille et mille vaisseaux, qui couverts de soudars,
De piques, de boucliers, de flèches et de dars,
Espouvantoyent Neptune, et les troupes humides
Des Glauques et Tritons, hostes actiatides.
Mais les dieux, qui tousjours s'opposent à l'effort
De celuy qui sans cause à un autre fait tort,
En un soudain moment ont réduit en fumée
Le superbe appareil d'une si grande armée.

Agrippe

De son esprit hautain l'orgueil présomptueux
Et de sa folle amour le soing voluptueux
L'ont justement perdu, qui par outrecuidance

Estima la Fortune avoir en sa puissance.
De nous il ne fist conte, et comme par esbat
Vint, affranchy de peur, contre nous au combat.
Ainsi jadis en print aux enfans de la Terre,
Qui gravirent au ciel pour faire aux dieux la guerre,
Chargeant sur Pélion Olympe et Osse après,
Et dessur Osse Pinde, ainsi que par degrez,
Pour main à main combatre, et à coups de massues
Les faire trébuscher sur les roches moussues :
Quand le grand Jupiter, de courroux eschaufé,
Maint trait de foudre aigu desserra sur Typhé,
Sur Gyge et Briarée, escervelant leurs testes,
Et sur leurs corps broyez émoussant ses tempestes.
Car rien ne desplaist tant, rien n'est tant odieux
Entre les faits humains, qu'une arrogance aux dieux.
Tousjours un orgueilleux qui veut trop entreprendre
Au lieu de s'avancer recevra de l'esclandre.

César

C'est comme un grand palais ou quelque haute tour,
Qui lève le sourcy sur les maisons d'autour,
Semblant les dédaigner, des estoiles voisine,
Mais qui dans peu d'hyvers de son faix se ruine.
Quel orgueil outrageux, mais quelle impiété
Contre l'honneur des dieux le tenoit agité,
Lors que ses deux enfans, deux jumeaux d'adultère,
Comparant à Diane et à Phébus son frère,
Race latonienne, il les fist appeler
L'un Soleil, l'autre Lune! est-ce pas affoler?
Est-ce pas provoquer des grands dieux le colère?
Est-ce pas procurer soymesme sa misère?

Agrippe

D'une mesme insolence il fist décapiter
Le roy juif Antigone, à fin de luy oster,

Sous couleur de forfaict, son antique royaume,
Que Cléopâtre aimoit pour le désir du baume.

César

Il luy donna Lydie, et Syrie, et encor
L'odoreuse Arabie et Cypre aux veines d'or,
Et donna d'avantage à ses enfans, Cilice,
Les Parthes, la Médie, Arménie, et Phénice,
Les ayant déclairez luymesme de sa voix,
Et comme par édict, rois de tous autres rois.

Agrippe

Quoy? ravissant l'honneur à sa propre patrie,
N'a-t-il pas trionfé dedans Alexandrie
Du prince arménien, qui s'alla rendre à luy
Sur sa parjure foy de ne luy faire ennuy?

César

Non, le peuple romain n'a receu plus d'injures
Depuis que toy, Quirin, par célestes augures
As basti de ta main les romulides tours,
Qu'il a receu d'Antoine en ses folles amours.
Et jamais une guerre et plus juste et plus sainte
Entreprise ne fut avec plus de contrainte
Que ceste guerre icy, sans qui nostre Cité
Perdoit en peu de temps toute sa dignité :
Bien que j'aye regret (le Soleil j'en atteste,
Et toy grand Jupiter) qu'elle soit si funeste,
Et que le sang latin ondoye si souvent
Comme il fait, et la terre aille à tous coups lavant.
Quelle antique Carthage en sa haine obstinée,
Quelle Gaule abayante à nostre destinée,
Quel rebelle Samnite et quel Pyrrhe indomté,
Quel cruel Mithridate et quel Parthe ont esté
Si nuisibles à Romme? il eust sa république,
S'il eust esté vainqueur, fait en brief canopique.

Agrippe

Aussi les dieux du ciel, qui ont cette Cité
Bastie pour durer en toute éternité,
Gardes du Capitol, qui ont tousjours prins cure
De nous, et en prendront de la race future,
Vous ont donné victoire, à fin que redressez
Son honneur atterré par les malheurs passez.

César

Voire le misérable ayant l'onde Ionie
Couvert, pour m'abysmer, d'une flote infinie,
Me livra la bataille : où Fortune pour moy
Repoussant son effort le mist en désarroy.
Luy mesme print la fuitte, ayant veu son amie
A pleins voiles fuyant d'une crainte blesmie.
Ses gens, bien qu'esperdus, sans conduite et sans chef,
Batailloyent vigoureux, serrez nef contre nef,
Chargeant et repoussant par la force des rames,
A coups de dars, d'espieux, de piques et de flâmes,
Si que la nuict obscure avoit jà dévalé
Sur la sanglante mer son grand voile estoilé,
Qu'ils soustenoyent encore, et lors à toute peine
Ils se mirent en route en la vagueuse plaine.
Tout fut plein de soudars bouleversez des flots;
L'air d'autour résonna de cris et de sanglots;
La mer rougist de sang, et les prochains rivages
Gémirent, encombrez de pièces de naufrages
Et de corps ondoyans, qui furent dévorez
Des oiseaux, des poissons, des bestes des forests.
Vous le sçavez, Agrippe.

Agrippe

Il estoit convenable
Que le romain empire eust sa reigle semblable
Au maniment du ciel, qui, tournant dessur nous,
A son exemple meut tout ce qui est dessous.

Or ainsi que le ciel est régi d'un seul maistre,
D'un seul maistre régi ce bas monde doit estre.
Deux compagnons ensemble en un mesme pouvoir
Ne se peuvent souffrir, ny faire leur devoir;
Tousjours sont en querelle, en jalousie, en haine,
Et ce pendant le peuple en porte seul la peine.

César

Donc à fin que jamais aucun durant mes jours [113]
Se voulant élever ne treuve du secours,
Il faut de tant de sang marquer nostre victoire
Qu'il en soit pour exemple à tout jamais mémoire.
Il faut tout massacrer, si qu'il ne reste aucun
Qui trouble à l'advenir nostre repos commun.

Agrippe

De meurtres il ne faut remarquer vostre empire.

César

De meurtres doit user qui s'asseurer désire.

Agrippe

On ne s'asseure point, des ennemis faisant.

César

Je n'en fay pas aussi, je les vay destruisant.

Agrippe

Il n'est chose qui tant que la rigueur desplaise.

César

Il n'est chose qui tant me face vivre à l'aise.

Agrippe

Et quel aise a celuy que tout le monde craint?

CÉSAR

D'estre craint et d'avoir ses ennemis esteint.

AGRIPPE

Communément la crainte engendre de la haine.

CÉSAR

La haine sans pouvoir communément est vaine.

AGRIPPE

Au prince que l'on craint on désire la mort.

CÉSAR

Au prince qu'on ne craint bien souvent on fait tort.

AGRIPPE

Il n'est de telle garde et de telle défense
Que de ses citoyens avoir la bien-vueillance.

CÉSAR

Rien n'est plus incertain, plus foible et plus léger
Que la faveur d'un peuple enclin à se changer.

AGRIPPE

Bons dieux, que chacun aime un prince débonnaire !

CÉSAR

Que l'on porte d'honneur à un prince sévère !

AGRIPPE

Il n'est rien plus divin que la bénignité.

CÉSAR

Rien ne plaist tant aux dieux que la sévérité.

AGRIPPE

Les dieux pardonnent tout.

César

Les crimes ils punissent.

Agrippe

Et nous donnent leurs biens.

César

Souvent ils les tollissent.

Agrippe

Ils ne se vangent pas, César, à tous les coups
Qu'ils sont par nos péchez provoquez à courroux.
Aussi ne vous faut pas (et vous supply me croire)
D'aucune cruauté souiller vostre victoire.
C'est un bien faict des dieux dont ne faut abuser,
Ains au bien d'un chacun doucement en user,
Et leur en sçavoir gré : puis qu'ils vous font la grâce
De gouverner par vous cette terrestre masse,
Qu'ils veulent désormais en repos retenir,
Et sa puissance esparse en un seul corps unir.

César

Mais qui est cettuy-cy qui haletant arrive,
Et s'approche, marchant d'une allure hastive?

Agrippe

Il semble estre effroyé. Je luy voy sous le bras,
Si bien je ne me trompe, un sanglant coutelas.

César

Que pourroit-ce estre donc? je désire l'entendre.

Agrippe

Il vient, il vient vers nous; il nous le faut attendre.

Dircet

Quel bon dieu maintenant renforcera ma voix,
A fin de raconter aux rochers et aux bois,
Aux vagues de la mer bruyant à ce rivage,
A la terre et au ciel mon désastré message?

Agrippe

Quel estrange accident t'ameine icy vers nous?

Dircet

Accident lamentable. O céleste courroux!
O dieux trop inhumains!

César

     Quelle horrible avanture
Nous veux-tu raconter?

Dircet

     Hélas! elle est trop dure!
Quand je songe aux pitiez que de mes yeux j'ay veu,
Le sang au cœur me gèle, et me sens tout esmeu.
Je demeure pasmé, ma poitrine agitée
Me retient au gosier la parole arrestée.
Il est mort, il est mort, de cela soyez seur :
Ce large coutelas en est le meurtrisseur.

César

Hélas! le cœur me fend, la pitié me bourrelle
L'estomach pantelant, d'ouir cette nouvelle.
Donc Marc-Antoine est mort? Hélas! je l'ay contraint
De s'estre ores ainsi par désespoir esteint.
Mais, soldat, conte-nous de sa fin la manière,
Et comme il a laissé cestte belle lumière.

Dircet

Après qu'Antoine eut veu n'y avoir plus d'espoir
D'accorder, ny de faire en guerre aucun devoir,

Et qu'il se veit trahy de tous ses gens de guerre
Aux combats de la mer, aux combats de la terre,
(Qui n'estans pas contans de se rendre aux plus forts,
Encores le venoyent assaillir en ses ports),
Entre seul au palais, se débat, se tourmente, [114]
Accuse Cléopâtre et d'elle se lamente,
Dit qu'elle est desloyale et traistresse, qui veut
Le livrer à ceux-là que vaincre elle ne peut,
Pour n'avoir part au mal qu'il souffre à cause d'elle,
Comme aux prospéritez de sa grandeur rebelle. [115]
Mais elle d'autre part, redoutant sa fureur,
Se retire aux tombeaux, habitacles d'horreur,
Fait les portes serrer et les herses abatre,
Puis, outrée en douleur, commence à se débatre,
Faire mille regrets, pousser mille sanglots
De son foible estomach, deschiré jusque aux os,
Dit qu'elle est malheureuse entre toutes les femmes,
Qu'elle perd en amour et en ses tristes flammes
Son royaume, sa vie et l'amour de celuy
Qui restant luy faisoit supporter tout ennuy,
Mais que ce n'est sa faute ; elle en jure, et atteste
Et la terre, et la mer, et la rondeur céleste.
Puis luy fait annoncer qu'elle ne vivoit plus,
Ains gisoit trespassée en son tombeau reclus :
Ce qu'il croit aussi tost. En gémist, en soupire,
Et croisant les deux bras commence ainsi à dire.

CÉSAR

O ! qu'il estoit perdu !

DIRCET

« Qu'attens-tu plus, hélas !
Antoine, hé ! qui te fait différer ton trespas,
Puis que t'a la Fortune, à ton bien ennemie,
La seule cause osté de désirer la vie ? »
Quand sa bouche en soupirs eut achevé ces mots,
Sa cuirasse il deslace, et se l'oste du dos :

Puis le corps désarmé va dire en ceste sorte :
« Cléopâtre, mon cœur, la douleur que je porte
N'est pas d'estre privé de vos yeux, mon soleil,
Car bien tost nous serons ensemble en un cercueil :
Mais bien je suis dolent, qu'estant de tel estime
Tel empereur, je sois moins que vous magnanime. »
Il eut dict, et soudain Éros appelle à soy,
Éros son serviteur, le somme de sa foy
De l'occire au besoing : Éros a prins l'espée
Et s'en est à l'instant la poitrine frapée;
Il vomit sang et âme, et cheut à ses pieds mort.
« Adoncques, dist Antoine, Éros, j'approuve fort
Cet acte généreux : ne m'ayant peu desfaire,
Tu as fait en ton corps ce qu'au mien je dois faire. »
A grand' peine avoit-il ce propos achevé,
Et le poignard sanglant de terre relevé,
Qu'il s'en perce le ventre, et lors une fontaine
De rouge sang jaillit, dont la chambre fut pleine.
Il chancela du coup, la face luy blesmit,
Et dessur une couche affoiblissant se mit.
Il se pasma d'angoisse, et froidit tout à l'heure,
Comme si sa belle âme eust laissé sa demeure.
Toutesfois il revint, et nous advisant tous
Les yeux baignez de pleurs, nous martellant de coups
De pitié, de regret et de tristesse amère,
De le voir ainsi fondre en extrême misère,
Nous pria de haster sa paresseuse mort.
Ce que ne voulant faire, un chacun de nous sort,
Mais il ne fist adonc que crier, se débatre,
Jusqu'à tant qu'arriva l'homme de Cléopâtre,
Qui dist estre chargé par son commandement
De le faire porter vers elle au monument.
A ces mots, le pauvre homme esmeu de grande joye,
Sçachant qu'elle vivoit, à nous prier s'employe
De le rendre à sa dame, et lors dessur nos bras
Le portons au sépulchre, où nous n'entrasmes pas.

Car la roine, craignant d'estre faitte captive
Et à Romme menée en un trionfe vive,
N'ouvrit la porte, ainçois une corde jetta
D'une haute fenestre, où l'on l'empaqueta.
Puis ses femmes et elle à mont le soulevèrent,
Et à force de bras jusqu'en haut l'attirèrent.
Jamais rien si piteux au monde ne fut veu ;
L'on montoit d'une corde Antoine peu à peu,
Que l'âme alloit laissant, sa barbe mal peignée,
Sa face et sa poitrine estoit de sang baignée ;
Toutesfois tout hideux et mourant qu'il estoit
Ses yeux demy-couverts sur la roine jettoit,
Luy tendoit les deux mains, se soulevoit luy mesme,
Mais son corps retomboit d'une foiblesse extrême.
La misérable dame, ayant les yeux mouillez,
Les cheveux sur le front sans art esparpillez,
La poitrine de coups sanglantement plombée,
Se penchoit contre bas, à teste recourbée,
S'enlaçoit à la corde, et de tout son effort
Courageuse attiroit cet homme demy mort.
Le sang luy dévaloit au visage de peine ;
Les nerfs luy roidissoyent ; elle estoit hors d'haleine [116].
Le peuple, qui d'abas amassé regardoit,
De gestes et de voix à l'envy luy aidoit :
Tous crioyent, l'excitoyent, et souffroyent en leur âme,
Penant, suant ainsi que cette pauvre dame :
Toutesfois, invaincue, au travail dura tant,
De ses femmes aydée, et d'un cœur si constant
Qu'Antoine fut tiré dans le sépulchre sombre,
Où je croy que des morts il augmente le nombre.
La ville est toute en pleurs et en gémissement,
En plaintes, en regrets, tout crie horriblement ;
Hommes, femmes, enfans, les personnes chenues,
Lamentant pesle-mesle aux places et aux rues,
S'arrachent les cheveux, se deschirent le front,
Se destordent les bras, l'estomach se défont [117].

Le dueil y est extrême, et ne peut davantage
Estre veu de misère ès villes qu'on saccage :
Non, si le feu rampoit au haut des bastimens,
Que tout fust plein de meurtre et de violemens,
Que le sang découlast ainsi qu'une rivière,
Que le soldat meurtrist l'enfant au sein du père,
Le père de l'enfant, l'espous entre les bras
De sa femme, courant furieuse au trespas.
Or ma poitrine estant d'un si grand dueil frapée,
De la ville je sors avecque ceste espée
Que je levay de terre, ainsi que l'on sortoit
De la chambre d'Antoine, et que l'on le portoit.
Exprès je vous l'apporte, à fin que plus notoire
Sa mort vous soit par elle, et que me puissiez croire.

César

O dieux, quelle infortune ! ô pauvre Antoine, hélas !
As-tu si longuement porté ce coutelas
Contre les ennemis, pour le faire en fin estre
L'exécrable meurtrier de toy, son propre maistre ?
O mort que je déplore, hélas ! Nous avons mis
Tant de guerres à fin, estans frères, amis,
Compaignons et parens, égaux en mesme empire,
Et faut que maintenant je t'aye fait occire !

Agrippe

Pourquoy vous troublez-vous d'inutiles douleurs ?
Pourquoy dessur Antoine espandez-vous ces pleurs ?
Pourquoy ternissez-vous de dueil vostre victoire ?
Il semble qu'enviez vous mesmes vostre gloire.
Entrons dedans la ville, et supplions aux dieux.

César

Je ne puis ne plorer son malheur larmoyeux,
Bien que je n'en sois cause, ains l'arrogance sienne,
Et l'impudique amour de ceste Égyptienne.

Agrippe

Mais il faut essayer d'entrer au monument
Pour ne perdre avec elle en cet estonnement
Tant de riches thrésors, qu'elle pourra mourante
Jetter par désespoir dedans la flamme ardante,
Pour en frauder vos mains et sa mort honorer,
Laissant tant de joyaux par le feu dévorer.
Envoyez donc vers elle, et faites qu'on essaye
De retenir sa vie avecques quelque baye [118],
Quelque vaine promesse, et qu'on avise bien
Si l'on pourroit entrer par quelque fin moyen
Dans ces riches tombeaux.

César

                Envoyons Proculée,
Qui appaste d'espoir son âme désolée,
L'asseure de propos, si que puissions avoir
Ses richesses et elle en nostre plein pouvoir.
Car entre toute chose ardemment je souhaite
La pouvoir conserver jusqu'à nostre retraite
De ceste terre icy, à fin d'en décorer
Le triomphe qu'à Romme on nous doit préparer.

Chœur de Soldats césariens

  Tousjours la guerre domestique
Rongera nostre République ?
Et sans désemparer nos mains
Des glaives dans nostre sang teints,
Et sans despouiller la cuirace,
Nostre continu vestement,
Nous irons-nous de race en race
Massacrer éternellement ?

  Et tousjours dedans nos poitrines
Laverons nos dextres mutines ?
Et seront tous lieux estofez

De nos misérables trophez,
Pour monstrer aux races futures
De quelle horrible impiété
S'acharnent nos âmes trop dures
Contre nostre propre Cité ?

Il faut donc que le Ciel ne cesse
De voir nostre cruelle oppresse,
Et descouvre de toutes pars
De nos corps cent monceaux espars,
Qui rendent fertiles les plaines
Des estrangères régions,
Orgueilleuses de se voir pleines
De tant de braves légions ;

Que Neptune en remplisse ès ondes
Le sein des phoques vagabondes,
Et que la mer peinte de bleu
Rougisse du sang qu'elle a beu :
Comme la conque tyrienne,
Fait rougir de sang espuré
De la laine canusienne
Le drap en pourpre teinturé [119].

Mais désormais que la grand' Romme
Est sous le pouvoir d'un seul homme,
Qui régist sans débat d'aucun
Son empire remis en un,
Naguières sous la force égale
De trois, l'un de l'autre envieux,
Qui travailloyent la pauvre Itale
D'un triple joug pernicieux :

J'espère que la cause ostée
De cette guerre ensanglantée,
Et les sépulcraliers discords
Rompus par nos derniers efforts,
On verra dessur nostre rive
Pallir les rameaux nourriciers
De la palladienne olive,

 Au lieu de stériles lauriers,
  Et que de Janus, le bon père,
Le temple, que Mars sanguinaire
Tenoit ouvert par ci devant,
L'on fermera doresnavant,
  Et le morion inutile,
De ses pennaches despouillé,
L'on verra pendre à la cheville,
Et le coutelas enrouillé.

 Au moins si la guerre retourne,
Qu'entre nous elle ne séjourne
Pour nous occire mutinez
De glaives ailleurs destinez,
Que nos armes tournent les pointes
Contre l'estomach des Germains,
Des Parthes aux refuittes feintes,
Et des Cantabres inhumains.

 Là, de nos ancestres la gloire
S'est peinte au front de la Mémoire ;
Là, les trionfes ont couverts
Nos empereurs de lauriers verds.
Et là nostre Romme indontée
Jadis retraitte de bergers,
En cette grandeur est montée,
Roine des peuples estrangers,

 Qui presque maintenant affronte
Le ciel, où sa louange monte,
Ne restant plus rien en ce rond
Qui contre elle dresse le front :
Si bien qu'il ne luy faut plus craindre
Sinon de Jupiter la main,
Qui peut en se faschant esteindre
Tout d'un coup l'empire romain.

ACTE V

CLÉOPATRE, EUFRON, LES ENFANS DE CLÉOPATRE, CHARMION, ÉRAS

Cléopatre

O cruelle fortune ! ô désastre exécrable !
O pestilente amour ! ô torche abominable !
O plaisirs malheureux ! ô chétives beautez !
O mortelles grandeurs, mortelles royautez !
O misérable vie ! ô lamentable royne !
O par mon seul défaut sépulturable Antoine !
O ciel par trop funeste, hélas ! tout le courroux
Et le rancueur des dieux est dévalé sur nous !
Malencontreuse royne, ô que jamais au monde
Du jour n'eussé-je veu la clairté vagabonde !
Las ! je suis le poison et la peste des miens ;
Je pers de mes ayeux les sceptres anciens ;
J'asservis ce royaume à des loix estrangères,
Et prive mes enfans des biens héréditaires.
Encore n'est-ce rien, las ! ce n'est rien au prix
De vous, mon cher espous, par mes amorces pris,
De vous que j'infortune, et que de main sanglante
Je contrains dévaler sous la tombe relante,
De vous que je destruis, de vous, mon cher seigneur,
A qui j'oste la vie, et l'empire, et l'honneur.
O dommageable femme ! hé ! puis-je vivre encore
En ce larval sépulchre où je me fais enclorre ?
Puis-je encor' respirer ? mon âme en tel esmoy
Peut encor, peut encor' s'entretenir en moy ?
O Atrope, ô Clothon, mortelles filandières !
O Styx, ô Phlégéthon, infernales rivières !
O filles de la Nuict !

Eufron

Pour vos enfans, vivez,
Et d'un sceptre si beau, mourant, ne les privez.
Hélas! que feront-ils? qui en prendra la cure?
Qui vous conservera, royale géniture?
Qui en aura pitié? desjà me semble voir
Cette petite enfance en servitude cheoir
Et portez en trionfe.

Cléopatre

Ha! chose misérable!

Eufron

Leurs tendres bras liez d'une corde exécrable
Contre leur dos foiblet.

Cléopatre

O dieux! quelle pitié!

Eufron

Leur pauvre col d'ahan vers la terre plié.

Cléopatre

Ne permettez, bons dieux, que ce malheur advienne!

Eufron

Et au doigt les monstrer la tourbe citoyenne.

Cléopatre

Hé! plustost mille morts.

Eufron

Puis l'infâme bourreau
Dans leur gorge enfantine enfoncer le cousteau.

CLÉOPATRE

Hélas ! le cœur me fend. Par les rivages sombres,
Et par les champs foulez des solitaires Ombres,
Par les Mânes d'Antoine et par les miens aussi,
Je vous supplie, Eufron, prenez-en le souci :
Servez-leur de bon père, et que vostre prudence
Ne les souffre tomber sous l'injuste puissance
De ce cruel tyran; plustost les conduisez
Aux Éthiopes noirs aux cheveux refrisez,
Sur le vague Océan à la mercy des ondes,
Sur le neigeux Caucase aux cymes infécondes,
Entre les tygres prompts, les ours et les lions,
Et plustost et plustost en toutes régions,
Toutes terres et mers : car rien je ne redoute
Au pris de sa fureur, qui de sang est si gloute.
Or, adieu, mes enfans, mes chers enfans, adieu.
La sainte Isis vous guide en quelque asseuré lieu,
Loin de nos ennemis, où puissiez vostre vie
Librement dévider sans leur estre asservie.
Ne vous souvenez point, mes enfans, d'estre nez
D'une si noble race, et ne vous souvenez
Que tant de braves rois de cette Égypte maistres,
Succédez l'un à l'autre, ont esté vos ancestres;
Que ce grand Marc-Antoine a vostre père esté,
Qui descendu d'Hercule a son los surmonté.
Car un tel souvenir espoindroit vos courages,
Vous voyant si decheus, de mille ardentes rages.
Que sçait-on si vos mains, à qui le faux destin
Les sceptres promettoit de l'empire latin,
Au lieu d'eux porteront des houlettes tortues,
Des pics, des aiguillons, conduiront les charrues ?
Apprenez à souffrir, enfans, et oubliez
Vostre naissante gloire, et aux destins pliez.
Adieu, mes enfançons, adieu; le cœur me serre
De pitié, de douleur, et jà la mort m'enserre,
L'haleine me défaut. Adieu pour tout jamais.

Vostre père ny moy ne verrez désormais.
Adieu, ma douce cure, adieu.

Les enfans de Cléopatre

Adieu, Madame.

Cléopatre

Las ! cette voix me tue ! hélas ! bons dieux, je pasme,
Je n'en puis plus, je meurs.

Éras

Madame, et voulez-vous
Succomber au malheur ? hélas ! parlez à nous.

Eufron

Allons, enfans.

Les enfans de Cléopatre

Allons.

Eufron

Suivons nostre avanture;
Les dieux nous conduiront.

Charmion

O Fortune trop dure !
O sort trop rigoureux ! que ferons-nous, ma sœur,
Que ferons-nous, hélas ! si le dard meurtrisseur
De la mort la vient poindre, ore qu'un foible somme
Son corps pasmé de dueil et demy mort assomme ?

Éras

Le visage luy glace.

Charmion

Hé ! Madame, pour Dieu,
Ne nous laissez encor, ains dites-nous adieu.
Las ! plorez sur Antoine, et que son corps ne tombe
Sans les obsèques deuz en la funèbre tombe.

Cléopatre

Hé ! hé !

Charmion

Madame.

Cléopatre

Hélas !

Éras

Qu'elle est foible d'ennuis !

Cléopatre

Mes sœurs, soustenez-moy. Que chétive je suis !
Que je suis misérable ! Et jamais femme aucune
Fut tant que moy confite aux aigreurs de Fortune ?
Larmoyante Niobe, hélas ! bien que ton cœur
Se veist enveloppé d'une juste langueur
Pour tes enfans meurtris, et qu'au haut de Sipyle,
De douleur tu sois faitte une roche immobile
Qui pleure incessamment, tu n'eus jamais pourtant
Tant de causes d'ennuis que j'en vay supportant.
Tu perdis tes enfans, je pers les miens, pauvrette,
Et leur père je pers, que plus qu'eux je regrette ;
Je pers ce beau royaume, et le ciel rigoureux
Ne me transforme point en un marbre pleureux.
Filles du blond Soleil, vierges phaëthontides,
Pleurant vostre germain cheut ès ondes liquides
Du superbe Éridan, les bons dieux à ses bords
En aulnes rivagers transmuèrent vos corps :
Moy, je pleure, et lamente, et soupire sans cesse,
Et le ciel impiteux se rit de ma tristesse,
La renforce et rengrège, et pour tout réconfort
Me laisse (ô cruauté !) la violente mort.
Or, meurs donc, Cléopâtre, et plus long temps n'absentes
Antoine, qui t'attend aux rives pallissantes.
Va rejoindre son ombre, et ne sanglote plus,
Veuve de son amour en ces tombeaux reclus.

ÉRAS

Hélas ! pleurons-le encore, et que la mort soudaine
Ne luy oste nos pleurs et la dernière peine
Que devons à sa tombe.

Charmion

Hélas ! hélas ! pleurons
Tant qu'aurons quelque humeur, puis à ses pieds mourons !

Cléopatre

Qui fournira mes yeux de larmes ruisselantes,
Pour plorer dignement mes angoisses cuisantes,
Et te plorer, Antoine ? ô Antoine, mon cœur,
Las ! hélas ! qu'il faudroit de larmeuse liqueur !
Et toutefois mes yeux ont espuisé leurs veines
De force de pleurer mes désastreuses peines.
Il faut donc que taris ils hument de mon flanc
Toute l'humeur vitale, et puis coulent le sang.
Que le sang sorte donc de ma lampe jumelle,
Et tombant tout fumeux avec le tien se mesle,
Le détrempe et réchaufe, et t'en arrouse tout,
Roulant incessamment jusqu'au dernier esgout.

Charmion

Antoine, pren nos pleurs : c'est le dernier office
Que tu auras de nous ains que la mort ravisse
L'âme de nostre corps.

Éras

Que ce devoir sacré
Tu reçoives, Antoine, et qu'il te vienne à gré.

Cléopatre

O déesse adorée en Cypre et Amathonte,
Paphienne Vénus à nos désastres promte,
Pour la race d'Iule, hé ! si tu prens soucy

De César, que de nous tu n'en prenois aussi ?
Antoine, comme luy, par la suitte enchaisnée
D'innombrables ayeux estoit venu d'Énée,
Capable de régir dessous mesmes destins,
Vray sang dardanien, l'empire des Latins.
Antoine, ô pauvre Antoine, Antoine, ma chère âme,
Tu n'es plus rien qu'un tronc, le butin d'une lame ;
Sans vie et sans chaleur, ton beau front est desteint,
Et la palle hideur s'empare de ton teint.
Tes yeux, deux clairs soleils, où l'Amour prenoit place,
Et en qui Mars logeoit une guerrière audace,
De paupières couverts vont nouant en la nuict,
Comme un beau jour caché qui les tenèbres fuit.
Antoine, je te pry' par nos amours fidelles,
Par nos cœurs allumez de douces estincelles,
Par nostre sainct hymen, et la tendre pitié
De nos petits enfans, nœu de nostre amitié,
Que ma dolente voix à ton oreille arrive,
Et que je t'accompagne en l'infernale rive,
Ta femme et ton amie : entens, Antoine, entens,
Quelque part que tu sois, mes soupirs sanglotans.
J'ay vescu jusqu'ici, j'ay la course empennée
De mes ans accomply selon la destinée ;
J'ay flory, j'ay régné, j'ay la vengence pris
De mon frère ennemy, qui m'avoit à mespris :
Heureuse et trop heureuse, hélas ! si ce rivage
Seulement n'eust receu le romain navigage.
Or, maintenant ira mon grand image faux
Dessous la terre ombreuse ensevelir mes maux [120].
Que dis-je ? où suis-je ? ô pauvre, ô pauvre Cléopâtre !
O que l'aspre douleur vient ma raison abatre !
Non, non, je suis heureuse, en mon mal dévorant,
De mourir avec toy, de t'embrasser mourant,
Mon corps contre le tien, ma bouche desseichée,
De soupirs embrasez, à la tienne attachée,
Et d'estre en mesme tombe et en mesme cercueil.

Tous deux enveloppez dans un mesme linceul.
Le plus aigre tourment qu'en mon âme je sente,
Est ce peu que je suis de toy, mon cœur, absente [121].
Je mourrois tout soudain, tout soudain je mourrois,
Et jà fugitive ombre avec toy je serois,
Errant sous les cyprés des rives escartées,
Au lamentable bruit des eaux achérontées :
Mais je demeure encore, et te survis, à fin
De ton corps honorer devant que prendre fin.
Je veux mille sanglots tirer de mes entrailles,
Et de mille regrets orner tes funérailles.
Tu auras mes cheveux pour tes oblations,
Et mes bouillantes pleurs pour tes effusions.
Mes yeux seront tes feux, car d'eux sortit la flamme
Qui t'embrasa le cœur amoureux de ta dame.
Vous, compagnes, plorez, plorez, et de vos yeux
Faittes sur luy tomber un torrent larmoyeux;
Les miens n'en peuvent plus, consommez de la braise
Que vomist ma poitrine ainsi qu'une fournaise.
Plombez vostre estomach de coups multipliez;
Tirez avec effort vos cheveux déliez;
Outragez vostre face : hélas ! pour qui mourantes
Voulons-nous conserver nos beautez languissantes? [122]
Moy, ne le pouvant plus de mes pleurs arrouser,
Que feray-je élarmée, hélas ! que le baiser ?
Que je vous baise donc, ô beaux yeux, ma lumière !
O front, siège d'honneur ! belle face guerrière !
O col, ô bras, ô mains, ô poitrine, où la mort
Vient de faire (ha ! méchef !) son parricide effort !
Que de mille baisers, et mille et mille encore,
Pour office dernier ma bouche vous honore,
Et qu'en un tel devoir mon corps affoiblissant
Défaille dessur vous, mon âme vomissant [123].

HIPPOLYTE

TRAGÉDIE

A MESSEIGNEURS DE RAMBOUILLET [124]

Nostre France a de tout temps produit une belle noblesse et valeureuse pour le service de son roy : et encores en nourrist une en cest heureux siècle, qui surpasse avantageusement l'honneur de ses devanciers. Si est-ce qu'en l'abondance d'une si vertueuse nourriture, elle ne se peut vanter d'une plus généreuse race et de plus digne recommandation à la postérité que la vostre, Messeigneurs, qui, outre le rang que vous tenez, perpétué d'une presque éternelle suite de nobles ancestres, faites tant reluire de vertus en vous, que les moindres donnent plus d'admiration que d'espérance d'imitation. Je m'efforceroys de les chanter aussi volontiers qu'elles sont dignes de passer jusques à vos neveux, si je ne doutoys que mon affection trop ardente entrast en folle présomption, succombant sous le faix d'un si digne sujet. Je ne sçay (et me pardonne la France) s'il se trouvera encores maison de vostre qualité, où les lettres s'appareillent si bien au sanglant exercice de Mars, et où la générosité d'un brave et magnanime cœur reçoive en telle concordance le paisible esbat des livres. De là vient l'estroit et indissoluble lien qui vous unist d'amitié, conduisant sous un seul vouloir un nombre de très-vertueux seigneurs : comme si une seule âme vous animoit tous ensemble, bien que composez de diverses façons et habitudes. C'est pourquoy, ores que je ne fusse, ce que je suis, très-dévôt serviteur de vos sei-

gneuries, je ne pense toutefois estre par trop hors de raison
de vous faire présent à tous de ce seul mien ouvrage, qui
encores que je l'eusse consacré en particulier à l'un de vous,
n'eust laissé d'appartenir à tous également, tant est indi-
vidue et inséparable vostre fraternelle affection. Je ne
m'excuseray point de l'humilité de l'ouvrage, sçachant que
vostre bonté ne refusera Hippolyte comme trop indigne
de se présenter à vous, après qu'il aura testifié qu'il vient
et vous est adressé de la sincère dévotion de moy, à qui
vous a pleu faire cest honneur de donner accez en vos
bonnes grâces, et qui, en recognoissance de telle faveur et
du plaisir que je ressentiray que vous l'ayez eu agréable,
renforceray le très-affectionné désir que j'ay, Messeigneurs,
de vous faire à tout jamais très-humble service.

Vostre perpétuel serviteur,

Rob. Garnier.

Il me souvient, Garnier, que je prestay la main
    Quand ta Muse accoucha; je le veux faire encore.
    Le parrain bien souvent par l'enfant se décore,
    Par l'enfant bien souvent s'honore le parrain.
Ton ouvrage, Garnier, tragique et souverain,
    Qui fils, parrain ensemble, et toute France honore,
    Fera voller ton nom du Scythe jusque au More,
    Plus dur contre les ans que marbre ny qu'airain.
Resjouy toy, mon Loir, ta gloire est infinie;
    Huyne et Sarte, tes sœurs te feront compagnie,
    Faisant Garnier, Belleau et Ronsard estimer,
Trois fleuves qu'Appollon en trois esprits assemble.
    Quand trois fleuves, Garnier, se dégorgent ensemble,
    Bien qu'ils ne soyent pas grands font une grande mer.

P. de Ronsard.

Tu sers trop longuement au monde de théâtre,
 France, et trop longuement durent tes tristes jeux.
 Tu devrois arracher de tes poings outrageux
 Les glaives, et, paisible, à d'autres jeux t'ébatre.
France, ou si tu es tant au meurtre opiniâtre,
 Et que tes nourriçons y soyent si courageux,
 Voy ce tragique escrit : tout y est orageux,
 On y bruit, on y tue, on n'y fait que débatre.
Ma France, je te pry, laisse ton propre flanc,
 Et dévote à ton Roy, tire d'ailleurs du sang,
 Ou de ces meurtres feints assouvy ton courage.
Garnier, qui a desjà d'un vers bien entonné,
 Grave, docte et hardy, tout le monde estonné,
 Te représente assez de fureur et de rage.

N. D. R. [125]

P. AMYUS [126]
REGIS APUD COENOMANOS CONSILIARIUS

Ad Rob. Garnierium, de Porcia et Hippolyto

*Cum, fractis patriæ rebus, tua Porcia Brutum
Certa sequi, impavido rutilantes ore favillas
Hausit, tum nostra obstupuit scena, atque cothurni
Nescia magniloqui olim, expavit grande tonansque
Dicendi genus, et spirantia verba Quiritem
Pro re communi recidivum, occumbere morte.
Te vetuit labor ille mori, illoque auspice nostras
Diximus ausoniis minimum invidisse camenis.
Et nunc Thesides iterum revocatus Averno,
Remigioque tui his appulsus pectinis oris,
Invidia major Græcis se comparat, atque
Transfugium extollit, quod nec locupletius usquam
Ampullari, nec gravius sævire cothurnum
Vidit, seu ritus, aut ævi candida primi
Persequeris studia et mores, seu concitus ignes*

Ferris in incestos, scelerataque vota, novamque
Perfidiam doctæ fraudes versare novercæ.
Perge, age, Garnieri, laurus te multa manebit
A nobis nostrisque, et jam dicere cothurno
Princeps sublimi Francum instruxisse theatrum,
Quod vix dignè olim popularia comica norat.

EJUSDEM AD EUMDEM

Olim sancta situ loca, et reductas
Valles, cinctaque rivulis vireta
Mixto carmine tibiis lyræque
Musæ personuere, nec profana
Incerti studia attigere vulgi.
Sed te, Melpomene, inter oppidanos
Sermones, strepitusque, quos ciere
Nobis assidui solent clientes,
Te, inquam, Pierii incolæ recessus,
Inter sollicitos metus potentum,
Inter jurgia, civiumque avaras
Spes, spretis nemorum otiis sequuntur,
Dum nostræ indociles amare scenæ
Ritus Hippolyti paras, et igne
Notum Pasiphaæ genus scelesto.
Quid mirum? instar eis situs amœni est,
Et vallis rigua madentis unda,
Concinnum vario lepore carmen,
Quo tu præcipites sonas Tyrannum
Iras, insidiosaque innocenti
Privigno studia, et dolos novercæ.
Hæ sunt deliciæ novem Sororum,
His captæ illecebris, tibi in profana
Fiunt urbe duces, et eruditæ
Lauros præmia frontis, albicanti
Distinguunt hedera, quibus novenas
Festinent capiti tuo coronas.

ODE IN HIPPOLYTUM

A ROB. GARNERIO GALLICO COTHURNO DONATUM

Strophe.

Mare cum furit agitatum
Hyeme aspera, tunc
Anchoras duas si
Cito projiciat Tiphys in æquor,
Ratem melius moratur.
Quondam medicus, morte furenti,
Juvenem pudore recisum,
Arte pæonia
Ab inferis reduxit :
Illumque pro talibus ausis
Dextera Jovis æthere tonans
Tenebras detrusit ad infimas,
Nec numina Phœbi
Patris potuere contra
Juvare natum.

Antistrophe.

Retinacula data vitæ
Prius, haud tueri illius valebant
Verecundula, Phædræque novercæ
Pudicum Hippolytum roganti
Ingrata nimis curricula : sed
Odio illius, Dea furvæ
Noctis alma jubar
Suum suo favere
Castoque gratoque proboque
Hippolyto avida atque cupida,
Subito reddi studuit nova
Vitam arte nepotis,
Sacroque relegat inde
Nemori Diana.

Epodos.

Sorores deinde sacræ,
Euripidis poetæ
Audacia gravissima
Prognatum ex Amazone Nympha
Virentibus per alta coronis
Theatra protrahere
Nobilitatum, ut et Annei
Facundia cordubensis,
Ita ausæ fuere, ut hic
Tibi tragicographo
Iterum triplicibus dederint
Tenendum eum anchoris.

Pasquasii Robini Delphii [127].

ARGUMENT

Thésée, fils d'Égée, roy des Athéniens, retourné de l'isle de Crète, espousa en secondes nopces Phèdre, fille de Minos, qui en estoit roy. Il fut requis par Pirithois, son singulier amy, de l'accompagner à l'entreprise qu'il avoit faite de descendre aux Enfers, pour enlever Proserpine. Ce que luy ne voulant refuser à un amy si cher, piqué aussi d'un magnanime désir d'achever de belles et hazardeuses adventures, y dévala avecques luy : où s'estant mis en devoir d'exécuter leur violente intention, furent saisis et arrestez par les satellites de Pluton. Ce pendant Phèdre devint esprise de l'amour d'Hippolyte, son fillâtre, et la rage de ceste passion gaigna tant sur elle, qu'il ne luy fut en fin possible d'y plus résister : de façon que réduitte en toute extrémité, et despouillant toute honneste honte de son cœur, elle se descouvrit à ce jeune seigneur, lequel (comme vertueux qu'il estoit, nourri chastement au laborieux plaisir de la chasse, loin de la mollesse et lasciveté des villes) la refusa sévèrement, détestant un si abominable désir. Dequoy elle extrê-

mement indignée, tournant son premier amour en haine et
fureur, se plaignit à son mary (qui lors se trouva de retour
des Enfers) de l'outrage qu'elle dist luy avoir esté faict
en son honneur par Hippolyte, son fils. A quoy cest homme
crédule ayant facilement adjousté foy, transporté d'une
juste douleur et d'un ardent désir de vengence, pria le dieu
Neptune, son ayeul, de le faire mourir, ce que Neptune
soudainement exécuta. Car il fit à l'instant sortir un grand
monstre de mer, qui, se présentant devant les chevaux
d'Hippolyte, les effroya tellement que quelque devoir qu'il
sceust faire pour les arrester, ils gravirent à travers les roches
prochains, et le renversèrent de son char : et advint qu'en
tombant, il s'enlaça fortuitement, et ennoua les jambes
aux courroyes et liaces de l'attellement, en telle sorte que
ne s'en estant peu dépestrer, il fut misérablement traîné par
ses chevaux à travers les rocs et buissons, dont le pauvre
jeune prince mourut. La nouvelle de sa mort estant apportée
en la ville d'Athènes, Phèdre coupable en elle mesme de
son innocente mort et vaincue de pitié, avec l'amour qui
se renouvela et rafraischit en son âme, découvrit sa faulse
accusation et la cause d'icelle] à son mari, puis se tua
sur le corps trespassé de son amy.

ACTEURS

L'Ombre d'Égée.
Hippolyte.
Phèdre.
Nourrice.

Thésée.
Messager.
Chœur de Chasseurs.
Chœur d'Athéniens.

HIPPOLYTE

ACTE PREMIER

ÉGÉE, HIPPOLYTE

Égée

Je sors de l'Achéron, d'où les ombres des morts
Ne ressortent jamais couvertes de leurs corps;
Je sors des champs ombreux que le flambeau du monde
Ne visite jamais courant sa course ronde,
Ains une espoisse horreur, un solitaire effroy,
Un air puant de souphre, un furieux aboy
Du portier des Enfers, Cerbère à triple teste,
Maint fantôme volant, mainte effroyable beste.
Mais l'horrible séjour de cet antre odieux,
De cet antre privé de la clairté des cieux,
M'est cent et cent fois plus agréable, et encore
Cent et cent autresfois, que toy, que je déplore,
Ville cécropienne, et vous, mes belles tours,
D'où me précipitant je terminay mes jours.
Vostre Pallas devoit, belliqueuse déesse,
Destourner ce méchef de vous, sa forteresse,
Et, alme, vous garder d'encombreux accidens,
Puis qu'elle a bien daigné se retirer dedans,
Et, de plus en plus faicte à vostre bien proclive,
Vous orner de son nom et de sa belle olive.
Mais quoy? c'est le destin, c'est ce méchant destin,
Que mesme Jupiter, tant il luy est mutin,
Ne sçauroit maistriser : Jupiter qui d'un foudre
Qu'il lance de sa main peut tout broyer en poudre.
Tandis que j'ay vescu, je t'ay veu, ma Cité,

Tousjours porter au col une captivité,
Non telle que l'on voit en une ville prise,
Qu'un roy victorieux humainement maistrise [128].
Mais en ta servitude, ô Athènes, le sort
Menaçoit tes enfans d'une cruelle mort,
Qui mis sous le hasard d'une ordonnance inique,
Entroyent l'an deux fois sept au logis dédalique,
Pour servir de pasture aux dévorantes dens
Du monstre mi-taureau qu'on nourrissoit dedans.
Et toymesme, Thésée, et toy, ma géniture,
Pour qui moy desjà mort la mort encor j'endure,
Ravy d'entre mes bras, le destin envieux
Te choisit pour viande à ce monstre odieux :
Ce monstre pour lequel ce poil gris qui s'allonge,
Espars dessus mes yeux, se dresse quand j'y songe,
Et ces genoux privez de chair et de chaleur,
Comme genoux d'un mort chancellent de douleur.
Aussi fut-ce la cause, il t'en souvient, Thésée,
D'accourcir de mes ans la mortelle fusée,
Bien que le vueil des dieux, propice à ton dessain,
Te sauvast du gosier de ce monstre inhumain,
Qui glouton de l'appas, que ta main cauteleuse
Jetta par pelottons dans sa gorge monstreuse,
S'abbatit au sommeil, te permettant plonger
Au travers de son cœur ton poignard estranger.
Ainsi tu te sauvas de sa félonne rage,
Puis suivant sagement l'advertissement sage
De ta bonne Ariadne, à la suitte d'un fil
Tu sors du labyrinthe au bastiment subtil.
Mais ainsi qu'il advient que l'humaine nature
Insatiable d'heur convoite outre mesure,
Et jamais ne s'arreste à médiocrité,
Non bien contant d'avoir ton malheur évité,
Tu brigandes Minos, et corsaire luy pilles
Avecque ses thrésors ses deux plus chères filles.
De là tout le malheur, de là tout le méchef,

Qui jà, jà prest de cheoir penche dessur ton chef,
Prend source, mon Thésée, et de là la mort blesme
D'ailes noires vola jusques à mon cœur mesme,
Ne voulans les grands dieux courroucez contre toy
Te donner le plaisir d'essuyer mon esmoy :
Ains voulurent (que c'est des vengences célestes !)
Que tes heureuses naufs m'apparussent funestes,
Et que leurs voiles noirs, qui flotoyent oubliez,
Me fissent eslancer dans les flots repliez,
(Misérable tombeau de ma vieillesse âgée !)
Et changeassent leur nom au nom de moy Égée.
Les dieux aiment justice, et poursuivent à mort
L'homme méchant, qui fait à un autre homme tort.
Ils tiennent le parti du foible qu'on oppresse,
Et font cheoir l'oppresseur en leur main vengeresse.
Thésée, hélas ! Thésée, aujourd'huy le soleil
Ne sçauroit voir malheur à ton malheur pareil :
L'enfer, bien que hideux et gesne de nous ombres,
N'ha pas en son enclos tant de mortels encombres
Que je t'en voy, pauvre homme ! Hé, qu'il te falloit bien
Entreprendre d'aller au lict plutonien
Pour ravir nostre royne ! Hé, qu'à la mauvaise heure
Tu entrepris forcer nostre palle demeure !
Ce fut pour Pirithois, à qui les noires Sœurs
Font jà porter la peine ourdie aux ravisseurs,
Que si le bon secours du généreux Alcide,
Ne t'eust ores tiré du creux achérontide,
Tu eusses ton supplice aussi bien comme luy,
Pour avoir entrepris sur la couche d'autruy.
Mais non, non, je voy bien à fin que tu endures
Pour ton mal perpétré de plus aspres tortures,
Pluton gros de vengence et de colère gros
Te permet de revoir avecques ce héros
Ta fatale maison : maison, où les Furies
Ont jusqu'à ton trespas fondé leurs seigneuries.
Tu y verras l'inceste, et le meurtre, et tousjours

Ton désastre croistra, comme croistront tes jours.
Tu occiras, meurtrier, ta propre géniture,
Puis l'adultère mort de ta femme parjure
Doublera tes ennuis, qui lentement mordans
Te rongeront le cœur et le foye au dedans.
En fin quand ta langueur bien longuement traînée
D'une tardive mort se verra terminée,
Et que fuyant le ciel et les célestes dieux
Tu penseras fuir ton tourment ennuyeux,
(Tourment qui te joindra plus estroit qu'un lierre
Ne joint estroittement les murailles qu'il serre)
Le sévère Minos et le cruel Pluton,
Tous deux tes outragez, hucheront Alecton,
Mégère, Tisiphone, exécrables bourrelles,
Pour ribler, forcener, ravager en tes moüelles,
T'élancer leurs serpens en cent plis renouez,
T'ardre de leurs flambeaux, et de leurs rouges fouets,
Te battre dos et ventre, aussi dru que la gresle
Craquetant, bondissant, découpe un espi gresle.
Jà desjà je te voy porter l'affliction
De quelque Prométhée ou de quelque Ixion,
D'un Tantale altéré, d'un remangé Titye,
D'un Typhon, d'un Sisyphe, et si l'horreur noircie
De Pluton garde encore un plus aspre tourment,
L'on t'en ira gesner perpétuellement.
Or je te plain sur tout, ma chère nourriture,
Et de mes ans vieillars la plus soigneuse cure,
Hippolyte, que j'aime autant que la vertu
Luist aimable en celuy qui s'en monstre vestu.
Las ! je te voy meurtry par cette Minoïde,
(Si quelque bon Démon aujourd'huy ne te guide)
Par cette Phèdre icy, dont mon fils ravisseur
Pour nostre commun mal accompagna sa sœur.
Que pleust aux Immortels, qu'un tempesteux orage
Dès le port gnossien en eust faict le naufrage,
Et que la mer mutine, enveloppant sa nef,

Eust abysmé dedans son impudique chef !
Tu vivrois, Hippolyte, et la mort violente
N'éteindroit aujourd'huy ta jeunesse innocente.
Mais quoy ? le sort est tel. L'inexorable Sort
Ne se peut esbranler d'aucun humain effort.
Quand il est arresté, mon enfant, que l'on meure,
On n'y peut reculer d'une minute d'heure.
Prens en gré ta fortune, et fay que ton trespas
La gloire de ton sang ne déshonore pas [129].

Hippolyte

Jà l'Aurore se lève, et Phébus, qui la suit,
Vermeil fait recacher les flambeaux de la nuict.
Jà ses beaux limonniers commencent à respandre
Le jour aux animaux, qui ne font que l'attendre.
Jà les monts sourcilleux commencent à jaunir
Sous le char de ce dieu qu'ils regardent venir.
O beau soleil luisant, belle et claire planette,
Qui pousses tes rayons dedans la nuict brunette ;
O grand dieu perruquier, qui lumineux esteins,
Me décharmant les yeux, l'horreur des songes vains,
Qui ores travailloyent durant cette nuict sombre
Mon esprit combatu d'un larmoyable encombre,
Je te salue, ô Père, et resalue encor,
Toy, ton char, tes chevaux, et des beaux rayons d'or.
Il me sembloit, dormant, que j'erroy solitaire
Au creux d'une forest, mon esbat ordinaire,
Descendu dans un val, que mille arbres autour,
Le ceinturant espois, privent de nostre jour.
Il y faisoit obscur, mais non pas du tout comme
En une pleine nuict qu'accompagne le somme,
Mais comme il fait au soir, après que le soleil
A retiré de nous son visage vermeil,
Et qu'il relaisse encore une lueur qui semble
Estre ny jour ny nuict, mais tous les deux ensemble [130].
Dedans ce val ombreux estoit à droicte main

Un antre plein de mousse, et de lambruche [131] plein,
Où quatre de mes chiens entrèrent d'avanture,
Quatre molossiens de guerrière nature.
A grand peine ils estoyent à la gueule du creux,
Qu'il se vient présenter un grand lion affreux,
Le plus fort, et massif, le plus espouventable
Qui jamais hébergeast au Taure inhospitable.
Ses yeux estoyent de feu, qui flamboyent tout ainsi
Que deux larges tisons dans un air obscurci.
Son col gros et charnu, sa poitrine nerveuse
S'enfloyent hérissonnez d'une hure crineuse;
Sa gueule estoit horrible, et horribles ses dents
Qui comme gros piquets apparoissoyent dedans.
Mes chiens, bien que hardis, si tost ne l'avisèrent,
Que saisis de frayeur, dehors ils s'élancèrent,
Accoururent vers moy tremblant et pantelant,
Criant d'une voix foible, et comme s'adeulant [132].
Si tost que je les voy si esperdus, je tâche
De les rencourager : mais leur courage lâche
Ne se rasseure point, et tant plus que je veux
Les en faire approcher, ils reculent peureux.
Comme un grand chef guerrier, qui voit ses gens en fuitte,
Et plusieurs gros scadrons d'ennemis à leur suitte,
A beau les enhorter, les prier, supplier
De retourner visage, et de se rallier,
A beau faire promesse, a beau donner menace,
C'est en vain ce qu'il fait : ils ont perdu l'audace,
Ils sont sourds et muets, et n'ont plus autre soing,
Que de haster le pas et de s'enfuir bien loing.
J'empoigne mon espieu, dont le fer qui flamboye
Devant mon estomach me découvre la voye.
Je descens jusqu'au bord, où soudain j'apperçoy
Ce grand lion patu qui déaoche sur moy,
Dégorgeant un tel cry de sa gueule béante
Que toute la forest en résonne tremblante,
Qu'Hymette en retentist, et que les rocs qui sont

Au bord thriasien en sourcillent le front.
Ferme je me roidis, adossé d'une souche,
Avancé d'une jambe, et à deux bras je couche
Droit à luy mon espieu, prest de luy traverser
La gorge ou l'estomach, s'il se cuide avancer.
Mais las! peu me servit cette brave asseurance!
Car luy, sans faire cas du fer que je luy lance,
Non plus que d'un festu que j'eusse eu dans la main,
Me l'arrache de force et le rompt tout soudain,
Me renverse sous luy, me traînace et me boule,
Aussi facilement qu'il eust faict d'une boule.
Jà ses griffes fondoyent dans mon estomach nu,
L'escartelant sous luy comme un poulet menu
Qu'un milan a ravy sous l'ælle de sa mère,
Et le va deschirant de sa griffe meurtrière,
Quand vaincu de tourment je jette un cry si haut,
Que j'en laisse mon songe, et m'éveille en sursaut,
Si froid et si tremblant, si glacé par la face,
Par les bras, par le corps, que je n'estoy que glace.
Je fu long temps ainsi dans mon lict estendu,
Regardant çà et là, comme un homme esperdu
Que l'esprit, la mémoire et le sens abandonne,
Qui ne sçait ce qu'il est, ne connoist plus personne,
Immobile, insensible, élourdé, qui n'ha plus
De pensement en luy qui ne soit tout confus.
Mais, las! ce n'est encor tout ce qui m'espouvante,
Tout ce qui me chagrine et mon âme tourmente.
Ce n'est pas cela seul qui me fait tellement
Craindre je ne scay quoy de triste événement!
J'ay le cœur trop hardy pour estre faict la proye
D'un songe déceveur; cela seul ne m'effroye.
Le songe ne doit pas estre cause d'ennuy;
Tant foible est son pouvoir quand il n'y a que luy.
Ce n'est qu'un vain semblant, qu'un fantôme, une image
Qui nous trompe en dormant, et non pas un présage.
Depuis quatre ou cinq nuicts le hibou n'a jamais

Cessé de lamenter au haut de ce palais,
Et mes chiens aussi tost qu'ils sont en leurs estables
Comme loups par les bois hurlent espouvantables.
Les tours de ce chasteau noircissent de corbeaux
Jour et nuict aperchez, sépulcraliers oiseaux,
Et n'en veulent partir, ores qu'on les déchasse,
Si ce n'est quand je sors pour aller à la chasse.
Car alors tous ensemble ils décampent des tours,
Et croassant sur moy m'accompagnent tousjours,
Bavolant çà et là, comme une espesse nue
Qui vogue parmy l'air, du soleil soustenue.
J'ay faict ce que j'ay peu à fin de destourner
Ce malheur menaçant, qui me vient estonner.
Quelles sortes de vœux, quelles sainctes manières
D'appaiser les hauts dieux en leur faisant prières
N'ay-je encore esprouvé? à qui des Immortels
N'ay-je d'un sacrifice échauffé les autels?
Et brief que n'ay-je fait pour aller à l'encontre
Des injures du ciel et de mon malencontre?
Mais quoy? rien ne se change; on a beau faire vœux,
On a beau immoler des centeines de bœufs,
C'est en vain, c'est en vain : tout cela n'a puissance
De faire révoquer la céleste ordonnance.
Hier sacrifiant à toy, père Jupin,
Une blanche brebis pour t'avoir plus bénin,
Bien que mortellement elle fust entamée
Et qu'ardist autour d'elle une flamble allumée,
Bien qu'elle eust pieds et teste ensemblément liez,
Je la vis par trois fois dessur les quatre pieds,
Puis secouant son sang de mainte et mainte goutte,
M'en arrosa la face et l'ensanglanta toute.
Et encore, ô prodige! après qu'on veit le feu
S'estre gloutonnement de son beau sang repeu,
Le prestre, contemplant le dedans de l'hostie,
N'y trouva point de foye en aucune partie.
O dieux, ô dieux du ciel, qui avez soing de nous,

Et qui ne bruslez point d'un rigoureux courroux
Contre le genre humain, dieux qui n'estes sévères
Que pour nostre forfait, soyez-moy salutaires !
Conservez-moy, bons dieux ! et toy que j'ay tousjours
En mes adversitez implorée à secours,
Amorty ces frayeurs qui me glacent les veines,
O Délienne, et fay qu'elles demeurent vaines !
Recule tout désastre et accident mauvais
Loing de moy, ma déesse, et loing de ce palais ! [133]

Chœur de Chasseurs

Déesse fille de Latone,
De Dèle le bon-heur jumeau,
Qui t'accompagnes d'un troupeau
Que la Chasteté n'abandonne,
Si les monts hérissez de bois,
Si le sein touffu d'une taille,
Si les rocs à la dure escaille
Te vont agréant quelque fois,
Quand du front passant tes pucelles,
L'arc et la trousse sur le dos,
La trompe creuse à tes esselles,
Tu vas chassant d'un pied dispos,
  O montagneuse, ô bocagère,
Aime-fonteines, porte-rets,
Guide nos pas en tes forests,
Après quelque biche légère.
Que si favoriser te chaut
Nostre chasseresse entreprise,
Nous t'appendrons de nostre prise
La despouille en un chesne haut,
Et de fleurs les temples [134] couvertes,
Sous l'arbre trois fois entouré,
Les mains pleines de branches vertes
Chanterons ton nom adoré.

Heureuse nostre dure vie,
Que la faim avare de l'or,
La haine, ny l'amour encor
N'ont à leurs poisons asservie,
Mais qui faits compagnons des dieux,
Nous exerce à faire une queste,
Ores d'un cerf branchu de teste,
Ores d'un sanglier furieux,
Que tout exprès produit Nature,
Pour servir d'esbat innocent,
Au creux d'une forest obscure,
A nous, qui les allons chassant.

Quel plaisir de voir par les landes,
Quand les mois tremblent refroidis,
Les cerfs faire leurs viandis,
Faute de gaignages, aux brandes ?
Et recélez au plus profond
Des bois, chercher entre les hardes
De diverses bestes fuyardes,
L'abry du vent qui les morfond ?
Puis si tost que l'an renouvelle,
A repos dedans leurs buissons,
Refaire une teste nouvelle,
Qui endurcist jusque aux moissons ?

Adonc l'Amour, qui époinçonne
Toute créature à s'aimer,
Les fait du rut si fort bramer
Que le bois d'autour en résonne.
Vous les verrez de grand courroux
Gratter de quatre pieds la terre,
Et d'une forcenante guerre
Se briser la teste de coups.
La biche regarde, peureuse,
Incertaine lequel sera,
Que la victoire impérieuse
Pour son mary luy baillera.

Lancez par les picqueurs, ils rusent,
Ores changeant, ores croisant,
Ore à l'escart se forpaisant
D'entre les meutes qu'ils abusent;
Ore ils cherchent de fort en fort
Les autres bestes qui les doutent,
Et de force en leur lieu les boutent,
Pour se garantir de la mort.
Là se tapissant contre terre,
Les pieds, le nez, le ventre bas,
Mocquent les chiens qui vont grand erre,
Dépendant vainement leurs pas.

Tandis nous voyons d'avanture
Vermeiller dedans un pastis
Ou faire aux fraischeurs ses boutis
Un sanglier à l'horrible hure,
Qu'une autre fois, armez d'espieux
Et de chiens, compagnons fidelles,
Malgré ses défenses cruelles,
Nous combattons audacieux.
Quelquefois d'une course viste
Nous chassons les lièvres soudains,
Qui plus cauts meslent à leur fuite
La ruse, pour frauder nos mains.

Quand le soir ferme la barrière
Aux chevaux establez du jour,
Et que toy, Diane, à ton tour
Commences ta longue carrière,
Comme les forests, ton soucy,
Tu vas quittant à la Nuict brune,
Pour reluire au ciel, belle Lune,
Lassez nous les quitons aussi :
Nous retournons chargez de proye,
En nostre paisible maison,
Où soupant d'une allègre joye,
Dévorons nostre venaison [135].

ACTE II

PHÈDRE, NOURRICE

Phèdre

O roine de la mer, Crète, mère des dieux,
Qui as receu naissant le grand moteur des cieux,
O la plus orgueilleuse et plus noble des isles,
Qui as le front orné de cent fameuses villes ;
Demeure de Saturne, où les rivages torts,
Remparez de rochers s'ouvrent en mille ports,
En mille braves ports qui, caressez de l'onde,
Reçoivent des vaisseaux de toutes parts du monde :
Pourquoy, mon cher séjour, mon cher séjour, pourquoy
M'as-tu de toy bannie en éternel esmoy ?
Las ! pourquoy, ma patrie, as-tu voulu, cruelle,
Me faire cheoir ès mains d'un amant infidelle,
D'un espoux desloyal, qui, parjurant sa foy,
Adultère sans cesse et ne fait cas de moy,
Me laisse désolée, hélas ! hélas ! me laisse
Sur ce bord estranger languissant de tristesse ?
O dieux, qui de là-haut voyez comme je suis,
Qui voyez mes douleurs, qui voyez mes ennuis,
Dieux, qui voyez mon mal, dieux qui voyez mes peines,
Dieux qui voyez seicher mon sang dedans mes veines
Et mon esprit rongé d'un éternel esmoy,
Bons dieux, grands dieux du ciel, prenez pitié de moy !
Ouvrez, je vous supply, les prisons à mon âme,
Et mon corps renversez dessous la froide lame,
Pour finir mes langueurs qui recroistront tousjours
Sans jamais prendre fin qu'en finissant mes jours.
L'espoir de ma santé n'est qu'en la tombe obscure ;
Ma guarison n'est plus que d'une sépulture.

Parlé-je de mourir ? hé, pauvrette ! mon corps,
Mon corps ne meurt-il pas tous les jours mille morts ?
Hélas ! hélas ! si fait : je ne suis plus en vie ;
La vie que j'avoy m'est de douleur ravie.
Pour le moins, si je vis, je vis en endurant
Jour et nuict les dangers qu'on endure en mourant.
O Phèdre ! ô pauvre Phèdre ! hé ! qu'à la mauvaise heure
Tu as abandonné ta natale demeure !
Qu'il t'eust bien mieux valu, pauvre princesse, alors
Que tu te mis sur mer, périr de mille morts.
Qu'il t'eust bien mieux valu tomber dessous les ondes,
Et remplir l'estomac des phoques vagabondes,
Lors qu'à ton grand malheur une indiscrète amour
Te feit passer la mer sans espoir de retour.
Qu'il t'eust bien mieux valu, délaissée au rivage,
Comme fut Ariadne en une isle sauvage,
Ariadne ta sœur, errer seule en danger
Des lions naxéans, qui t'eussent peu manger,
Plustost qu'adoulourée et de vivre assouvie
Traîner si longuement ton ennuyeuse vie,
Plustost, plustost que vivre en un éternel dueil,
Ne faisant jour et nuict qu'abayer au cercueil.
Voilà mon beau Thésé, qui, suivant sa coustume
D'estre instable en amours, d'un nouveau feu s'allume.
Voilà qu'il m'abandonne, après que le cruel
M'a faict abandonner mon séjour naturel,
Après qu'il m'a ravie aux yeux de mon bon père
Et aux embrassements de ma dolente mère,
Fugitive, bannie, et qu'il a contenté
Son ardeur des plaisirs de ma virginité.
Il va, de Pirithois compagnon détestable,
Enlever de Pluton l'espouse vénérable.
La terre leur est vile : ils vont chercher là bas,
Sur les rivages noirs, leurs amoureux esbas.
L'enfer qui n'est qu'horreur, qui n'est que toute rage,
Qu'encombre et que tourment, ne domte leur courage.

Mais soyent tant qu'ils voudront aux infernaux palus,
Ce n'est pas la douleur qui me gesne le plus :
Un plus aspre tourment rampe dans mes mouelles,
Qui les va remplissant de passions cruelles.
Le repos de la nuict n'allège mes travaux;
Le somme léthéan n'amortist point mes maux;
Ma douleur se nourrist et croist tousjours plus forte.
Je brûle, misérable, et le feu que je porte
Enclos en mes poumons, soit de jour ou de nuict,
De soir ou de matin, de plus en plus me cuit.
J'ay l'estomach plus chaud que n'est la chaude braise
Dont les Cyclopes nus font rougir leur fournaise,
Quand au creux etnéan, à puissance de coups,
Ils forgent, renfrongnez, de Jupin le courroux.
Hé, bons dieux ! que feray-je ? auray-je tousjours pleine
La poitrine et le cœur d'une si dure peine ?
Souffriray-je tousjours ? ô malheureux amour !
Que maudite soit l'heure et maudit soit le jour,
Que je te fu sujette ! ô quatre fois mauditte
La flèche que tu pris dans les yeux d'Hippolyte,
D'Hippolyte que j'aime, et non pas seulement
Que j'aime, mais de qui j'enrage follement.

NOURRICE

Ne verray-je jamais hors de vostre pensée,
Cruelle s'affligeant, cette amour insensée ?
Languirez-vous tousjours, race de Jupiter,
Sous ce monstre d'amour, que vous deussiez domter ?
Domtez-le, ma maistresse, et par cet acte insigne,
Monstrez-vous, je vous pry, de vostre Thésé digne.
Thésée est renommé par tout cet univers
Pour avoir combattu tant de monstres divers,
Et vous emporterez une pareille gloire,
Si de ce fier serpent vous avez la victoire.
Amour est un serpent, un serpent voirement,
Qui dedans nostre sein glisse si doucement

Qu'à peine le sent-on : mais si l'on ne prend garde
De luy boucher l'entrée, et tant soit peu l'on tarde,
Bien tost, privez d'espoir de toute guarison,
Nous aurons nostre sang infect de sa poison,
Et alors (mais trop tard) cognoistrons nostre faute
D'avoir laissé entrer une beste si caute.
Gardez-vous donc, Madame, et en vous efforçant,
De bonne heure estouffez cet amour blandissant,
De peur qu'il s'enracine, et qu'après on ne puisse,
Quand il sera trop fort, combatre sa malice.
Celuy n'est plaint d'aucun qui obstiné ne veut
Éviter son malheur, quand éviter le peut.
Il faut prévoir son mal; on diroit estre beste
Cil qui plaindroit le joug qu'il s'est mis sur la teste.

Phèdre

Je suis preste tousjours de constamment souffrir
Tel hasard qu'aux bons dieux il plaira de m'offrir.

Nourrice

Ce n'est pas un hasard, s'il vient un infortune
De nostre seule faute, et non de la fortune :
Alors est-ce hasard, s'il nous eschet d'avoir
Quelque accident mauvais, que n'ayons peu prévoir.
Mais, las! vostre malheur vous est tout manifeste.

Phèdre

J'ay bonne confiance en la faveur céleste.

Nourrice

Pensez-vous que les dieux favorisent nos maux?

Phèdre

Appellez-vous un mal mes amoureux travaux?

Nourrice

Non, ce n'est pas un mal, c'est un crime exécrable,
Un prodige, un forfaict qui n'ha point de semblable.

Phèdre

O puissante Vénus !

Nourrice

Vénus n'invoquez point.

Phèdre

Las ! Nourrice, pourquoy ? c'est son fils qui me poind.

Nourrice

Un dieu n'est point autheur d'un si vilain inceste.

Phèdre

Il embrase mon cœur.

Nourrice

Plustost il le déteste.

Phèdre

Les dieux ne sont faschez que l'on s'aime icy bas.

Nourrice

Les dieux ne sont joyeux de nos salles esbats.

Phèdre

Ils sont touchez d'amour aussi bien que nous sommes.

Nourrice

Ils ne sont point touchez des passions des hommes.

Phèdre

Et quoy ? pour s'entre-aimer commet-on tant de mal ?

Nourrice

Non pas pour s'entre-aimer d'un amour conjugal.

Phèdre

L'amour ne se doit pas borner du mariage.

Nourrice

Ce ne seroit sans luy qu'une brutale rage.

Phèdre

Nature ne nous fait esclaves d'un espoux.

Nourrice

Non, mais les saintes loix, qui sont faites pour nous.

Phèdre

Les hommes, nos tyrans, violant la Nature,
Nous contraignent porter cette ordonnance dure,
Ce misérable joug, que ny ce que les flots
Enferment d'escaillé, ny ce qui vole enclos
Dans le vuide de l'air, ce qui loge aux campagnes,
Aux ombreuses forests, aux pierreuses montagnes,
De cruel, de béning, de sauvage et privé,
Plus libre qu'entre nous n'a jamais esprouvé.
Là l'innocente amour s'exerce volontaire,
Sans pallir sous les noms d'inceste et d'adultère,
Sans crainte d'un mari, qui flambe de courroux
Pour le moindre soupçon qu'ait son esprit jaloux.
Et n'est-ce pas pitié qu'il faille que l'on aime
A l'appétit d'un autre, et non pas de soymesme?
En ce monde il n'y a pire subjection,
Que de se voir contraindre en son affection.

Nourrice

Que dites-vous, Madame? Est-ce une chose honneste
D'ainsi vous abjecter aux façons d'une beste?

Phèdre

Nourrice, je me plais en leurs libres amours.

Nourrice

Et quelle liberté n'avez-vous eu tousjours
De vostre bon mari, qui vous prise et honore,
Vous aime et vous chérist plus que soymesme encore?

Phèdre

C'est pourquoy volontiers il est absent de moy.

Nourrice

Pirithois l'a contraint d'aller avecques soy :
Puis qu'il avoit promis, il devoit ainsi faire.
Qui promet quelque chose, il y doit satisfaire.

Phèdre

Mais il est chez Pluton pour violer son lict.

Nourrice

Il ne l'en faut blâmer, ce n'est pas son délict.

Phèdre

Ceux qui sont compagnons à faire un acte infâme
Sont compagnons aussi pour en recevoir blâme.

Nourrice

Ce que Thésée a faict, il l'a faict pour autruy.

Phèdre

Il en est d'autant plus punissable que luy.

Nourrice

Pirithois de sa dame avoit l'âme embrasée.

Phèdre

Cela luy sert d'excuse, et non pas à Thésée.

Nourrice
L'on parlera par tout d'un amy si parfaict.

Phèdre
L'on parlera par tout d'un si malheureux faict.

Nourrice
Pluton l'avoit jadis à sa mère ravie.

Phèdre
Si Pluton a mal faict, y portent-ils envie?

Nourrice
Ils ne sont ravisseurs que sur un ravisseur.

Phèdre
Pluton l'a prise à femme et en est possesseur.

Nourrice
Mais à qui se plaindra Pluton de son offense?

Phèdre
Il ne s'en plaindra pas, il en prendra vengence.

Nourrice
Thésé, qui compagnon du grand Tirynthien,
A presque tout couru ce globe terrien,
Qui a faict, indomté, tant de braves conquestes,
Qui a tant combatu d'espouvantables bestes,
Tant domté d'ennemis, tant de monstres desfaits,
Tant meurtri de tyrans pour leurs injustes faicts,
Aura peur volontiers des nocturnes encombres
De Pluton, qui n'est roy que de peureuses ombres.

Phèdre
Mais les démons qu'il a seront-ils trop peu forts
Pour oser repousser ses outrageux efforts?

Non, ma Nourrice, non. Les puissances humaines,
Tant grandes qu'elles soyent, là-bas demeurent vaines.
Nul qui soit dévalé sur le bord stygieux
N'est jamais remonté pour revoir les hauts cieux.

Nourrice

Celuy qui pour entrer a sceu forcer la porte
La pourra reforcer quand il faudra qu'il sorte.

Phèdre

Il est aisé d'entrer dans le palle séjour;
La porte y est ouverte et ne clost nuit ne jour :
Mais qui veut ressortir de la salle profonde,
Pour revoir derechef la clairté de ce monde,
En vain il se travaille, il se tourmente en vain,
Et tousjours se verra trompé de son dessain.
Mais feignons qu'il eschappe, et que vif il se treuve
Repassé par Charon deçà le triste fleuve.
Pensez-vous qu'il séjourne une seule saison
Avec moy s'esbatant, paisible, en sa maison,
Ains qu'il n'aille aussi tost en quelque estrange terre
Chercher, impatient, ou l'amour, ou la guerre,
Me laissant misérable icy seule à jamais?

Nourrice

Il sera plus long temps avec vous désormais.
Mais quoy qu'il vueille faire, et quoy que sa nature,
Qui est de pourchasser tousjours quelque adventure,
L'arrache de vos bras pour le jetter bien loing,
Quoy qu'il ne prenne pas de vous assez de soing,
Et qu'il ne garde assez la foy de mariage,
Rien ne vous est pourtant octroyé d'avantage;
Pour cela ne devez vous dispenser d'avoir
Tout autant de respect à vostre sainct devoir.
Le mal qu'un autre fait n'est pas cause vallable
De nous faire à l'envy commettre un mal semblable.

Le vice ne doit pas les hommes inciter
De le prendre à patron, à fin de l'imiter.
Voyez-vous pas les dieux nous estre débonnaires,
Bien qu'à les offenser nous soyons ordinaires ?
Voyez-vous pas le ciel perpétuer son cours,
Et le luisant Phébus faire ses mesmes tours,
Et n'estre d'un moment sa carrière plus lasche,
Bien que nostre mesfaict incessamment le fasche ?
Car depuis que son œil de luire commença,
Que ses premières fleurs le printemps amassa,
Que l'esté nous donna ses despouilles premières,
L'automne vendangeur ses grappes vinotières,
Et que l'hyver glacé fist le premier amas
Dessur son chef grison de neige et de frimas,
Des malheureux humains les natures fautières
Ont les dieux courroucez en cent mille manières :
Et toutesfois, bons dieux, le ciel ne laisse pas
De disposer la terre à nostre humain repas.
Vous ne nous ostez point le soleil ordinaire,
De qui l'œil nous nourrist, nous chauffe et nous esclaire.
Vous ne nous ostez point l'été ny le printemps,
L'automne ny l'hyver : ils viennent en leur temps;
Seulement quelquefois, quand la monstreuse masse
Des frères etnéans, titanienne race,
Entreprend de forcer le ciel éthéréan,
Vous levez lors la main sur le champ phlégréan,
Et d'un foudre sonnant bouleversez les testes
D'Osse et de Pélion sur leurs superbes festes.
Jamais nos cruautez ne font les dieux cruels.
Si nous sommes meschans, pourtant ils ne sont tels :
Si nous sommes ingrats à leur bonté suprême,
Si nous les oublions, ils ne font pas de mesme :
Ainçois le plus souvent que nous méritons bien
D'estre punis, c'est lors qu'il nous font plus de bien.
Et ne voyons nous pas qu'au lieu de nous atteindre
De leurs foudres bruyans, il ne font que se feindre ?

Et que le traict de feu, qui grondant, aboyant,
De tempeste et d'esclairs nous va tant effroyant,
Le plus souvent ne bat que les montagnes hautes,
Et non pas nous méchans, qui commettons les fautes?
Ainsi, Madame, ainsi vous ne devez laisser
Pour Thésé vostre espoux, qui vous peut offenser,
D'avoir cher vostre honneur et luy garder loyale
Jusqu'au pied du tombeau vostre amour conjugale.

Phèdre

Je ne sçauroy, Nourrice, et ne le dois aussi.
Aimeray-je celuy qui n'ha de moy souci?
Qui n'ha que l'inconstance, et de qui la mouelle
S'enflamme incessamment de quelque amour nouvelle?
Hélène lédéanne aussi tost il ne veit,
Qu'espris de sa beauté, corsaire, il la ravit;
Depuis il eut au cœur, Hippolyte, ta mère,
Qu'il amena vainqueur d'une terre estrangère;
Puis, ô pauvre Ariadne, ô ma chétive sœur,
Tu pleus à cet ingrat, cet ingrat ravisseur,
Qui pour le bon loyer de l'avoir, pitoyable,
Sauvé du mi-taureau, ce monstre abominable,
Sur le bord naxéan te laissa, l'inhumain,
Pour estre dévorée ou pour mourir de faim.
En fin mon mauvais sort me mit en sa puissance,
Pour goûter à mon tour sa légère inconstance.
Ores soûlé de moy, possible aux sombres lieux
Il cherche une beauté qui ravisse ses yeux.
Que s'il en treuve aucune et qu'elle luy agrée,
Qu'attendé-je sinon que je soy' massacrée
Comme fut Antiope, ou qu'il me laisse au bord
Où il laissa ma sœur, pour y avoir la mort?
Or allez me louer la loyauté des hommes :
Allez me les vanter. O folles que nous sommes,
O folles quatre fois, hélas! nous les croyons,
Et sous leurs feints soupirs indiscrettes ployons.

Ils promettent assez qu'ils nous seront fidelles,
Et que leurs amitiez nous li'ront éternelles :
Mais, ô déloyauté, les faulsaires n'ont pas
Si tost nos simples cœurs surpris de leurs appas,
Si tost ils n'ont deceu nos crédules pensées,
Que telles amitiez se perdent effacées,
Qu'ils nous vont dédaignant, se repentant d'avoir
Travaillé, langoureux, voulant nous décevoir.

NOURRICE

Ostez de vostre esprit ceste rage jalouse.
Vous estes d'un grand roy la chérissable espouse,
Le désir et la vie : il ne vous faut penser
Que jamais pour une autre il vous doive laisser.

PHÈDRE

Il n'y a plus d'espoir, je n'y puis plus que faire;
Je porte dans les os mon cruel adversaire;
Il a forcé le mur et planté l'estandart,
Malgré ma résistance au plus haut du rampart.
Je suis en sa puissance, et quoy que je luy brasse,
Je ne puis, tant est fort, luy enlever la place.
Mes efforts tombent vains, et ne peut la raison
Me secourir maistresse : il la tient en prison.

NOURRICE

Vous laissez-vous ainsi subjuguer, imbécile,
A cette passion, de toutes la plus vile ?
Voulez-vous diffamer vostre nom de mesfaits,
Et vaincre vostre mère en ses lubriques faicts ?
Puis ne craignez-vous point un remors misérable,
Qui se viendra plonger en vostre esprit coupable,
Bourreau perpétuel, et qui joinct à vos os
Ne vous lairra jamais sommeiller en repos ?
Réprimez, je vous pry, cette ardeur malheureuse !
Réprimez cette amour qui ard incestueuse

Autour de vos roignons : réprimez, réprimez
Avecques la raison ces désirs enflamez,
Qu'aucune nation tant barbare fut-elle,
Tant fut-elle à nos loix brutalement rebelle,
N'eut jamais en l'esprit : non les Gètes espars,
Non les Scythes errans, cruels peuples de Mars,
Non les Sarmates durs, non le négeux Caucase,
Non le peuple qui boit dans les ondes de Phase.
Voulez-vous engendrer en vostre ventre infet
De vous et vostre fils [136] un monstre contrefait ?
Voulez-vous que la mère avec son enfant couche,
Flanc à flanc accouplez en une mesme couche ?
Or allez, hastez-vous, ne vous espargnez pas,
Exercez vostre soûl vos furieux esbats.
Que tardez-vous encor ? pourquoy la salle ouverte
Du monstre, vostre frère, est si long temps déserte,
Et pourquoy ne se va vostre race estoffant
Des membres merveilleux de quelque énorme enfant ?
Les monstres trop long temps en vostre maison cessent ;
Il vous faut efforcer que quelques uns y naissent.
Sus donq, mettez y peine. Et mais, quoy ? n'est-ce pas,
O saincte Paphienne, un merveillable cas,
Qu'autant de fois qu'Amour poindra de sa sagette
Le cœur énamouré d'une fille de Crète,
La terre autant de fois des prodiges verra,
Nature autant de fois de son cours sortira !

PHÈDRE

Las ! Nourrice, il est vray : mais je n'y puis que faire.
Je me travaille assez pour me cuider distraire
De ce gluant Amour, mais tousjours l'obstiné
Se colle plus estroit [137] à mon cœur butiné.
Je ne sçaurois sortir libre de son cordage ;
Ma chaste raison cède à sa forçante rage ;
Tant il peut dessur nous, quand une fois son trait
Nous a troublé le sang de quelque beau pourtrait.

J'ay tousjours un combat de ces deux adversaires,
Qui s'entrevont heurtant de puissances contraires.
Ores cetuy-là gaigne, et ore cetuy-cy;
Cetuy-cy perd après, cetuy-là perd aussi;
Maintenant la raison ha la force plus grande,
Maintenant la fureur plus forte me commande;
Mais tousjours à la fin Amour est le vaincueur,
Qui paisible du camp s'empare de mon cueur.
Ainsi voit-on souvent une nef passagère
Au milieu de la mer, quand elle se colère,
Ne pouvoir aborder, tant un contraire vent
Seigneuriant les flots la bat par le devant.
Les nochers esperdus ont beau caler les voiles,
Ont beau courir au mast, le désarmer de toiles,
Ont beau coucher la rame, et de tout leur effort
Tâcher malgré le vent de se traîner au port,
Leur labeur n'y fait rien : la mugissante haleine
Du nort, qui les repousse, anéantist leur peine.
La nef court eslancée, ou contre quelque banc,
Ou contre quelque roc, qui luy brise le flanc.
Ainsi cette fureur violente s'oppose
A ce que la raison salutaire propose,
Et sous ce petit dieu tyrannise mon cueur.
C'est ce dieu qui, des dieux et des hommes veinqueur,
Exerce son empire au ciel comme en la terre,
Qui ne craint point de faire à Jupiter la guerre,
Qui domte le dieu Mars, ores qu'il soit d'armet,
De grève [138] et de cuirace armé jusqu'au sommet,
Qui le dieu forgeron brusle dans la poitrine
Au milieu de sa forge, où le foudre il affine;
Le pauvre dieu Vulcan, qui tout estincelant
Aux fourneaux ensoulfrez travaille martelant,
Qui tousjours ha le front panché dans la fournaise,
Qui à bras découverts va pincetant la braise,
Sans qu'il soit offensé de la force du feu,
De ces tisons d'Amour se défendre n'a peu.

Il brusle en l'estomac, et tout sueux s'estonne
Qu'en luy qui n'est que feu, cet autre feu s'entonne.

NOURRICE

Voire on a feint Amour un redoutable dieu,
Vagabond, qui ne loge en aucun certain lieu.
Il porte, comme oiseau, le dos empenné d'æles ;
Il ha le beau carquois, qui luy pend aux escelles ;
Il ha tousjours les yeux aveuglez d'un bandeau ;
Il ha, comme un enfant, délicate la peau,
La chair tendre et douillette, et la perruque blonde
De cheveux frisotez, comme les plis d'une onde.
Cyprine l'enfanta, qui sentit tost après,
Blessée enragément, la rigueur de ses tréts.
Il guerroye un chacun. Car luy qui ne voit goute,
Du sang d'un Immortel aussi souvent dégoute
Que de quelqu'un de nous : aussi le traistre enfant
Est du ciel, de la terre et des eaux trionfant.
Voilà comment le vice en se flatant coupable
Couvre son appétit d'une menteuse fable.
Voilà comme excusant nos lubriques désirs,
Nous bastissons un dieu forgeur de nos plaisirs,
Autheur de nostre honte, et n'avons peur qu'un foudre
Pour telle impiété nous broye tous en poudre.
Quiconque s'orgueillit de sa prospérité,
Qui ne prend sa fortune avec sobriété,
Qui tombe de mollesse, et, délicat, ne treuve
Rien à son appétit que toute chose neuve,
Qui ore en ses habits, ores en son manger,
Ore en ses bastimens ne veut rien qu'estranger,
Celuy le plus souvent en ses entrailles porte
De l'amoureuse ardeur une pointe plus forte
Que le pauvre commun, et son esprit troublé
Va tousjours forcenant d'un désir déréglé.
L'amour accoustumé luy desplaist trop vulgaire :
Il veut s'ébatre d'un qui ne soit ordinaire,

Qui ne soit naturel, mais tout incestueux,
Mais tout abominable, horrible et monstrueux.
Tousjours, tousjours les grands ont leurs âmes esprises,
Ont leur cœur enflammé de choses non permises.
Celuy qui peut beaucoup veut encor plus pouvoir,
Et cil qui ha beaucoup, veut encor plus avoir.
Mais qui vous fléchira ce jeune homme infléchible? [139]
Voyez-vous pas combien il est inaccessible?
Comme l'Amour il fuit, et l'amoureux lien?
Comme il vit solitaire en Amazonien?

Phèdre

Je le suivray par tout, dans les forests ombreuses,
Sur les coupeaux blanchis de neiges paresseuses,
Sur les rochers aigus bien qu'ils touchent les cieux,
Au travers des sangliers les plus pernicieux.

Nourrice

Il fuira devant vous comme devant une ourse
Qui tâche recouvrer ses petits à la course.

Phèdre

Je ne croy pas cela d'une si grand'beauté.

Nourrice

Il est encor plus dur, ce n'est que cruauté.

Phèdre

L'amour amollist tout, fust-ce un rocher sauvage.

Nourrice

Vous ouvrirez plustost un roc que son courage :
Puis il s'ira cacher au profond des désers.

Phèdre

Je le trouveray bien, et fust-il aux enfers,
Fust-il où le soleil au soir sa teste trempe,
Fust-il où le matin il allume sa lampe.

Nourrice

Que vous dira Thésé, s'il retourne une fois ?

Phèdre

Mais moy, que luy diray-je, et à son Pirithois ?

Nourrice

Et encor que dira vostre rigoureux père ?

Phèdre

Qu'a-t-il dict à ma sœur ? qu'a-t-il dict à ma mère ? [140]

Nourrice

Par ces cheveux grisons, tesmoins de mes vieux ans,
Par ce crespe [141] estomach, chargé de soings cuisans,
Par ce col recourbé, par ces chères mamelles,
Que vous avez pressé de vos lèvres nouvelles,
Je vous supply, mon âme, et par ces tendres pleurs
Que j'espan de pitié, prévoyant vos malheurs,
Ma vie, mon souci, je vous pry à mains jointes :
Déracinez de vous ces amoureuses pointes;
Vueillez-vous, mon amour, vous-mesme secourir.
C'est presque guarison que de vouloir guarir [142].

Phèdre

Or je n'ay pas encor despouillé toute honte.
Sus, mon cruel amour, il faut que l'on te domte.
Je sçay qui te vaincra; mon honneur m'est trop cher
Pour le laisser par toy si follement tacher.
La mort te combatra : sus, sus, il me faut suivre
Mon désiré mary : je suis lasse de vivre.

Nourrice

Las ! mon cher nourriçon, n'ayez-pas ce propos !

Phèdre

Non, non, je veux mourir, la mort est mon repos.
Il ne me reste plus qu'adviser la manière,
Si je doy m'enferrer d'une dague meurtrière,
Si je doy m'estrangler d'un estouffant licol,
Ou sauter d'une tour et me briser le col.

Nourrice

Au secours, mes amis, au secours, elle est morte !
Je ne la puis sauver, je ne suis assez forte.

Phèdre

Taisez-vous, ma nourrice.

Nourrice

          Et comment, ma douceur ?
Et comment, ma mignonne ? est-ce là le bon-heur
Que j'espéroy de vous ? est-ce-là la liesse
Que de vous attendoit ma tremblante vieillesse ?
Laissez ce fol désir qui gaigne vos esprits.

Phèdre

Celuy qui de mourir a constant entrepris
Ne peut estre empesché par aucun qu'il ne meure :
Si ce n'est à l'instant, ce sera quelque autre heure.

Nourrice

Hé ! que voulez-vous faire ? et pourquoy mourez-vous ?
Rompez plustost la foy promise à vostre espous,
Et plustost mesprisez le bruit du populaire,
Mesprisez-le, mon cœur, plustost que vous mal faire.
Le bruit du populaire erre le plus souvent,
Louant un vicieux, blasmant un bien vivant.

Il nous faut aborder cet homme solitaire,
Et tâcher d'amollir son naturel sévère :
Cela sera ma charge. Or ayez donc bon cueur,
Peut estre pourrons-nous adoucir sa rigueur [143].

Chœur

Ne verrons-nous jamais le jour
Que l'on soit libre de l'amour ?
Jamais ne se verra le monde
Affranchi de la dure main
De ce dieu, qui règne, inhumain,
Au ciel, en la terre et en l'onde ?

C'est grand cas que les dieux, qui ont
Tout pouvoir sur ce monde rond,
N'ont divinité qui repousse
D'un enfant les débiles coups,
Et qu'ils sont navrez à tous coups
Des trets venimeux de sa trousse !

Mais les hommes plus aigrement
Que les dieux sentent ce tourment.
Car les dieux, s'ils sont d'aventure
Comme nous blessez dans le cœur,
Ne souffrent pas grande langueur,
Devant que d'en avoir la cure.

Mais las ! il advient rarement,
Que ceux qui sont nostre tourment,
Et nostre guarison ensemble,
Soyent esmeus de quelque pitié,
Et que sous pareille amitié
Ce cruel Amour les assemble.

Car tousjours le malicieux,
A fin de nous tourmenter mieux,
Par une beauté nous attire
Qu'il nous monstre et ne baille pas :
Ains ne s'en sert que d'un appas
Pour nous tromper, puis la retire ;

Comme on dit du vieillard chétif,
Qui dedans le coulant fuitif
D'un fleuve veut mouiller sa bouche,
Qui prompt s'est plustost retiré,
Que le misérable altéré
Du bout de ses lèvres y touche.

   Il n'est si mortelle poison
Qui ne treuve sa guarison;
Tout, fors qu'amour, se rend curable,
Quand Cupidon fait que celuy
Qui ha le remède avec luy
N'a la volonté secourable.

   Mainte cruelle passion
Commande à nostre affection;
Mais passion si furieuse
Jamais pour nous gesner n'apprit
Si fort tourment en nostre esprit,
Que ceste fureur amoureuse.

   Comme une eau bouillonne de chaud
Sur le feu qui plus fort l'assaut,
Nostre sang bouillonne en la sorte,
Quand il a les brasiers autour
De cest estincelant Amour,
Et que sa rage est la plus forte.

   Quand Jupiter fut irrité
Contre le larron Prométhé
Pour avoir pris le feu céleste,
Entre les malheurs que sa main
Secoua sur le genre humain,
Fut cette abominable peste,

   Ceste peste née au profond
Du Styx en neuf tours vagabond
Pour troubler, ardante furie,
L'heur des animaux poursuivis,
Si tost qu'ell' les tient asservis
Sous les pieds de sa seigneurie.

Alcide, qui de tous costez
A tant de monstres surmontez
Et purgé le monde où nous sommes,
Eust plus mérité qu'il n'a faict,
S'il eust de ce tyran desfaict
Pour jamais délivré les hommes.

Le sanglier érymanthéan,
Le grand lion cléonéan,
Busire, Eurypyle, et Antée,
Et l'Hydre au col sept fois testu,
Qui multiplioit abbatu,
Cogneurent sa force indomtée.

Et toutesfois Amour n'eut pas
Si tost roidi son tendre bras
Pour luy décocher une flèche,
Que laschement il se laissa
Frapper du tret qui luy perça
Le cœur d'une profonde brèche.

Il devint, de preux qu'il estoit,
Un vil esclave qui tortoit
De la filace enquenouillée :
Et de la mesme main filoit,
Qui fière auparavant souloit
Estre au sang des monstres souillée.

Vénus, et toy, son cher enfant,
Qui allez des cœurs trionfant,
N'avons vengé le fait coupable
De Phébus, qui vous décela,
Sur Pasiphe, qui affola
D'une amour si abominable ?

Pourquoy encore espandez-vous
Vostre insatiable courroux
Sur ceste misérable dame,
Luy faisant par trop de rigueur
Rostir bourrellement le cœur
En une incestueuse flâme ? [144]

ACTE III

Phèdre

Quand romprez-vous le fil de mes heures fatales ?
Quand m'aurez-vous filée, ô Vierges infernales ?
Que tarde tant la mort, que d'un coup bien-heureux
Elle ne jette hors mon esprit langoureux ?
Que fay-je plus au monde ? et dequoy la lumière
De nostre beau soleil sert plus à ma paupière ?
Ah ! que je sens de mal, que je sens de douleurs !
Que je souffre d'angoisse et que j'espans de pleurs !
O beau visage aimé, ma douloureuse peine !
O comble de mon heur, douce face sereine !
O beau front applany, des amours le séjour !
O sourcils ébènez, deux voûtures d'amour !
O beau corps composé d'une taille céleste,
Semblable au corps d'un dieu de maintien et de geste,
Je meurs de vous trop voir ! je meurs, hélas ! je meurs
De vous voir, ô beautez, semences de mes pleurs !
O venimeux Amour, que ta mère céleste
T'enfantant accoucha d'une cruelle peste !
Qu'il eust bien mieux valu qu'elle eust grosse produit
Un millier de serpens qu'un si malheureux fruit !
Hélas, tousjours ton feu, tousjours ton feu me brusle,
Soit que je m'en approche ou que je m'en recule !
Hé ! dieux, qu'y faut-il faire ? Hippolyte m'espoint,
Et quand il est présent et quand il n'y est point.
Ainsi voit-on souvent une biche sauvage,
Qu'un berger cressien blesse dans un bocage
D'un garrot décoché qui luy coust les poumons,
Traverser à la course et les bois et les monts,
Voulant fuir son mal : mais tousjours la pauvrette
Porte dedans le flanc la mortelle sagette [145].

Hippolyte, mon cœur, n'aurez-vous point pitié
De me voir trespasser serve en vostre amitié ?
Me lairrez-vous plonger aux ondes de Cocyte ?
Me lairrez-vous mourir pour vous, mon Hippolyte ?
Ah, Phèdre ! ah, pauvre Phèdre ! où as-tu mis ton cœur ?
Tu ne dois espérer le tirer de langueur.
Tu brusles follement en une beauté digne
Non pas de ton amour, mais d'une amour divine ;
Tu brusles follement ; volontiers ses beaux yeux
Sont des Nymphes aimez, qui le méritent mieux.
Je ne sçauroy penser, pucelle cynthienne,
Que ton Endymion désormais te retienne :
Hippolyte plus cher tes doux baisers reçoit
Au lieu de ce dormeur qui ton col embrassoit.
Je ne croy pas aussi, tithonienne Aurore,
Que tu baises le sein de ton Céphale encore :
Au moins si quelquefois en respandant le jour,
Baissant les yeux à bas, tu as veu mon amour.
O vous creuses forests qui recélez ma vie,
Que bien jalousement je vous porte d'envie !
O vous coustaux pierreux, qui l'allez esprouvant
A la suitte d'un cerf, ou d'un sanglier bavant,
Que je vous suis despite ! O vous aussi, fontaines,
Qui allez ondelant par les herbeuses plaines,
Et par tortis cavez roulez tousjours à val,
Que je vous veux, hélas ! que je vous veux de mal !
C'est vous qu'il va baisant, quand lassé de la chasse,
Dégoutant de sueur et d'une honneste crasse,
Couché sur vostre bord tout plat il va lavant
Ses lèvres et sa soif en vostre eau l'abreuvant.
Où courez-vous, mon cœur ? les dieux ont-ils fait naistre
Tant de beautez en vous pour vous faire champestre
Citoyen des forests ? Les forests, mon souci,
Sont indignes de vous, et les rochers aussi.
Laissez-les donc, mon cœur ! hé, voulez-vous despendre
En un labeur si dur vostre jeunesse tendre ?

Où courez-vous, mon cœur ? mon cœur, où courez-vous ?
Laissez les bois déserts, les villes sont pour nous ;
Cupidon y habite avec sa douce mère,
La déesse Vénus, délices de Cythère.
O mon bel Hippolyte, et ne voyez-vous pas
Que pour vous trop aimer j'approche du trespas ?
Et ne voyez-vous pas que je meurs, pauvre roine,
Et que pour me sauver vous estes seul idoine ?
Secourez-moy, ma vie, et ne changez à tort,
Par faute de pitié, mon amour à la mort.
Hélas ! vous voyez bien par mon visage blême,
Par ma palle maigreur, qu'ardemment je vous aime !
Voyez-vous pas mes yeux ne cesser larmoyans
De verser en mon sein deux ruisseaux ondoyans ?
Voyez-vous pas sortir comme d'une fournaise
Les soupirs de ma bouche aussi chauds comme braise ?
Voyez-vous point mon sein panteler de sanglots,
Et tesmoigner le mal qui me bourrelle enclos ?
Soyez-moy donc bénin, et tirez secourable,
De mon cœur offensé la douleur incurable :
Vous pouvez seulement d'un amoureux baiser
(Las ! que ce vous est peu) mes langueurs appaiser.

Nourrice

Bien-heureux est celuy qui ne sent dans ses veines
Comme soulfre bouillir les amoureuses peines.
Bien-heureux, qui ne sçait que c'est de Cupidon,
Qui ne cognoist ses traits, son arc, ny son brandon.
Hà ! qu'il est outrageux ce petit dieu qui vole !
Hà ! que cruellement nos esprits il affole !
Je n'eusse pas cuidé que ceste passion
Peust commander si forte à nostre affection.
Voyez comme elle boust en ceste pauvre dame,
Comme ell' luy a tiré la raison hors de l'âme.
Elle va forcenée, ores pour s'outrager,
Ores pleine d'espoir se semble encourager.

Le feu luy sort des yeux, et bien qu'elle s'efforce
De cacher sa fureur, elle échappe de force.
La clairté luy desplaist, et ne demande plus,
Morne, qu'à se cacher dans quelque lieu reclus.
Rien ne luy sçauroit plaire, elle s'assied dolente,
Puis elle se relève, ou se couche inconstante,,
Se pourmène ore viste, et ore lentement;
Tantost elle pallist, et tout soudainement
La couleur luy rehausse; elle tremble fiévreuse,
Et puis brusle à l'instant d'une ardeur chaleureuse.
Elle espère, elle craint; son esprit agité,
Comme la mer du vent, n'a plus rien d'arresté.
Elle ne mange point, la viande apperceüe
Devant que d'y gouster luy offense la veüe.
Il ne luy chaut de vivre, et n'a pour tout confort,
Jour et nuict lamentant, que l'espoir de la mort;
La mort luy est sa vie, et l'appelle à toute heure
Pour la précipiter en la palle demeure.
Le jour, quand Phébus marche, elle voudroit la nuit,
Et la nuit, le soleil luy tarde qu'il ne luit.
Le sommeil, qui nourrist tout ce qui vit au monde,
Ne peut clorre ses yeux, arrosez de son onde.
Car soit ou que le jour face son large cours,
Soit que la nuict chemine, elle veille tousjours.
Misérable princesse, aujourdhuy ne soupire
Rien en si grand malheur que le tien ne soit pire!
Quand la nuict tend son voile et qu'elle embrunist l'ær,
Tout sent l'oublieux somme en ses membres couler;
Le silence est par tout, tout est coy par le monde,
Fors qu'en ton âme seule, où l'amour fait la ronde.
Elle est si foible aussi, que jà le plus souvent
La force à ses genous défaut en se levant.
Elle chancelle toute, et ses bras imbéciles
Battant à ses costez luy pendent inutiles.
Cette belle couleur de roses et de lis
N'honore plus sa joue et son front appallis.

Ses beaux yeux soleillez, qui la faisoyent paroistre
Vray tige lumineux de Phébus son ancestre,
N'ont plus rien de divin comme ils souloyent avoir :
Ains, tous chargez d'humeurs, ne cessent de pleuvoir
Le long de son visage, et d'une eau qui chemine,
Goutte à goutte roulant luy lavent la poitrine,
Ainsi qu'aucune fois on voit sur le coupeau
Du Taure inaccessible une pluvieuse eau
Tomber humidement du centre de la nue
Et la neige escouler de sa teste chenue [146].
O que c'est grand pitié! Mais ne la voy-je pas,
Croisant les mains au ciel, dresser ici ses pas?

PHÈDRE, NOURRICE, HIPPOLYTE

Phèdre

Las! qui a veu jamais peine si douloureuse?
Las! qui a veu jamais douleur si outrageuse?
O amour! ô amour!

Nourrice

        Que vous servent ces cris?

Phèdre

Je sens ce feu dans moy plus chaudement espris.

Nourrice

Les plaintes n'y font rien : plustost d'une prière
Humble sollicitez la vierge forestière.

Phèdre

O royne des forests, qui habites les monts,
Diane à triple forme, invoquée en trois noms,
Qui commandes aux bois et aux montagnes sombres,
Qui là bas aux enfers règnes entre les ombres,

Et qui grande lumière en nostre ciel reluis,
Effaçant la noirceur des sommeilleuses nuits,
Hécate triviane, ô saincte chasseresse,
Escoute ma prière et m'exauce, déesse.
Ouvre le cœur glacé d'Hippolyte, et luy mets
Les tisons de l'amour dans ses os enflamez ;
Que désormais il aime, et comme moy resente
De l'amoureux brandon l'ardeur impaciente ;
Qu'il se monstre facile, et chasse de son cueur,
Par toy, Vierge, attendry, toute austère rigueur.
Fay cela, ma déesse ; ainsi tousjours luisante
Puisses-tu décorer la voûte brunissante ;
Ainsi quand tu seras au ciel pour l'esclairer,
Nul chant magicien ne t'en puisse tirer ;
Ainsi jamais l'obscur d'une ennuyeuse nue
Ne voile la beauté de ta face cornue.

NOURRICE

Madame, c'est assez, elle oit vostre oraison.
Taisez-vous, je le voy sortir de la maison.
Retirez-vous à part, l'heure m'est opportune.
C'est luy, c'est luy sans doute, et si n'a suitte aucune [147].

HIPPOLYTE

Où dressez-vous vos pas, Nourrice ? et quel souci
Trouble vostre visage et l'appallist ainsi ?
Madame est-elle saine ? et sa plus chère cure,
Ses deux petits enfans, royale nourriture ?

NOURRICE

La maison, le royaume, et Phèdre, et ses enfans,
La grâce des bons dieux, florissent trionfans.
Mais vous qui devriez ore, honnestement follâtre,
De cent divers plaisirs vostre jeunesse esbatre,
Vous la chétivez toute, et vuide de douceurs
La laissez escouler en des dogues chasseurs,

Dans l'obscur des forests, sombre, morne, sauvage,
Ne monstrant presque rien d'humain que le visage.
Laissez ce vain labeur qui vous consomme ainsi.
Ceux que le sort contraint doivent vivre en souci,
Mais ceux que la fortune embrasse favorable,
S'ils se vont affligeant d'un vivre misérable
Et volontairement s'abandonnent au mal,
Doivent perdre le bien dont ils usent si mal.
Donnez-vous à l'amour, passez vostre jeunesse,
Ce pendant qu'elle dure, en joyeuse liesse.
Égayez vostre esprit, vous n'aurez pas le temps,
Quand vous serez plus vieil, commode au passetemps.
Toute chose ha son propre et naturel office.
Ce qui sied bien à l'une à l'autre est souvent vice.
L'allégresse convient au front du jouvenceau,
Et non pas du vieillard qui se ride la peau :
Au contraire le soin et la rigueur honneste
Honore l'homme vieil qui blanchist par la teste.
Ne laissez donc périr le plus beau de vos jours
Ainsi austèrement sans gouster aux amours,
Au plaisir de la dance, et de la liqueur douce
Dont Bacchus nous détriste et nos soucis repousse.
La mort sans se monstrer vient à nous à grand pas
Nous trancher, journaliers, la vie et les esbats.
Puis quand nous trouverons, palles, sur le rivage
Du bourbeux Achéron, de Pluton le partage,
Où l'ennuy, les regrets, les soupirs, et les pleurs
Avec les passions naissent au lieu de fleurs,
Lors nous repentirons de n'avoir en ce monde
Autant pris de douceur comme il y en abonde,
Tandis que le Destin nous donnoit le loisir
Et l'opportunité de vivre en tout plaisir.

Hippolyte

Les monts et les forests me plaisent solitaires
Plus que de vos citez les troubles sanguinaires.

Telle façon de vivre avoyent du premier temps
Nos pères vertueux, qui vivoyent si contens,
Et certes celuy-là qui, s'escartant des villes,
Se plaist dans les rochers des montagnes stériles,
Et dans les bois fueillus, ne se voit point saisir,
Comme les bourgeois font, d'un avare désir.
L'inconstante faveur des peuples et des princes,
L'appétit de paroistre honorable aux provinces
Ne luy gesne le cœur, ny l'envieuse dent,
Des hommes le poison, ne le va point mordant.
Il vit libre à son aise exempt de servitude,
N'estant de rien contraint que de son propre estude,
Que de son franc vouloir, ne tremblant de souci
Pour la crainte d'un roy qui fronce le sourci.
Il ne sçait, innocent, que c'est d'un tas de vices
Bourgeonnans aux citez qui en sont les nourrices.
Il ne se couvre point le chef ambicieux
D'un bastiment doré qui menace les cieux.
Il n'a mille valets, qui d'une pompe fière
L'accompagnent espois et devant et derrière.
Sa table n'a le dos chargé de mille plats,
Exquisement fournis de morceaux délicats.
Il ne blanchist les champs de cent troupeaux à laine,
De cent couples de bœufs il n'escorche la plaine.
Mais paisible il jouist d'un air tousjours serain,
D'un paisage inégal qu'il descouvre loingtain.
Il s'amuse à courir ou la biche peureuse,
Ou l'ours, ou le sanglier à la dent escumeuse.
Tantost las il se couche ou sur le bord d'une eau,
Ou dans un creux rocher d'où pend maint arbrisseau.
Le doux sommeil le prend entre mille fleurettes,
Au bruit d'une fontaine et de ses ondelettes
Qui gargouillent autour, ou d'un coudre mouëlleux,
Ou d'un saule qui fend son chemin graveleux.

Quel plaisir ce luy est, quand la soif le tourmente,
Boire au creux de sa main de la belle eau courante,

Et contenter sa faim des bons fruits savoureux
Qu'il abbat en hochant d'un arbre plantureux !
Or vive qui voudra d'une plus molle vie;
Quant à moy, qui suis bien, je n'en ay point d'envie.
Je ne veux point changer mon vivre accoustumé
Pour un plus délicat que je n'ay oncque aimé.

NOURRICE

Voulez-vous donc laisser, vivant ainsi sauvage,
De goûter aux saveurs de l'amoureux breuvage ?
Jupiter, le grand dieu, prévoyant sagement
Que le monde faudroit, destruit entièrement,
Si comme d'heure en heure il nous perd misérables
Par divers accidens et trespas variables,
Il n'estoit repeuplé d'autant de nouveaux corps,
Que le destin en jette incessamment dehors,
Nous a donné l'amour, pour laisser une race
Qui nous survive morts et tienne nostre place.
Si Vénus une fois quitte cet univers,
Vous le verrez bien tost gésir mort à l'envers.
La mer vuide perdra ses escailleuses troupes;
Sans peuples se verront les montagneuses croupes;
Dans le ciel défaudront les oiseaux duveteux,
Et l'air n'aura sinon des tourbillons venteux.
Combien d'hommes voit-on engloutir en ce monde
Par le fer, par la faim, par la rage de l'onde ?
Or sus, laissez-vous prendre au cordage amoureux;
Fréquentez-moy la ville, et vivez plus heureux :
Il vous faut une amie, et cueillir avec elle
Les doux fruits où l'amour tendrement vous appelle.

HIPPOLYTE

Je ne sçaurois aimer vostre sexe odieux.
Je ne puis m'y contraindre, il est trop vicieux.
Il n'est méchanceté que n'invente une femme;
Il n'est fraude et malice où ne plonge son âme.

Nous voyons tous les jours tant de braves citez
Flamber, rouges de sang, pour leurs lubricitez,
Tant fumer de palais, tant de tours orgueilleuses
Renverser jusqu'au pied pour ces incestueuses,
Tant d'empires destruits, qui (possible) seroyent
Encore en leur grandeur, qui encor fleuriroyent !
Je ne veux que Médée et ses actes infâmes
Pour montrer quelles sont toutes les autres femmes.

Nourrice

Pourquoy pour le péché de quelqu'une de nous,
Qui a peu s'oublier, toutes nous blasmez-vous ?

Hippolyte

Je ne sçay pourquoy c'est : toutes je les déteste.
J les ay en horreur plus que je n'ay la peste.
Soit raison, soit fureur, soit tout ce qu'on voudra,
Jamais de les aimer vouloir ne me prendra.
elustost le feu naistra dans la mer escumeuse,
Plustost sera le jour une nuict ténébreuse,
Plustost nostre soleil commencera son cours
A la mer espagnole, où se cachent nos jours,
Et plustost sera l'aigle aux pigeons sociable,
Que je serve une femme, esclave misérable.

Nourrice

Amour domte le cœur des hommes et des dieux,
Et les contraint aimer ce qu'ils ont odieux.

Hippolyte

Je n'ay pas peur qu'Amour corrompe mon courage,
Fuyant la volupté, le poison de nostre âge.

Nourrice

Il n'y a point d'espoir, autant vaudroit prescher
Le sourd entendement d'un caverneux rocher.

Voyez qu'il est hautain, et qu'il fait peu de conte
De nous et de l'Amour, qui toute chose domte.
Je ne le voy non plus esmeu de mes propos
Qu'un grand roc rivager n'est esbranlé des flots.
Amour te puisse nuire, arrogant, et te face
Brusler d'une qui soit, comme tu es, de glace.
Mais ne voy-je pas Phèdre? hélas! que son beau teint
De cinabre et de lis est pallement desteint!
Hélas! qu'elle est desfaitte! ha! ha! ce n'est plus elle,
Ce n'est plus elle, non; comment elle chancelle!
Hélas! elle est tombée! hé! bons dieux, qu'est-ce ci?
Ma maistresse, m'amie. Elle a le cœur transi,
Le visage luy glace, ô passion maudite!
Madame, esveillez-vous, voici vostre Hippolyte :
Voulez-vous pas le voir? vous n'aurez plus d'ennuy.
Sus, sus, ouvrez les yeux et devisez à luy [148].

PHÈDRE, NOURRICE, HIPPOLYTE

Phèdre

Qui m'a rendu mes pleurs et mes cruelles plaintes?
Qui m'a renouvelé mes passions esteintes?
Qui m'a remis en vie? ha! que n'ay-je jouy
Plus long temps du repos qu'on goûte esvanouy?

Nourrice

Pourquoy refuyez-vous cette clairté rendue?
Pourquoy pallissez-vous au besoin esperdue?
Pourquoy hésitez-vous? est-ce ore qu'il vous faut
Couardement troubler dès le premier assaut?
Qui froidement demande à quelqu'un, il l'advise
De luy faire refus de la chose requise.

Phèdre

Mais quiconque requiert quelcun de déshonneur,
A grand' peine qu'il soit bien hardy requéreur.

Nourrice

Ce n'est ores qu'il faut succomber à la honte :
Elle vous prend trop tard, il n'en faut tenir conte.
Lors que premièrement amour vous vint saisir,
Il estoit bon de rompre un si mauvais désir,
Et d'une chaste honte armer vostre poitrine;
Mais ore il est trop tard, amour a pris racine.
Désormais qu'il ne peut estre en vous abbatu,
Vous convient efforcer qu'il puisse estre esbatu.
Possible (et que sçait-on)? cet amoureux outrage
Se pourra convertir en un bon mariage.
Maintefois d'un grand mal il s'est fait un grand bien.
Le temps corrige tout, quand on le conduist bien.

Phèdre

Nourrice, le voicy.

Nourrice

Monstrez vostre asseurance [149].

Phèdre

Efforce toy, mon cœur; aye bonne espérance,
Commence à l'aborder. Aurez-vous le loisir
De m'entendre parler de ce que j'ay désir?

Hippolyte

Dites ce qu'il vous plaist, je suis prest de l'entendre.

Phèdre

Si ce n'est en secret je ne veux l'entreprendre.

Hippolyte

Personne n'est icy qui vous puisse escouter.

Phèdre

La peur fait mes propos sur ma langue arrester.
Le désir est bien fort, mais la honte est plus forte.
Dieux, vous sçavez pourquoy je suis en ceste sorte !

Hippolyte

Avez-vous de la peine à dire quelque cas ?

Phèdre

Hélas ! j'en ay beaucoup plus que ne croiriez pas !
Les plus petits ennuis qui dans nos cœurs se treuvent
Se descouvrent assez, mais les plus grands ne peuvent.

Hippolyte

Ma mère, fiez-vous à moy de vos ennuis.

Phèdre

Laissez ce nom de mère, Hippolyte; je suis
Vostre sœur [150], et encore, humble, je me contante
De n'avoir désormais que le nom de servante,
De servante voirment : je vous feray l'honneur
Que doit une servante à son propre seigneur.
Je vous suivray par tout, fust-ce au travers des ondes,
Fust-ce au haut des rochers, dans les neiges profondes,
Fust-ce au travers du feu, gloutonnement ardant,
Et fust-ce pour m'aller, périssable, dardant,
Le visage baissé, dans le fer de cent piques,
Fust-ce et fust-ce au profond des caves plutoniques.
Prenez le sceptre en main, mettez-vous sur le front
Le royal diadème, ainsi que les rois font.
Tenez, je vous le donne : il est bien plus honneste
Que vous plustost que moy le portiez sur la teste.
Vous estes en la fleur de vostre âge, et combien
Que Thésé soit chéry du peuple athénien,
Vous l'estes d'avantage, et vostre belle grâce

Son nom moins désiré de sa mémoire efface.
Or régnez, noble prince, et prenez le souci
De moy dolente veufve, et de ce peuple ici.

Hippolyte

Le grand dieu Jupiter et le père Neptune
Nous vueille préserver de si grande infortune :
Vous reverrez mon père à peu de jours d'ici.

Phèdre

Pluton, dieu qui commande au royaume noirci,
Ne le permettra pas, s'il n'est si débonnaire
De laisser eschaper de son lict l'adultère.

Hippolyte

Les bons dieux de là haut, qui ont cure de luy,
Le feront retourner, n'en ayez point d'ennuy.
Mais tandis qu'il sera dans ces lieux solitaires,
Je prendray le souci de vos enfans, mes frères,
Et vous honoreray, comme celle qui est
De mon père l'espouse, et qui seule luy plaist.
Je vous tiendray sa place, et par notable preuve
Tascheray de monstrer que vous n'estes pas veufve,
Je vous seray mary.

Phèdre

O désiré propos,
Dont la fausse douceur m'empoisonne les os !
O propos décevable ! ô parolle trompeuse !
O espérance vaine ! ô chétive amoureuse !
Il me sera mary ! pouvoit-il mieux parler,
Et plus ouvertement pour me faire affoler ?
Il faut me descouvrir, mais le cœur me pantèle.
Un frisson me saisist d'une crainte nouvelle.
Pleust à Dieu, mon amy, que vous sceussiez ouvrir
Les secrets de mon cœur, sans vous les découvrir :
Je m'efforce à les dire, et je ne puis de honte.

HIPPOLYTE

Laissez la honte là.

PHÈDRE

Mais elle me surmonte.

HIPPOLYTE

Quel mal est-ce si grand que n'osiez déceler ?

PHÈDRE

C'est un mal, que jamais on ne veit dévaller
Au cœur d'une marâtre.

HIPPOLYTE

Encor ne puis-je entendre
Vos propos ambigus : faites les moy apprendre
En termes plus ouverts.

PHÈDRE

L'amour consomme enclos
L'humeur de ma poitrine et dessèche mes os.
Il rage en ma moüelle, et le cruel m'enflamme
Le cœur et les poumons d'une cuisante flamme.
Le brasier estincelle et flamboye asprement,
Comme il fait quand il rampe en un vieil bastiment
Couvert de chaume sec, s'estant en choses sèches
Elevé si puissant de petites flammèches.

HIPPOLYTE

C'est l'amour de Thésé qui vous tourmente ainsi.

PHÈDRE

Hélas ! voire, Hippolyte, hélas ! c'est mon souci.
J'ay misérable, j'ay la poitrine embrasée
De l'amour que je porte aux beautez de Thésée,
Telles qu'il les avoit lors que bien jeune encor
Son menton cotonnoit d'une frisure d'or,

Quand il veit, estranger, la maison dédalique
De l'homme mi-toreau, nostre monstre crétique.
Hélas! que sembloit-il? ses cheveux crespelez,
Comme soye retorce en petits aneletz,
Luy blondissoyent la teste, et sa face estoilée
Estoit, entre le blanc, de vermeillon meslée.
Sa taille belle et droite avec ce teint divin
Ressembloit, esgalée, à celle d'Apollin,
A celle de Diane, et sur tout à la vostre [151],
Qui en rare beauté surpassez l'un et l'autre.
Si nous vous eussions veu quand vostre géniteur
Vint en l'isle de Crète, Ariadne ma sœur
Vous eust plustost que luy, par son fil salutaire,
Retiré des prisons du roy Minos, mon père.
Or quelque part du ciel que ton astre plaisant
Soit, ô ma chère sœur, à cette heure luisant,
Regarde par pitié moy, ta pauvre germaine,
Endurer comme toy cette amoureuse peine.
Tu as aimé le père, et pour luy tu desfis
Le grand monstre de Gnide, et moy j'aime le fils [152].
O tourment de mon cœur, Amour, qui me consommes!
O mon bel Hippolyte, honneur des jeunes hommes,
Je viens la larme à l'œil me jetter devant vous,
Et d'amour enyvrée, embrasser vos genous,
Princesse misérable, avec constante envie
De borner à vos pieds mon amour, ou ma vie :
Ayez pitié de moy [153].

Hippolyte

O grand dieu Jupiter,
Peus-tu voir une horreur si grande, et l'escouter?
Où est ton foudre ardant, qu'ireux tu ne le dardes
Tout rougissant d'esclairs sur les temples [134] paillardes
De cette malheureuse! Es-tu si paresseux,
O Père, es-tu si lent à nous lancer tes feux?
Que le ciel, esclatant au bruit de ton tonnerre,

Jusques aux fondemens ne renverse la terre,
Et n'abysme le jour, tout sanglant, au plus creux
Et au gouffre plus noir des enfers ténébreux ?
Mais toy, soleil, qui luis par tout ce grand espace,
Peux-tu voir sans pallir les crimes de ta race ?
Cache-toy vergongneux, quitte à la nuit ton cours ;
Destourne tes chevaux gallopant à rebours ;
Plonge toy, lance toy le chef bas sous les ondes,
Et ta torche noircis en ténèbres profondes.
Que tardes tu aussi, père saturnien,
Que tu ne vas ruant ton foudre olympien
Sur ma coupable teste, et que tu ne la broyes
Plus menu que sablon, que tu ne la foudroyes ?
N'ay-je assez mérité, n'ay-je forfaict assez
Pour sentir la fureur de tes dards eslancez,
De plaire à ma marâtre, et de luy sembler propre
Entre tous les mortels, seul, à si lasche opprobre ?
O femme détestable ! ô femme dont le cueur
Est en méchancetez de son sexe vaincueur !
O pire mille fois et d'ardeur plus énorme,
Que ta mère qui eut un monstre si difforme !
Ce ventre t'a porté qui s'enfla grossissant
Du germe convoité d'un taureau mugissant.

Phèdre

Hélas ! c'est le destin de nostre pauvre race !
Vénus nous est cruelle, et sans cesse nous brasse
Une amour déréglée. Et que peut nostre effort
Encontre une déesse et encontre le sort ?
Derechef, ô cruel, à vos pieds je me jette ;
Prenez compassion de moy, vostre sujette.

Hippolyte

Retirez-vous de moy ; ne me venez toucher,
Ne me touchez le corps, de peur de me tacher.
Comment ? elle m'embrasse ? Il faut que mon espée,

Vengeant si grand forfaict, soit de son sang trempée.
Jamais, chaste Diane, à ton nom immortel
Un sang mieux consacré n'humecta ton autel.

Phèdre

C'est ce que je demande. A ceste heure, Hippolyte,
Piteux, mettrez vous fin à ma douleur despite.
Hippolyte, il ne peut m'arriver plus grand heur,
Que mourant par vos mains conserver mon honneur.

Hippolyte

Allez, vivez infâme, et que jamais cet arme,
Pollue en vous touchant, le chaste corps ne m'arme.
En quel Tigre, en quel Gange, en quel gouffre aboyant,
En quelle ondeuse mer m'iray-je nettoyant ?
Non, le grand Océan, avecques toute l'onde
Dont il lave en flottant ceste grand' masse ronde,
Ne me sçauroit laver. O rochers esgarez !
O coûtaux ! ô vallons ! ô bestes ! ô forests !

Nourrice

Nostre faute est cogneuë : et bien, et bien, mon âme,
Il faut le prévenir et luy donner le blâme,
Accusons-le luy-mesme, et, par nouveau mesfaict,
Couvrons habilement celuy qu'avons jà faict.
C'est un acte prudent d'avancer une injure,
Quand nous sommes certains que l'on nous la procure.
Et qui ne jugera que ce n'ait esté luy
Qui ait commis le crime, et puis s'en soit enfuy ?
Personne n'est pour luy, qui tesmoigner s'efforce.
Accourez, mes amis, au secours, à la force.
On force vostre royne ; accourez, le méchant
Luy presse le gosier avec le fer trenchant.
Il s'enfuit, il s'enfuit, poursuivez-le à la trace.
Il a jetté d'effroy son espée en la place.
Il n'a pas eu loisir de l'engainer ; au moins

Nous avons un bon gage, à faute de tesmoins.
Hélas ! consolez-la ; voyez comme elle pleure.
Ne touchez à son chef, il vaut mieux qu'il demeure
Tout meslé comme il est, pour enseigne du tort
De ce monstre impudique et de son lasche effort.
Appaisez-vous, Madame, et prenez patience.
Las ! que pouviez-vous faire à telle violence ?
Laissez cette tristesse. Hélas ! que gaignez-vous
De vous plomber ainsi la poitrine de coups,
D'outrager vostre face, et par impatience
Offenser vos cheveux qui n'ont point faict d'offense ?
Celle n'est point blessée en sa pudicité
Qui est prise d'aucun contre sa volonté.
On peut forcer le corps, mais l'âme qui est pure,
Maugré le ravisseur est exempte d'injure.

Chœur

Allons faire au temple prière
A Pallas, la vierge guerrière,
Des genoux la terre pressant,
Les deux mains vers le ciel dressant :
Et penchez devers la déesse,
La supplions que nostre chef
Elle vueille garder d'oppresse,
Et nostre Cité de méchef.

Si les dieux, les bons dieux, n'ont cure
De conserver leur créature,
Et si toy, Minerve, sur tous
Ne prens quelque souci de nous,
Je prévoy jà mainte tempeste
Et maint orage menaçant,
Pour nous accravanter la teste,
S'aller dessur nous eslançant.

Qu'une femme, que jalousie,
Que haine ou qu'amour ont saisie,
Est redoutable ! et que son cœur

Couve de fielleuse rancœur !
Le tret ensoulfré du tonnerre,
Que Jupin darde, coléreux,
Sur une crimineuse terre
Ne tombe pas si dangereux.

    La mer, quand elle escume, enflée,
Du nort et d'aquilon soufflée,
Le feu rongeant une cité,
La peste infectant un esté
Et la guerre, qui tout saccage,
Sont bien à craindre : et toutesfois
D'une femme l'horrible rage
L'est encore plus mille fois.

    Comme une Ménade troublée,
Hulant [154] d'une voix redoublée,
Fait, yvre, mille ardans effors
Des pieds, des mains, de tout le corps,
Le jour qu'à Bacchus, le bon père,
Portant au poing le thyrse aimé,
Elles vont au haut de Cythère,
Faire l'orgie accoustumé,

    Celle-là forcène en la sorte,
Voire d'une fureur plus forte,
Qui dédaignée en son amour,
Porte au cœur la haine à son tour.
Elle ne brasse que vengence,
La vengence la joint tousjours,
Et quoy qu'elle discoure et pense,
Ce ne sont que sanglans discours.

    Elle tourne et retourne en elle
Mainte mensongère cautelle,
Ardant de venger son refus;
Son esprit regarde confus
Entre mille ruses fardées,
Et là, peschant abondamment,
Y prend, les ayant regardées,

La meilleure à son jugement.
  Puis, faulse sous un faux visage,
Vomist le fiel de son courage,
Plus mortel que n'est le venin
De quelque serpent gétulin :
De voix, de soupirs et de larmes
Couvre, coupable, son forfaict,
Et avecques les mesmes armes
De son ennemy se desfaict.

  Jadis l'amante Sthénobée,
De pareil dédain enflambée,
A son mary Prœte accusa
Bellérophon, qui refusa,
Trop chaste, sa flamme infidelle,
Et du regret qui la férut
De le voir vivre eschappé d'elle,
La cruelle à la mort courut.

  Du mesme danger fut suivie
De Pélé l'innocente vie
Par Acaste magnésien.
Maint et maint héros ancien,
Comme toy, bon amazonide,
Voguant en ceste mesme mer,
A conneu le cœur homicide
Des femmes qu'on ne daigne aimer.

  Mais s'il y a là haut encore
Quelque déité qu'on adore,
S'il y a des dieux ayans soing
D'assister les bons au besoing,
Ils permettront que la malice,
Contre ta vertu rebouchant,
Recherra dessur son authrice,
Bourreau de son crime méchant.

ACTE IV

THÉSÉE, NOURRICE

Thésée

Je vien du creux séjour des éternelles nuits
Et de la triste horreur des Enfers pleins d'ennuis.
A grand' peine mes yeux à paupières ouvertes
Peuvent voir du beau jour les clairtez découvertes.
Jà la belle Éleusis coupe en ce bouillant mois
Les présens de Cérès pour la quatriesme fois,
Depuis que sous la voûte horriblement profonde
Je pleure mort et vif la perte de ce monde.
Encor seroy-je errant dans le royaume noir
Sans Hercul' qui m'osta de ce triste manoir,
Tirant le chien portier de sa caverne creuse,
Qui m'empeschoit d'ouvrir la porte stygieuse.
Mais je n'ay plus la force et la brave vigueur
Qu'auparavant j'avois indomtable de cœur :
Mes genoux affoiblis vont tremblant, et à peine
Peuvent plus supporter mon corps, leur dure peine.
Quel labeur m'a esté, d'avoir depuis le fond
De l'enfer sceu monter jusques icy à mont ?
D'avoir sceu éviter la mort en la mort mesme,
Et de te suivre, Alcide à la force suprême ?

Nourrice

Ha ! maison désolée !

Thésée

Hé ! quel bruit est-ce là ?

Nourrice

Que la mort n'ay-je au cœur !

Thésée

Que veut dire cela?
Quel tonnerre est-ce cy? quels soupirs? quels encombres?
Suis-je encore aux Enfers entre les cris des ombres?
D'où vient un si grand trouble? est-ce un dueil fait exprès
Pour me mieux recevoir me sçachant icy près?
Voylà, voylà vraiment une tempeste deue
A un hoste infernal pour sa première veue.
Nourrice, quel tumulte entendé-je entre vous?

Nourrice

Phèdre se veut défaire, et ne luy chaut de nous
Qui la réconfortons, et qui à chaudes larmes
La prions de jetter de sa dextre les armes.

Thésée

Qui peut à mon retour causer ce déconfort?

Nourrice

C'est pour vostre retour qu'elle haste sa mort.

Thésée

Elle veut donc mourir pour me revoir en vie?

Nourrice

Non, mais vostre retour luy en accroist l'envie.

Thésée

Prend elle desplaisir que je soy' revenu?

Nourrice

Vostre absence luy est un regret continu.

Thésée

Qui luy cause la mort sçachant bien ma présence?

Nourrice

Je ne sçay, mais je voy que c'est ce qui l'offence.

Thésée

Quelle nouvelle rage est entrée en son cœur?

Nourrice

Un despit qui la ronge, une triste langueur.

Thésée

Vos propos ambigus couvrent quelque grand' chose.
Dites moy clairement : qu'a Phèdre mon espose?

Nourrice

Elle ne le dit point : elle veut emporter
Au tombeau la douleur qui la fait lamenter.

Thésée

Entrons soudainement, entrons, il n'est pas heure
De faire, en perdant temps, icy longue demeure.

THÉSÉE, PHÈDRE

Thésée

Quoy? ma chère compagne, est-ce ainsi qu'il vous faut
Recevoir vostre espoux? est-ce ainsi qu'il vous chaut
De son heureux retour? et que vous prenez joye
De le voir eschappé de la mortelle voye?
Quelle chaude fureur allez-vous remaschant?
Que fait en vostre main ce coutelas tranchant?

Phèdre

Magnanime Thésé, je vous prie à mains jointes
Par cet acier luisant pitoyable à mes plaintes,
Par le sceptre royal de vostre empire craint,

Par vos enfans aimez, le doux soing qui m'estraint,
Par vostre heureux retour de la palle demeure,
Et par ma cendre aussi, permettez que je meure.

THÉSÉE

Quelle cause vous meut de désirer la mort ?

PHÈDRE

Si je vous la disois, je périrois à tort,
Et le fruict périroit que de la mort j'espère.

THÉSÉE

Ne le dites qu'à moy : je le sçauray bien taire.

PHÈDRE

Ce qu'on veut que quelcun taise fidellement,
Le faut soymesme taire : il est sceu autrement.

THÉSÉE

Mais un loyal mary vers sa femme qu'il aime
N'est pas un estranger, c'est un autre elle mesme.

PHÈDRE

Une femme ne doit conter à son mary
Chose dont il puisse estre en le sçachant marry.

THÉSÉE

Que me peut-on conter, qui plus de dueil me cause
Que de vous voir mourir sans en sçavoir la cause ?

PHÈDRE

Si de me voir mourir vous prenez quelque esmoy,
Il n'amoindrira pas quand vous sçaurez pourquoy.

THÉSÉE

Que me peut proffiter ceste tristesse teue ?

Phèdre

Que vous peut proffiter ceste tristesse sceue ?

Thésée

On remédie au mal quand on le peut sçavoir.

Phèdre

A celuy que j'endure il n'y a point d'espoir.

Thésée

Que vous sert donc la mort, de tous les maux le pire ?

Phèdre

La mort fait terminer tout angoisseux martyre.

Thésée

Il n'est rien plus horrible aux hommes que la mort.

Phèdre

Elle est aux affligez un désirable port,
Comme à moy qui suis tant de ce monde assouvie;
Autrement il fait mal de laisser ceste vie.

Thésée

Je ne permettray pas que vous donniez la mort.

Phèdre

Vous ne sçauriez qu'y faire avec tout vostre effort.
La mort jamais ne manque à ceux qui la désirent.
Ses homicides arcs contre nous tousjours tirent.

Thésée

Quel mal digne de mort avez-vous doncque fait ?

Phèdre

De vivre si long temps [156] : c est mon plus grand forfait.

Thésée

N'aurez-vous point pitié de ma douleur future?

Phèdre

Rompez vostre douleur dessous ma sépulture.
La mort est moins à craindre, et donne moins d'esmoy
Quand on laisse mourant quelque regret de soy.

Thésée

Elle ne veut rien dire; il faut que ceste vieille,
Il faut que sa nourrice, ou vueille, ou ne le vueille,
Me le dise en son lieu. Sus, qu'on la serre au corps,
Et qu'à force de coups on luy sacque dehors,
Avec les fouetz sanglans, les secrets de sa dame.
Qu'on ne la laisse point qu'elle n'ait rendu l'âme.

Phèdre

Je vous conteray tout, laissez-la, demeurez.

Thésée

Que pleurez-vous ainsi? qu'est-ce que vous pleurez,
Ma mignonne? et pourquoy ne me voulez-vous dire
La cause du tourment que vostre cœur soupire?

Phèdre

O gouverneur du ciel, qui de ton thrône saint
Vois au fond de nos cœurs ce qu'il y a de feint,
Et toy, alme soleil, qui la voûte azurée
Enlustres au matin de ta lampe dorée,
Et qui d'un œil veillant perces par le travers
Des nuax espoissis tout ce vague univers :
Je vous invoque, ô dieux! ô dieux, je vous appelle
Tesmoings de mon outrage et de ma mort cruelle!
Les prières n'ont peu ma constance esmouvoir;
Le fer et la menace ont esté sans pouvoir;

Le corps a toutesfois enduré violence :
Mais de mon chaste sang j'en laveray l'offense.

Thésée

Qui est le malheureux qui a souillé mon lict?

Phèdre

Un que ne croiriez pas commettre un tel délict.

Thésée

Qui est-ce? dites tost. Dieux immortels, j'affole
Que je ne l'ay desjà! Sus, en une parolle,
Qui est-il? d'où est-il? où va-t-il, le méchant?
Viste qu'on coure après.

Phèdre

                Ce coutelas tranchant
Qu'il laissa de frayeur au bruit du populaire,
Le voyant vous fera connoistre l'adultère.

Thésée

O terre! qu'est-ce cy? quel monstre stygieux,
Quel démon infernal se découvre à mes yeux?
Cette garde dorée et sa riche pommelle,
Entamée au burin d'une graveure belle,
Ont la marque ancienne, et les armes aussi
De nos premiers ayeulx qui régnèrent icy.
Mais où s'est-il sauvé?

Phèdre

              Vos gens l'ont veu naguière
Courir palle d'effroy dessus cette poudrière.

Thésée

O sacré géniteur des hommes et des dieux,
O Neptune adoré des flots audacieux,

D'où me vient ceste peste en mon lignage, infâme ?
D'où me vient à ma race une si mauditte âme ?
O ciel ! qui bruis souvent la menace, et jamais
Ne punis les meschans de foudres abysmés :
O ciel, injuste ciel, qui pardonnes les crimes,
Et aux méchancetez, indulgent, nous animes,
Que te sert le tonnerre et ce dévorant feu,
Qui grondant si terrible exécute si peu ?
Mais que te sert encor de perdre ta tempeste,
Comme tu fais, battant l'invulnérable teste
Des rochers insensez ? s'il advient quelque fois
Que tu lasches ta foudre après ses longs abois,
Le front et le sourcy des montagnes, tes buttes,
A tort sont outragez de tes tempestes cheutes,
Veu qu'ils n'irritent point par mesfaits, comme nous,
Comme nous malheureux, le céleste courroux.

Devriez-vous, Immortels, souffrir un maléfice
Si horrible à vos yeux, sans en faire justice ?
Ne devoit-il pas ardre et tomber tout ardant
Au plus creux des enfers, la terre se fendant ?
O dieux lens à punir, vous n'advisez qu'aux fautes
Qu'on fait entreprenant sur vos magestez hautes !
Tu vis, monstrueux enfant, tu vis donque impuny,
Après m'avoir, ton père, en ma couche honny ?
Tu vis, tu vis, barbare, et la lampe céleste
Aussi claire qu'à moy reluist à ton inceste ?
Tu vis, tu vis, barbare, et n'as point de souci
Des dieux qui sont là haut, ny des hommes aussi ?
Les bestes des forests que tu cours, sanguinaire,
Vivent plus chastement en leur brutal repaire.
Car bien qu'en leur poitrine il n'entre que fureur,
Elles ont toutesfois un tel crime en horreur,
Et sans loix et raison qui guident leur courage,
Elles portent respect aux degrez du lignage.
Mais toy, serpent infect, sembles avoir tasché
D'assembler mal sur mal, péché dessur péché,

Forfaict dessur forfaict, ne pouvant ta luxure
Prendre contentement que d'une horrible injure.
Tu t'es fait en un coup coupable triplement,
D'adultère, d'inceste et de violement.
O dieux ! vous monstrez bien que vous n'avez plus cure
De nous, ny de ce monde errant à l'avanture !
Si le soing vous touchoit des affaires humains,
S'il vous challoit de nous, ouvrage de vos mains,
Ce traistre incestueux, ce violeur de femme,
Remply d'impiété, cest adultère infâme
Ne vivroit à ceste heure, et n'iroit glorieux
Si long temps sans trouver la vengence des Cieux.
Hélas ! que nostre vie est de fallaces pleine !
Que de déguisemens en la poitrine humaine !
Que les hommes sont feints, et que leurs doubles cœurs
Se voilent traistrement de visages mocqueurs !
Ce triste forestier, ce chasseur solitaire,
En geste, en contenance et en propos sévère,
Retiré de plaisirs, fuyant oisiveté,
D'un visage rassis sentant sa majesté,
D'un pudique regard, d'un sourci vénérable,
A le cœur impudent, lascif, abominable.
Or cour où tu voudras, traverse, vagabond,
Les terres et les mers de ce grand monde rond :
Cour delà le Sarmate, où le venteux Borée
Blanchist le chef grison du froid Hyperborée :
Cour jusqu'au Garamante, où les torches d'enhaut
Font jaunir le sablon estincelant de chaud :
Tu ne sçaurois fuir les vengeresses peines
De ton impiété, qui te suivront soudaines ;
Tu ne sçaurois fuir mes homicides trets,
Qui te viendront surprendre aux lieux les plus secrets.
Mes trets sont inconneus, ils sont inévitables ;
Ils décochent par tout et blessent incurables ;
Rien ne leur est couvert, esloigné, destourné,
Et d'aucune distance ils n'ont leur coup borné.

Cour doncque où tu voudras, tu ne sçaurois tant faire
Qu'évites de ton mal le mérité salaire.
Je te suivray par tout d'un cœur plus animeux
Que n'est pour ses petits le sanglier escumeux
Après le caut chasseur, qui d'une main accorte
Les a prins en son fort et larron les emporte.
Ne sçais-tu pas, chétif, que Neptune, le roy
Des marinières eaux soumises à sa loy,
M'a promis, en jurant par les eaux stygiennes,
M'octroyer par trois fois trois des demandes miennes?
O grand dieu marinier, c'est ores que je veux
Te présenter, dolent, le dernier de mes vœux.
Fay, mon cher géniteur, fay que tout à cette heure
En quelque part que soit Hippolyte, il y meure :
Qu'il descende aux enfers, appaisant la rancœur
Qu'irrité contre luy je porte dans le cœur.
Ne me refuse point, grand dieu : car ma prière,
Bien qu'elle te semble estre (ainsi qu'elle est) meurtrière,
Est juste toutefois, et de cerveau rassis
Je te requiers en don le meurtre de mon fils.
Je n'entreprendroy pas de te faire demande
De ce troisiesme vœu, que pour chose bien grande,
Et si je ne sentoy mon esprit angoissé
D'extrêmes passions extrêmement pressé.
Tu sçais qu'estant là bas aux pieds de Rhadamante,
Prisonnier de Pluton sous la voûte relante,
J'ay tousjours espargné ce vœu, que langoureux
Je despens aujourd'huy contre ce malheureux.
Souvienne toy, grand dieu, de ta saincte promesse;
Trouble toute la mer; un seul vent ne relaisse
Au creux éolien; mutine avec les flots
Tes grans troupeaux monstreux que la mer tient enclos.

NOURRICE

O maison désolée! ô maison misérable!
O chétive maison, maison abominable!

O Phèdre infortunée ! ô crédule Thésé !
O trop chaste Hippolyte à grand tort accusé !
O moy sur tout cruelle, et digne d'une peine
La plus griefve qui soit en l'infernale plaine !
C'est par toy, ma maistresse, et pour couvrir ton mal,
Que je tramé sur luy ce crime capital.
Hé ! le pauvre jeune homme, il est par ma malice
Comme le simple agneau qu'on meine au sacrifice.
Face des Immortels la puissante bonté
Que pour ton faux mesfaict faussement raconté,
Ton père forcenant d'une rage jalouse
Ne se souille en ton sang, trompé de son espouse.
Que c'est de nostre vie, hélas, bons dieux, que c'est
Des choses de ce monde, où n'y a point d'arrest !
N'aguières il n'estoit sur la masse terreuse
Famille qui fust tant que cette-cy heureuse,
Et aujourd'huy Fortune, habile en changement,
Culbutée à l'envers l'accable en un moment.
Allez, rois, et pensez que l'instable Fortune
Ne vous soit comme à nous une crainte commune ;
Allez, et estimez que la félicité
De vos sceptres tant craints dure en éternité ;
Vous trébuchez souvent d'une plus grand' ruine,
D'autant que vostre main plus puissante domine.
Les grands rois de ce monde auprès du peuple bas
Sont comme les rochers qui vont levant les bras
Si hauts et si puissans sur la planière terre,
Mais qui souvent aussi sont battus du tonnerre.
Ha ! lugubre maison, aujourd'huy ta grandeur
Tombe sous le tison d'une amoureuse ardeur !
Hà ! royne désolée ! auras-tu le courage
De voir faire à ton cœur, à ton cher cœur outrage ?
De voir innocemment et par ton faux rapport
Ce chaste jouvenceau soupirer à la mort ?
Et toy, pauvre vieillotte, authrice malheureuse
D'un esclandre si grand pour ta dame amoureuse,

Pourras-tu regarder le sainct thrône des dieux ?
Pourras-tu plus lever la face vers les cieux,
Et tes sanglantes mains, coupables de l'outrage
De ce jeune seigneur au plus beau de son âge ?
Il me semble desjà que les flambeaux ardans
Des filles de la Nuict me bruslent au dedans :
Il me semble desjà sentir mille tenailles,
Mille serpens retors morceler mes entrailles.
Je porte, ains [36] que je tombe en l'aveugle noirceur
Du rivage infernal, mon tourment punisseur.
Sus, sus, descen, meurtrière, en l'Orque avecque celles
Qui sont pour leurs mesfaicts en gesnes éternelles [157].

CHŒUR

    C'est aux dieux, qui connoissent bien
Si nous faisons ou mal ou bien,
C'est aux dieux, c'est aux dieux célestes,
Quand on commet quelques mesfaits,
De sçavoir ceux qui les ont faits,
Et de les rendre manifestes.

    Leurs yeux percent par le travers
De ce lourd-terrestre univers,
Et jusque au fond de nos poitrines
Descouvrent du plus haut des cieux,
Le dessein artificieux
De nos entreprises malignes.

    Pourquoy donques, Porte-trident,
Ne rens-tu ce crime évident ?
Es-tu seul des dieux qui ne sçaches
Ce qu'au dedans les hommes font,
Ignorant que trompeurs ils ont
Au cœur maintes secrettes caches ?

    Courrouce-toy contre celuy
Qui est cause de tout l'ennuy :
Poursuy-le seul, et ne te laisse
Surmonter, ô juste Neptun,

Au cry de ton fils importun,
Qui te somme de ta promesse.

La promesse obliger ne doit,
Quand elle est faite contre droit,
Et celuy n'offense, parjure,
Qui refuse le don promis
Où il s'est librement soubmis,
Si c'est de commettre une injure.

C'est se décevoir seulement
Que promettre, et, fust-ce en serment,
Quand on engage sa parolle
D'autre chose qu'on ne cuidoit ;
Si c'est promesse, elle se doit
Appeller promesse frivole.

Qui seroit de si folle erreur
Que lors qu'une ardente fureur
Son ami forcené maistrise,
De luy bailler s'evertûroit
Une dague qui le tûroit,
Sous couleur de l'avoir promise ?

Ores, Neptune, que Thésé
Brusle de trop d'ire attisé,
D'escouter sa voix ne t'avance,
De peur qu'à son meurtrier dessein,
Trop prompt, ne luy verses au sein
Une éternelle repentance.

L'ire desloge la raison
De nostre cerveau, sa maison,
Puis y bruit l'ayant délogée,
Comme un feu dans un chaume espars,
Ou un régiment de soudars
En une ville saccagée.

Tout ce qui se voit de serpens
Aux déserts d'Afrique rampans,
Des monstres le fameux repaire,
Tout ce qu'aux hyrcaniques mons

Loge de tigres vagabons
N'est tant à craindre qu'un colère,
   Qu'un colère, qui maintefois
A tant faict lamenter de rois,
Despouillez de sceptre et d'empire,
Qui de tant de braves citez
A les murs par terre jettez,
Et tant faict de palais destruire.

ACTE V

MESSAGER, THÉSÉE.

MESSAGER

O la triste adventure ! ô le malheureux sort !
O désastre ! ô méchef ! ô déplorable mort !

THÉSÉE

Il parle d'Hippolyte. O Dieu, je te rens grâce;
Je voy bien que ma voix a eu de l'efficace.

MESSAGER

Las ! ne m'avoit assez malheuré le destin,
D'avoir veu de mes yeux si pitoyable fin,
Sans qu'il me faille encore (ô Fortune cruelle !)
Sans qu'il me faille encore en porter la nouvelle ?

THÉSÉE

Ne crain point, Messager; je veux sçavoir comment
Ce mal est advenu; conte-le hardiment.

MESSAGER

Le parler me défaut, et quand je m'y essaye,
Ma langue lors muette en ma bouche bégaye.

Thésée

Pren courage, et me dy sans ton âme troubler,
Quel désastre nouveau vient mon mal redoubler.

Messager

Hippolyte (ô regret !) vient de perdre la vie.

Thésée

J'estoy bien asseuré qu'ell' luy seroit ravie,
Comme il m'avoit ravy ma femme, ses amours.
Mais nonobstant, fay moy de sa mort le discours.

Messager

Si tost qu'il fut sorti de la ville fort blesme
Et qu'il eut attelez ses limonniers luy-mesme,
Il monte dans le char, et de la droitte main
Lève le fouet sonnant, et de l'autre le frein.
Les chevaux sonne-pieds d'une course esgalée
Vont gallopant au bord de la plaine salée ;
La poussière s'eslève, et le char balancé
Volle dessus l'essieu comme un trait eslancé.
Il se tourne trois fois vers la cité fuyante,
Détestant coléré sa luxure méchante,
Sa fraude et trahison, jurant ciel, terre et mer
Estre innocent du mal dont on le vient blâmer.
Il vous nomme souvent, priant les dieux célestes
Que les tors qu'on luy fait deviennent manifestes,
Et que la vérité vous soit cogneuë, à fin
Que vous donniez le blasme au coupable à la fin :
Quand voicy que la mer soudainement enflée,
Sans se voir d'aucun vent comme autrefois soufflée,
Mais calme et sommeilleuse, et sans qu'un seul flot d'eau
Se pourmenant mutin luy fist rider la peau,
Se hausse jusqu'au ciel, se dresse montagneuse [158],
Tirant tousjours plus grosse à la rive aréneuse.

Jamais le froid Borée armé contre le Nort
Et le Nort contre luy ne l'enflèrent si fort,
Bien qu'ils la troublent toute, et que de la grand' rage
Qu'ils la vont boursoufflant tremble tout le rivage,
Que Leucate en gémisse, et que les rocs esmeus
Blanchissent tempestez d'orages escumeux.
Cette grand' charge d'eau seulement n'espouvante
Les vaisseaux mariniers, mais la terre pesante.
Elle s'en vient roulant à grands bonds vers le bord,
Qui frémist de frayeur d'un si vagueux abord.
Nous restons esperdus, redoutant la venue
Et la moitte fureur de ceste ondeuse nue,
Quand nous voyons paroistre ainsi qu'un grand rocher,
Qui se va sourcilleux dans les astres cacher,
La teste avec le col d'un monstre si horrible,
Que pour sa seule horreur il seroit incrédible.
Il nage à grand' secousse, et la vague qu'il fend,
Bouillonnant dans le ciel comme foudre descend ;
L'eau se creuse au dessous en une large fosse,
Et de flots recourbez tout alentour se bosse ;
Elle boust, elle escume, et suit en mugissant
Ce monstre [159], qui se va sur le bord eslançant.

Thésée

Quelle figure avoit ce monstre si énorme ?

Messager

Il avoit d'un taureau la redoutable forme,
De couleur azuré. Son col estoit couvert
Jusques au bas du front d'une hure à poil vert.
Son oreille estoit droitte, et ses deux cornes dures
Longues se bigarroyent de diverses peintures.
Ses yeux estinceloyent. Le feu de ses naseaux
Sortoit en respirant comme de deux fourneaux.
Son estomac espois luy hérissoit de mousse.
Il avoit aux costez une grand' tache rousse.

Depuis son large col qu'il eslevoit crineux,
Il monstroit tout le dos doublement espineux.
Il avoit au derrière une monstreuse taille,
Qui s'armoit jusqu'au bas d'une pierreuse escaille.
Le rivage trembla; les rochers, qui n'ont peur
Du feu de Jupiter, en frémirent au cœur.
Les troupeaux espandus laissèrent les campagnes.
Le berger pâlissant s'enfuit dans les montagnes.
Le chasseur effroyé quitta cordes et rets,
Et courut se tapir dans le sein des forests,
Sans doute des sangliers ny des ours, car la crainte
Du monstre a dans leur cœur toute autre peur esteinte.
Seul demeure Hippolyte, à qui la peur n'estreint
L'estomac de froideur, et le front ne destеint.
Il tient haute la face et grave d'asseurance.
« De mon père, dist-il, c'est l'heur et la vaillance
D'affronter les taureaux; je veux en l'imitant
Aller à coup de main cettuy-cy combatant. »
Il empoigne un espieu (car pour lors d'avanture
Le bon héros n'estoit équippé d'autre armure)
Et le veut aborder, mais ses chevaux craintifs,
S'acculant en arrière et retournant rétifs
Son char, malgré sa force et adroitte conduitte,
Tout pantelans d'effroy se jettèrent en fuitte.
Ce taureau furieux court après plus léger
Qu'un tourbillon de vent quand il vient saccager
L'espoir du laboureur, que les espis il veautre
Pesle-mesle couchez dans le champ l'un sur l'autre.
Il les suit, les devance, et dans un chemin creux
Fermé de grands rochers se retourne contre eux,
Fait sonner son escaille, et rouant en la teste
Ses grands yeux enflambez, annonce la tempeste.
Comme quand en esté le ciel se courrouçant
Noircist, esclaire, bruit, les hommes menaçant,
Le pauvre vigneron présagist par tels signes,
S'outrageant l'estomac, le malheur de ses vignes;

Aussi tost vient la gresle ainsi que drageons blancs
Batre le sainct Bacchus à la teste et aux flancs,
Le martelle de coups, et boutonne la terre
De ses petits raisins enviez du tonnerre.
Ainsi faisoit ce monstre, apprestant contre nous
En son cœur enfiélé la rage et le courrous.
Il s'irrite soymesme, et, de sa queue entorce
Se battant les costez, se colère par force.
Comme un jeune taureau, qui bien loing dans un val
Voit jaloux sa génice avecque son rival
Errer parmy la plaine, incontinant il beugle
Forcenant contre luy d'une fureur aveugle.
Mais premier que le joindre il s'essaye au combat,
Luitte contre le vent, se fasche, se débat,
Pousse du pied l'arène, et dedans une souche
Ses cornes enfonçant, luy mesme s'écarmouche.
Lors le preux Hippolyt, qui avecques le fouet,
Avecques la parolle et les resnes avoit
Retenu ses chevaux (comme un sçavant pilote
Retient contre le vent son navire qui flotte)
Ne sçauroit plus qu'y faire; il n'y a si bon frain,
Bride, resne ny voix [160] qui modère leur train.
La frayeur les maistrise, et quoy qu'il s'évertue,
Il ne leur peut oster cette crainte testue.
Ils se dressent à mont, et de trop grand effort
L'escume avec le sang de la bouche leur sort [161].
Ils soufflent des naseaux et n'ont aucune veine,
Nerf ny muscle sur eux qui ne tende de peine.
Comme à les arrester il se travaille ainsi,
Et qu'eux à reculer se travaillent aussi,
Voicy venir le monstre, et à l'heure et à l'heure
Les chevaux esperdus rompent toute demeure,
S'eslancent de travers, grimpent au roc pierreux,
Pensant tousjours l'avoir en suitte derrière eux.
Hippolyte au contraire essaye à toute force
D'arrester leur carrière, et en vain s'y efforce.

Il se penche la teste, et, à force de reins,
Tire vers luy la bride avecques les deux mains.
La face luy dégoute. Eux, que la crainte presse,
Au lieu de s'arrester redoublent leur vistesse.
Il est contraint de cheoir, et de malheur advient
Qu'une longue lanière en tombant le retient ;
Il demeure empestré, le neud tousjours se serre,
Et les chevaux ardans le traînent contre terre
A travers les halliers et les buissons touffus,
Qui le vont deschirant avec leurs doigts griffus.
La teste luy bondist et ressaute sanglante,
De ses membres saigneux la terre est rougissante,
Comme on voit un limas qui rampe advantureux
Le long d'un sep tortu laisser un trac glaireux.
Son estomac, ouvert d'un tronc pointu, se vuide
De ses boyaux traînez sous le char homicide.
Sa belle âme le laisse, et va conter là-bas,
Passant le fleuve noir, son angoisseux trespas.
De ses yeux éthérez la luisante prunelle
Morte se va couvrant d'une nuit éternelle.
Nous, que la peur avoit dès le commencement
Séparez loing de luy, accourons vistement
Où le sang nous guidoit d'une vermeille trace [162],
Et là nous arrivons à l'heure qu'il trespasse.
Car les liens de cuir, qui le serroyent si fort,
Rompirent d'advanture, usez de trop d'effort,
Et le laissèrent prest de terminer sa peine,
Qu'il retenoit encore avec un peu d'haleine.
Ses chiens autour de luy piteusement hurlans
Se monstroyent du malheur de leur maistre dolens,
Nous qui l'avons servi, nous jettons contre terre,
Nous deschirons la face, et chacun d'une pierre
Nous plombons la poitrine, et de cris esclatans,
Palles et déformez, l'allons tous lamentans.
Les uns luy vont baisant les jambes desjà roides,
Les autres l'estomac, les autres ses mains froides.

Nous luy disons adieu, maudissant le destin,
Le char, les limmonniers et le monstre marin,
Causes de son malheur : puis dessur nos espaules
L'apportons veuf de vie estendu sur des gaules.
Or je me suis hasté pour vous venir conter
Ce piteux accident, qu'il vous convient domter.

Thésée

J'ay pitié de son mal, bien qu'un cruel supplice
Ne soit digne vengence à si grand maléfice.

Messager

Si vous avez voulu qu'il mourust, et pourquoy
De sa mort poursuivie avez-vous de l'esmoy ?

Thésée

Je ne suis pas dolent qu'il ait perdu la vie,
Mais seulement dequoy je la luy ay ravie.

Messager

Dequoy sert vostre dueil ? Soit bien fait, ou mal fait,
Il ne peut désormais qu'il ne demeure fait.
Prenez donc patience, et faites qu'on luy dresse
La pompe d'un tombeau digne de sa noblesse.

PHÈDRE, THÉSÉE

Phèdre

O malheureuse royne entre celles qui sont
Regorgeant de malheurs par tout ce monde rond !
O méchante homicide ! ô détestable femme !
O cruelle ! ô traistresse ! ô adultère infâme !

Oyez-moy hardiment, je veux vous requérir
Pardon de mon mesfait, devant que de mourir.
O la plus belle vie, et plus noble de celles
Qui pendent aux fuseaux des fatales Pucelles !
O digne, non de vivre en ce rond vicieux,
Mais au ciel nouvel astre entre les demy-dieux !
Las ! vous estes esteinte, ô belle et chère vie,
Et plustost qu'il ne faut vous nous estes ravie !
Comme une belle fleur, qui ne faisant encor
Qu'entr'ouvrir à demy son odoreux thrésor,
Atteinte d'une gresle à bas tombe fanie
Devant que d'estaller sa richesse espanie.
Or sus, flambante espée, or sus appreste toy,
Fidelle à ton seigneur, de te venger de moy :
Plonge toy, trempe-toy jusques à la pommelle
Dans mon sang, le repas de mon âme bourrelle.
Mon cœur, que trembles-tu ? quelle soudaine horreur,
Quelle horreur frissonnant allentist ta fureur ?
Quelle affreuse Mégère à mes yeux se présente ?
Quels serpens encordez, quelle torche flambante ?
Quelle rive escumeuse, et quel fleuve grondant,
Quelle rouge fournaise horriblement ardant ?
Ha ! ce sont les Enfers, ce les sont, ils m'attendent,
Et pour me recevoir leurs cavernes ils fendent.
Adieu, soleil luisant, soleil luisant, adieu !
Adieu, triste Thésée ! adieu, funèbre lieu !
Il est temps de mourir; sus, que mon sang ondoye
Sur ce corps trespassé, courant d'une grand' playe [163].

Chœur [164]

Faisons, ô mes compagnes,
Retentir les montagnes
Et les rochers secrets
  De nos regrets.
Que la mer, qui arrive
Vagueuse à nostre rive,

Face rider les flots
    De nos sanglots.
Que les larmes roulantes
De nos faces dolentes
Des sablonneux ruisseaux
    Enflent les eaux.
Et toy, soleil, lumière
Du monde journalière,
Cache ton œil honteux
    D'un ciel nuiteux.
Nos fortunes funèbres
Se plaisent aux ténèbres,
Commodes sont les nuits
    A nos ennuis.
Dequoy plus nostre vie
Sçauroit avoir envie
En ce funeste dueil,
    Que du cercueil?
Ville mopsopienne,
Ta grandeur ancienne
Sent du sort inhumain
    La dure main.
Jupiter, nostre père,
Jamais de main sévère
Ne combla tant cité
    D'adversité.
Or ces corps, dont la Parque
L'âme et la vie embarque,
Honorons de nos pleurs
    Au lieu de fleurs.
Les pleurs doivent sans cesse,
Tombant en pluye espesse,
Témoigner la langueur
    De nostre cœur.
Plombons nostre poitrine
D'une dextre mutine,

Face rider les flots
     De nos sanglots.
Que les larmes roulantes
De nos faces dolentes
Des sablonneux ruisseaux
     Enflent les eaux.
Et toy, soleil, lumière
Du monde journalière,
Cache ton œil honteux
     D'un ciel nuiteux.
Nos fortunes funèbres
Se plaisent aux ténèbres,
Commodes sont les nuits
     A nos ennuis.
Dequoy plus nostre vie
Sçauroit avoir envie
En ce funeste dueil,
     Que du cercueil ?
Ville mopsopienne,
Ta grandeur ancienne
Sent du sort inhumain
     La dure main.
Jupiter, nostre père,
Jamais de main sévère
Ne combla tant cité
     D'adversité.
Or ces corps, dont la Parque
L'âme et la vie embarque,
Honorons de nos pleurs
     Au lieu de fleurs.
Les pleurs doivent sans cesse,
Tombant en pluye espesse,
Témoigner la langueur
     De nostre cœur.
Plombons nostre poitrine
D'une dextre mutine,

>   Et nous faisons de coups
>   L'estomac roux.
>   Que sçaurions-nous mieux faire,
>   Voyant le ciel contraire
>   Ruer tant de méchef
>   Sur nostre chef ?

Thésée

O ciel ! ô terre mère ! ô profonde caverne
Des Démons ensoulfrez, inévitable Averne !
O Rages ! ô Fureurs ! ô Dires [12], les esbats
Des coupables esprits, qui dévalent là bas !
Érèbe, Phlégéthon, et toy, pleureux Cocyte,
Qui te traînes errant d'une bourbeuse suite :
Vous, serpens, vous, dragons, vous pestes, et vous tous
Implacables bourreaux de l'infernal courroux,
Navrez, battez, bruslez mon âme criminelle
De fer, de fouets sonnans et de flamme éternelle.
J'ay, méchant parricide, aveuglé de fureur,
Faict un mal dont l'enfer auroit mesmes horreur [165].
J'ay meurtry mon enfant, mon cher enfant (ô blasme !)
Pour n'avoir pleu, trop chaste, à ma méchante femme !
O père misérable ! ô père malheureux !
O père infortuné, chétif et langoureux !
Hé ! hé ! que fay-je au monde ? et que sous moy la terre
Ne se fend, et tout vif en ses flancs ne m'enserre ?
Peut bien le ciel encore, et ses hostes, les dieux,
Me souffrir regarder le soleil radieux ?
Peut bien le dieu tonnant, le grand dieu qui nous lance
La foudre et les esclairs, me laisser sans vengence ?
Las ! que ne suis-je encore où j'estois, aux enfers,
Enfermé pieds et mains d'insupportables fers ?
Et pourquoy de Pluton m'as-tu recous, Alcide,
Pour rentrer plus coupable, au creux achérontide ?
Eac', ne te tourmente, encores que je sois
Eschapé de ta geôle, où vif je languissois.

Je porte mon martyre, et, pour changer de place,
Je n'ay changé mon dueil, qui me suit à la trace.
Je suis comblé d'angoisse, et croy que tout le mal
Des esprits condamnez n'est pas au mien égal.
Puis je vay redescendre, attraînant dans l'abysme
Ma femme et mon enfant, dévalez par mon crime :
Je meine ma maison, que j'estois tout exprès
Venu précipiter, pour trébucher après.
Sus, que tardes-tu donc? une crainte couarde
Te rend elle plus mol que ta femme paillarde?
Craindras-tu de t'ouvrir d'une dague le flanc?
Craindras-tu de vomir une mare de sang,
Où tu laves ta coulpe, et l'obsèque tu payes
Au corps froid d'Hippolyte, et réchauffes ses playes?
Non, tu ne dois mourir : non, non, tu ne dois pas
Expier ton forfait par un simple trespas.
Mais si, tu dois mourir, à fin que tu endures
Plustost sous les Enfers tes misères futures.
Non, tu ne dois mourir : car peut estre estant mort,
Ton beau-père Minos excuseroit ton tort,
Et sans peine et destresse irois de ton offence
Boire en l'oublieux fleuve une longue oubliance.
Il vaut donc mieux survivre; il me vaut donques mieux
Que je vive en langueur tant que voudront les dieux.
Il vaut mieux que je vive, et repentant je pleure,
Je sanglotte et gémisse, et puis en fin je meure.
En quel roc caverneux, en quel antre escarté
(Que ne dore jamais la céleste clarté)
Porteray-je ma peine? en quel désert sauvage
Useray-je l'ennuy de mon sanglant veuvage?
Je veux choisir un lieu commode à mon tourment,
Où le mortel hibou lamente incessamment,
Où n'arrive personne, où tousjours l'hiver dure,
Où jamais le printemps ne sème sa verdure :
Que tout y soit funèbre, horrible et furieux,
Et que tousjours mon mal se présente à mes yeux.

Là pour sur moy venger, et sur le bleu Neptune,
Mon fils par nous meurtry d'une faute commune,
Diane, puisses-tu faire sortir dehors
De tes bois un lion qui dérompe mon corps,
Et mes membres moulus cuise dans ses entrailles,
Indignes d'autre tombe et d'autres funérailles.
Or adieu, mon enfant, que bien tost puisses-tu
Voir les champs Élysez, loyer de ta vertu.
Que puisses-tu bien tost dedans l'onde oublieuse
Ensevelir mon crime et ta mort outrageuse.
Adieu, mon fils, adieu; je m'en vay langoureux
Consommer quelque part mon âge malheureux.

NOTES

LIMINAIRES

1. — Brûlés.
2. — Le miel d'Hybla, en Sicile, rivalisait avec celui de l'Hymette.
3. — Nestor, du nom de Pylos, sa capitale.
4. — Fermer les yeux. Nous avons conservé le dérivé *dessiller*.
5. — Allusion aux batailles de Jarnac et de Moncontour.
6. — Voir Notice, p. xxxviii.

PORCIE

7. — Voir Notice, p. vii.
8. — Martial, I, 43; éd. Garnier, t. I, p. 38.
9. — Horace, *Ars poet.*, 351-353.
10. — Le philosophe qu'Octave tenait par la main lorsqu'il entra dans Alexandrie. Plutarque, *Antoine*, 88; éd. Garnier, t. IV, p. 339.
11. — Ce monologue est un souvenir du discours de Mégère à Tantale à l'acte I du *Thyeste* de Sénèque. Sénèque, *Tragédies*, éd. Garnier, pp. 68-70.
12. — *Dirae*, déesses cruelles, les Furies.
13. — Horace, *Epod.*, XVI, 2 : *Suis et ipsa Roma viribus ruit*.
14. — Corneille, *Le Cid*, II, 8 : Couler à gros bouillons de son généreux flanc.
15. — Cf. un chœur de l'*Hippolyte* de Sénèque; éd. citée, p. 205.
16. — Horace, *Od.*, IV, 12, 5 : *Ityn flebiliter gemens*.
17. — Bien plus.
18. — Pierre sépulcrale, tombe.
19. — Filet de chasse.
20. — Ce chœur est imité de l'Épode II d'Horace.
21. — A la trace. Expression de vénerie.
22. — Sénèque, *Octavie*, p. 515 : *O mea nullis æquanda malis Fortuna!*
23. — *Danai*, les Grecs.

24. — Alors que.
25. — Sénèque *(loc. cit.)* fait dire moins noblement à Octavie : *Timor deflere vetat.*
26. — Racine, *Britannicus*, I, 2 :

> Pensez-vous que ma voix
> Ait fait un empereur pour m'en imposer trois?

27. — « Vers comme marqué du coin de Corneille. » (Faguet.)
28. — Virgile, *Æn.*, I, 287 : *Imperium Oceano, famam qui terminet astris.*
29. — On reconnaît la paraphrase de l'Ode d'Horace (III, 3) : *Justum et tenacem propositi virum.*
30. — Tout ce monologue est imité de celui de Sénèque dans *Octavie*, p. 529. — *Ubi liber animus, et sui juris, mihi semper vacabat,* dit Sénèque.
31. — Sénèque, *Hercule furieux*, p. 19 :

> *Pacem reduci velle, victori expedit,*
> *Victo necesse est.*

32. — Corneille, *Cinna*, V, 1 :

> Toutes les dignités que tu m'as demandées,
> Je te les ai sur l'heure et sans peine accordées.

33. — Tout ce dialogue est imité de la scène d'*Octavie*, p. 531, où Sénèque conseille la clémence à Néron.
34. — Imité d'un chœur de l'*Hippolyte* de Sénèque, p. 198.
35. — Cléones, près de Némée (Péloponèse).
36. — Avant.
37. — Cette délibération des triumvirs est de l'invention de Garnier.
38. — Au sens latin, *imperatores*, commandants d'armée.
39. — Tumulte.
40. — C'est l'exclamation légendaire : « Vertu, tu n'es qu'un mot! » Elle n'est pas dans la Vie de Brutus par Plutarque que Garnier a suivie pour l'ensemble de son récit. On la cite toujours, on n'en indique jamais l'origine. Boissier, dans son étude sur Brutus, se contente d'y faire allusion *(Cicéron et ses amis,* Paris, 1899, p. 379). Elle est rapportée par Dion Cassius (XLVII, *in fine*) : « Brutus, dit-il, déclama ce propos d'Hercule :

> ὦ τλῆμον ἀρετή, λόγος ἄρ ἐσθ᾽, ἐγὼ δέ σε
> ὡς ἔργον ἤσκουν· σὺ δ᾽ ἄρ ἐδούλευες τύχῃ.

« Pauvre vertu ! tu n'étais qu'un mot. Je m'attachais à toi, et tu étais l'esclave de la Fortune. » Citation d'un tragique inconnu. On voit que Garnier, premier traducteur en français du mot célèbre, l'a heureusement rendu, mais en négligeant la précision du mot ἔργον : mon vrai *travail*, c'était ton culte.

41. — A ces mots du Messager, on remet à Porcie l'urne qui contient les cendres, auxquelles elle va adresser la parole, comme l'Électre de Sophocle. — D'après Plutarque, Antoine aurait envoyé les cendres de Brutus à sa mère Servilie.

42. — Cf. Victor Hugo, *Booz endormi* :

> Et nous sommes encor tout mêlés l'un à l'autre,
> Elle à demi vivante et moi mort à demi.

43. — Cf. dans les *Troyennes* de Sénèque, p. 273, les paroles d'Hécube au chœur.

CORNÉLIE

44. — Voir Notice, p. xii.
45. — Voir Notice, p. xxxviii.
46. — La Papillonière, maison de campagne de Garnier. Voir Notice, p. xv.
47. — Jacques Liger. Voir Notice, p. xxxviii.
48. — Jean Girard. Voir Notice, *ibid*.
49. — La femme de Garnier. Voir Notice, p. xi.
50. — Jodelle était mort depuis près d'un an.
51. — Moribond.
52. — Pompée, qui avait épousé, avant Cornélie, la fille de César, Julie.
53. — Corneille, *Horace*, I, 1 : Importuner le ciel pour ta félicité.
54. — Corneille, *Polyeucte*, IV, 2 :

> Et la foudre qui va partir,
> Toute prête à crever la nue,
> Ne peut plus être retenue
> Par l'attente du repentir.

55. — 1° Crassus le jeune, fils de Crassus le triumvir, qui périt avec son père dans le désastre de 53 ; 2° Pompée.

56. — Flèche.
57. — Lucain, VIII; éd. Garnier, p. 278 :

> *Nulli laeta marito,*
> *Bis nocui mundo...*

58. — Casque.
59. — Corneille, *Pompée*, II, 2 :

> Lui que sa Rome a vu, plus craint que le tonnerre,
> Triompher en trois fois des trois parts de la terre.

60. — Complote.
61. — Lucain, éd. citée, p. 305 : *Videt hanc Cornelia cædem.*
62. — Cf. dans Lucain, p. 306, le discours de Cornélie aux matelots :

> *Aut mihi præcipitem, nautæ, permittite saltum...*
> *... Prohibent accersere mortem.*

63. — Tacite, *Hist.*, II, 45 : *Nec quisquam adeo mali expers ut non aliquam mortem mœreret.*
64. — Dans la *Cornélie* de 1574 et dans les éd. collectives de 1580 et de 1582, Cicéron continue ainsi :

> Semblable à un pilote à qui n'advint jamais
> De traîner son navire en l'humide palais
> De la blanche Téthis, quand la venteuse bande
> A soufflemens divers pesle-mesle y commande,
> Que l'eau gronde et bouillonne, et saute contre-mont
> Jusque au ciel, puis retombe en abysme profond,
> Il ne sçait qu'il doit faire; il pallist, et sa veue
> Jettant deçà delà sur la campagne bleue,
> Invoque ore Cyprine, ores les dieux jumeaux,
> Laissant sa nef poussée à la mercy des eaux
> Donner contre un rocher, ou s'embourber, vagueuse
> Dans l'écueil périlleux d'une Syrte aréneuse;
> Pource que le chétif n'est apris de racler
> Les champs neptuniens qu'en un temps calme et clair
> Dessous un vent bonasse : aussi n'a il l'usage
> De garder son vaisseau s'il survient un orage.

65. — Cicéron, *De Senectute*, XX : *Vetat Pythagoras injussu imperatoris, id est, Dei, de præsidio et statione vitae decedere.*

66. — L'idée première de ce développement se trouve dans un chœur d'*Hercule sur l'Œta* de Sénèque, pp. 469 et 471, *Æternum fieri nihil... Quod natum est, poterit mori.*

67. — Racine, *Athalie*, II, 5 : Un songe (me devrois-je inquiéter d'un songe?) — Cf. un passage de l'*Octavie* de Sénèque, p. 545.

68. — Souvenirs du songe d'Énée au deuxième livre de l'Énéide.

69. — Cf. dans le songe d'*Athalie* : Et moi je lui tendois les bras pour l'embrasser. — L'effort est rendu chez Garnier par un hémistiche en rejet, chez Racine par la césure au huitième pied.

70. — Dans la *Cornélie* de 1574, le chœur continue :

> Ce qu'on songe en dormant, soit bien, soit mal encontre,
> A souvent autre effect que celuy qu'il démonstre,
> Et tel voit sur son chef la couronne en dormant,
> A qui le chef on couppe en vray événement.

71. — 1574 :

> Qu'à l'effroy du toc-sainct et du cry de la rue,
> Le seau dedans la main, une tourbe accourue
> De peuple espouvanté tasche d'éteindre, à fin
> D'éviter le danger qu'un chacun a voisin.
> Le feu rampant grondard...

72. — S'exaspère.

73. — Tirée.

74. — Garnier a pris dans Plutarque *(Pompée,* 84; éd. citée, t. III, p. 289) le nom de cet affranchi.

75. — Dans Corneille *(La mort de Pompée,* V, 1), récit de Philippe :

> ... J'ai porté mes pas et mes « sanglots »
> Du côté que le vent poussoit encor les « flots... »

76. — Planches.

77. — Le cinquième acte de *La mort de Pompée* s'ouvre par un discours de Cornélie à l'urne de Pompée. Voltaire dit à ce sujet : « C'est la même idée, mais elle est grossièrement rendue dans Garnier et admirablement dans Corneille. L'expression fait la poésie. » Pour Voltaire, notre poésie dramatique n'existait pas avant Corneille.

78. — Vers cités par Voltaire dans son *Commentaire*. « Les curieux, dit-il, ne seront pas fâchés de savoir que Garnier avait donné les mêmes sentiments à Cornélie. »
79. — Du blé (basse latinité, *bladum*). — Cf. Horace, *Od.*, I, 35, v. 5-8.
80. — Il fallait dire Junius Brutus, car c'est lui que Garnier a entendu mettre en scène : l'invocation à sa mère Servilie suffit à le prouver. Garnier a confondu ici Junius Brutus, l'époux de Porcie et le futur vaincu de Pharsale, avec son parent Décimus Brutus.
81. — Aillent.
82. — C'est Décimus Brutus qui fut commandant de la cavalerie de César dans les Gaules.
83. — On peut comparer cette scène à la scène analogue du *Jules César* de Shakespeare (I, 2). Dans la tragédie anglaise, c'est Brutus qui parle le dernier.
84. — Cf. Labérius, cité par Macrobe *(Saturn.*, II, 1) : *Necesse est multos timeat, quem multi timent.*
85. — Tout cet éloge de la médiocrité est un souvenir d'un chœur de Sénèque dans *Hercule sur l'Œta*, p. 451-452 : *Quota pars moritur tempore fati? — Pectora pauper secura gerit...*
86. — Dans son *Cours de Littérature (Poètes tragiques avant Corneille)*, Laharpe s'est plu à rapporter tout le début de ce monologue de César avec des annotations sévères sur le style. Voici, à titre de curiosité, les corrections de Laharpe, mises ici entre crochets. Les mots en italiques sont en italiques chez Laharpe. Laharpe, dans un souci d'élégance, a un peu arrangé le texte de Garnier.

> O *sourcilleuses* tours ! ô *coteaux décorés !*
> O palais *orgueilleux !* ô temples honorés !
>   [Monotone amas d'exclamations et d'épithètes.]
> O vous ! murs que les dieux ont *maçonnez eux-mêmes*,
> Eux-mêmes *étoffés* de mille diadèmes,
>   [Termes prosaïques au-dessous de la tragédie.]
> Ne ressentez-vous point le plaisir de vos *cœurs*,
>   [Les *cœurs* des tours et des palais !]
> De voir votre César, le *vainqueur des vainqueurs*,
>   [Fanfaronades.]
> Par tant de gloire *acquise aux nations étranges*,
>   [On disait alors *étrange* pour étranger.]

Accroître son empire ainsi que vos louanges?
Et toi, fleuve orgueilleux, ne vas-tu par tes flots
Aux tritons *mariniers* faire bruire mon *los*,
> [*Mariniers*, terme de prose.]

Et au père Océan te vanter que le *Tibre*
Roulera plus fameux que l'Euphrate et le *Tigre?*
> [Mauvaises rimes.]

Jà, presque tout le monde obéit aux Romains;
Ils ont presque la mer et la terre en leurs mains;
Et soit où le soleil de sa *torche* voisine
> [Mauvaise expression en parlant du soleil.]

Les *Indiens perleux* du matin illumine,
> [Épithète à la Ronsard.]

Soit où son char lassé de la course du jour
Le ciel quitte à la nuit qui commence son tour,
> [Inversion vicieuse. Au reste, on disait alors : *Je vous quitte quelque chose*, pour *Je vous cède.*]

Soit où la mer glacée en *cristal se resserre*,
> [Mauvaise figure.]

Soit où l'ardent soleil sèche et brûle la terre,
> [Tous ces vers sont du style épique.]

Les Romains on redoute, et n'y a si grand roi,
> [Inversion vicieuse. *On redoute les Romains* serait tout aussi noble et plus clair. Quand l'inversion n'ajoute pas à l'effet, elle gâte la phrase.]

Qui au cœur ne frémisse, oyant parler de moi.
> [Hiatus encore en usage alors : ils reviennent à tout moment.]

César est de la terre et la gloire et la crainte,
César des dieux guerriers a *la louange éteinte*.
> [On ne dit pas *éteindre la louange*. Mais cette construction italienne, « a la louange éteinte » *(ha estinta)*, peut convenir à la poésie, et nos grands écrivains ne l'ont pas rejetée.]

87. — Suétone, *Caes.*, LXXXVI : *In sermone nato super cœnam... quisnam esset finis vitæ commodissimus, repentinum inopinatumque prætulerat.*

88. — Sénèque, *Troyennes*, p. 294 :

> *Ubi Hector? Ubi cuncti Phryges?*
> *Ubi Priamus?*

89. — Cette harangue de Scipion à ses troupes est imitée librement du discours de Pompée avant la bataille de Pharsale dans Lucain. Les principaux détails du combat sont encore inspirés du poète latin (livre VII).

90. — Corneille, *Horace*, IV, 2 : L'air résonne des cris qu'au ciel chacun envoie.

91. — Imité de Lucain, livre VIII, p. 278 :

> *Ades huc, atque exige poenas,*
> *Julia...*

92. — Déesse de la vengeance.

93. — 1574 :

CORNÉLIE

Pleurons, Dames, pleurons; nous n'avons autres armes
Contre nostre malheur qu'un long torrent de larmes.
Pleurons le grand Pompée, et pleurons le trespas
De mon cher géniteur, des poissons le repas.

CHŒUR

Nous te pleurons, Pompée, ô la gloire romaine,
Et de la liberté la deffence certaine.
Ta vie estoit la nostre et le tombeau noircy
Qui t'enveloppe mort nous enveloppe aussi.
Nous pleurons ta défaicte, ô de qui les ancestres
Du rivage penois jadis nous firent maistres.
Nous pleurons ta défaicte, hélas ! avec ta mort :
Tout ce qui nous restoit de magnanime est mort.
Nous te pleurons, Pompée, ainsi qu'en pleurs amères
Pleurèrent leur Hector les Danaïdes mères :
Il estoit leur deffence, et toy, quand tu vivois,
De nos forts ennemis seul tu nous préservois.
Reçoy nos tristes pleurs, Scipion, et encore
Qu'aux rivaiges ombreux loing de nous tu sois ore,
Reçoy nos tristes pleurs : tu les receus vivant,
Quand nous peuple imbécille on alla captivant.
Nous te pleurons, Pompée, et avec nous te pleure

> La blanche Liberté qui nous laisse à ceste heure :
> Tu estois sa colonne, où si ferme elle estoit
> Qu'on ne pouvoit l'oster, si l'on ne t'abattoit.
> Reçoy nos tristes pleurs, Scipion : nos misères
> Fourniront bien nos yeux de larmeuses rivières :
> Reçoy-les, esprit saint : nos regorgeans malheurs
> Débondez par ta mort n'attreinent que des pleurs.

94. — A l'encan. En latin, *sub hasta*.

MARC-ANTOINE

95. — Voir Notice, p. xv.

96. — Anagramme de ROBERTUS GARNIERIUS.

97. — Après ce quatrain, 1578 contenait un Sonnet de Georges du Tronchay, seigneur de Balladé, gentilhomme angevin, sur l'Anagramme de Robert Garnier Manceau de la Ferté :

> En ce que Rome, et l'Égypte, et la Grèce
>   Ont eu de grand, de sainct, de rare et beau,
>   La France excelle, illustre de flambeau,
> De piété, des loix et de prouesse.
> Ès arts marquez de quelque gentillesse,
>   Soit au compas, à la lime, au marteau,
>   Soit au burin, à la plume, au pinceau,
> France s'est faicte ouvrière et maistresse.
> L'eschaffaut seul restoit sans vie et voix,
>   Et n'avoit peu l'ingénieux François
>   En l'animant combler son excellence,
> Lors que le Lut du cothurnicq Garnier
>   Luy donnant vie a faict voir le premier
>   MORTE BRAVER LA TRAGÉDIE EN FRANCE.
>
> Ce dernier vers est l'anagramme de ROBERT GARNIER MANCEAU DE LA FERTÉ. Braver a ici le sens de rendre brave, ragaillardir, ressusciter.

98. — Voir Notice, p. xxxviii. Cf. note précédente.

99. — La femme de Garnier. Voir Notice, p. xi.

100. — Philosophe ami de Caton et du philosophe Aréus, à qui Garnier a donné un rôle dans *Porcie*. Plutarque, *Caton d'Utique*, 64, t. III, p. 574; *Antoine*, 8°, t. IV, p. 339. — Il ne faut pas le

ŒUVRES COMPLÈTES DE ROBERT GARNIER

confondre avec un homonyme beaucoup plus connu, qui vécut à la cour de Septime Sévère.

101. — Cf. Plutarque, *Antoine*, 83; t. IV, p. 335.
102. — Philostrate ne paraît que dans cette scène.
103. — Paraphrase d'un chœur de l'*Agamemnon* de Sénèque; p. 405.
104. — 1578 :

> Soit où le froid Borée éternel se pourmeine,
> Soit où l'Auton bouillant embrase son haleine,
> Soit où le jour s'allume, et où, tombant le soir,
> Il permet à la Nuict tendre son voile noir.

105. — 1578 :

> Ce grand Saturnien, voyant les naus argives
> Si longuement encrer aux rhétéannes rives,
> D'Ide favorisant les ombrageux cousteaux,
> Et le bruyant Scamandre aux sablonnières eaux,

106. — La mère d'Antoine était de la *gens Julia*.
107. — Antoine, après la mort de Fulvie, avait épousé Octavie, sœur d'Octave.
108. — Un des frères du triumvir, celui qui combattit Octave à l'instigation de Fulvie.
109. — A la différence de Jodelle dans sa *Cléopâtre captive* (1552 ou 1553), Garnier « peint Marc-Antoine de traits fort vigoureux... et nous donne enfin cette sensation inaccoutumée de voir quelqu'un respirer et vivre derrière la rampe. » (Faguet.)
110. — Cet éloge du suicide est un souvenir de l'*Hercule mourant* de Sénèque; p. 428.
111. — On reconnaît la paraphrase de l'Ode d'Horace : *Justum et tenacem propositi virum*.
112. — Il est à peine besoin de remarquer qu'il s'agit ici d'Octave.
113. — La discussion qui suit est imitée de l'*Octavie* de Sénèque. Cf note 33.
114. — Au lieu des vers qui précèdent, 1578 portait :

> Après qu'Antoine eut veu n'y avoir plus d'espoir
> De venir en accord, comme il avoit vouloir,
> Privé de tous moyens de prolonger sa vie,
> Eut de la terminer en combatant envie :
> Endosse la cuirasse et ses gens fait armer,

Pour faire un grand effort tant par terre que mer.
Il estend ses piétons dessur une montaigne,
Et sa cavalerie arrange en la campaigne;
Fait voguer ses vaisseaux contre les ennemis,
Qui de leur part s'estoyent en leurs gallères mis
Pour voguer à l'encontre; il s'arreste immuable,
Pour voir, comme il pensoit, quelque exploict mémorable;
Les regarde approcher prests de venir aux mains.
Mais tout au mesme instant, ses gens, de crainte attaints
Et de desloyauté, les vostres saluèrent,
Qui de mesme salut leurs voix accompagnèrent :
Puis se meslant ensemble, et ne faisant qu'un corps.
Une masse, une flotte, assaillirent nos ports,
Comme ennemis communs, et tout à l'heure mesme
Les hommes de cheval nous en firent de mesme,
Se retirants de nous, et par leurs lasches faits
Perdant nos fantassins, qui furent tous desfaits.
Antoine espouvanté d'une telle merveille,
Comme un, qui d'un grand somme en sursaut se resveille,
Troublé de son esprit, les yeux fichez à bas,
Sans plaindre et sans douloir, s'en retourne le pas,
Entre dans le palais, où seul il se tourmente.

115. — 1578 :

Lucille qui survient, le console, loyal :
Dit que c'est un malheur qui luy estoit fatal,
Qu'il doit de patience adoucir sa misère,
Et que ne luy serez que prince débonnaire.
Mais luy s'estant desjà résolu de mourir,
Dit qu'à vostre clémence il ne doit recourir,
Comme chose inutile, et qu'avez trop d'envie,
Sans fléchir à pitié, de luy oster la vie.
Donc il monte en sa chambre, ayant l'entendement
Diversement troublé de mortel pensement :
Resonge en Cléopâtre, et la nomme sans cesse,
Disant que ses beautez luy causent sa détresse.
Or elle s'estant jà, redoutant sa fureur,
Retirée aux tombeaux,

116. — Cf. Plutarque, *Antoine*, 85; t. IV, p. 337. Des détails de style montrent que Garnier a dû se servir de la traduction d'Amyot,

ŒUVRES COMPLÈTES DE ROBERT GARNIER 338

« On tiroit *ce pauvre homme* tout souillé de sang... »)

117. — 1578 :

> Tournent les yeux au ciel, grincent les dents de raige,
> Se lancent contre terre, et se font maint outrage,
> Beuglent comme lions : jamais, grand empereur,
> Vos yeux, comme je croy, ne virent telle horreur.

118. — Ruse, tromperie.

119. — 1578 :

> Tant de sang n'eust fallu respandre
> Pour le monde asservy nous rendre,
> Et tant de tombeaux charongniers
> N'eussent fait les Parthes guerriers
> De la romulide jeunesse :
> Ne pour les prompts Scythes donter
> Dessous nostre main vainqueresse
> Nous eust tant fallu lamenter.

120. — Imité des plaintes de Didon, *Æn.*, IV, 653-658.

121. — Imité de Plutarque, *Antoine*, 92; t. IV, p. 342-343.

122. — Imité des lamentations d'Hécube dans les *Troyennes* de Sénèque, I, 2; p. 271.

123. — « Cet acte, très court, forme un tableau, un dénouement à grand spectacle. Il clôt brillamment, par un grand effet sur les yeux en même temps que sur les cœurs, cette histoire tragique, pleine de deuils et de désespoirs. » (Faguet.)

HIPPOLYTE

124. — Voir Notice, p. x.

125. — Initiales de Nicolas de Ronsard. Voir Notice, pp. x et xxxvii.

126. — Pierre Amy. Voir Notice, p. xxxviii.

127. — Paschal Robin du Faux. Voir Notice, *ibid*.

128. — 1573 :

> Subjuguée à ses loix, sans luy estre cruel,
> Et luy rien exiger qu'un tribut annuel,
> Qu'entre mille citez la chétive veincue,
> Gémissant et platrant, malgré soy contribue.

129. — L'Ombre d'Égée disparaît à ces mots. Cette exposition par prophétie d'une Ombre est un artifice renouvelé du début de l'*Agamemnon* de Sénèque (apparition de l'Ombre de Thyeste; p. 375.)

130. — Sénèque, *Hercule furieux*, III, 2; p. 34 : *Nocte sic mixta... primus aut serus dies.*

131. — Vigne sauvage.

132. — S'affligeant. Un seul exemple de ce mot dans Ronsard; voir L. Mellerio, *Lexique de Ronsard*, Paris, 1895.

133. — Cette scène est de l'invention de Garnier.

134. — Vieux mot antérieur au mot temps.

135. — Imité librement du début de l'*Hippolyte* de Sénèque; p. 155. Ce chœur, sorte de fanfare encadrée dans une prière, avec ses termes de vénerie et ses jolies trouvailles de style, a été très admiré de Faguet : « Cette strophe n'est-elle pas excellente, d'une ampleur, d'un mouvement, d'une distribution savante, d'un pittoresque et d'une harmonie qui ne laissent presque rien à désirer?... page remarquable, où toutes les qualités lyriques de Garnier semblent avoir été rassemblées. »

136. — Beau-fils.

137. — Montaigne, I, 55 : « Les estroicts baisers de la jeunesse, savoureux, gloutons et gluants. »

138. — Jambière.

139. — Racine *(Phèdre,* II, 1) : Mais de faire fléchir un courage inflexible.

140. — Sénèque, I, 2; p. 165 :

> *Ferus est. — Amore didicimus vinci feros.*
> *— Fugiet. — Per ipsa maria, si fugiat, sequar.*
> *— Patris memento. — Meminimus matris simul.*

141. — Ridé.

142. — Sénèque, p. 166 : *Pars sanitatis, velle sanari, fuit.*

143. — Toute cette longue scène est imitée de Sénèque.

144. — L'Acte I de Sénèque se termine par un chœur qui déplore l'omnipotence de l'amour; mais le développement de Garnier est original.

145. — Chez Racine (II, 2), c'est Hippolyte qui dit : Portant partout le trait dont je suis déchiré.
146. — Cf. Sénèque, II, 1; p. 171.
147. — Phèdre sort.
148. — Cf. Sénèque, pp. 174-181.
149. — La nourrice sort.
150. — Garnier, par cette réplique douce et triste, est plus simple que Sénèque, qui fait dire pompeusement à Phèdre (p. 182) :

> Matris superbum est nomen, et nimium potens.
> Nostros humilius nomen affectus decet.

151. — Sénèque, p. 184 :

> Tuaeve Phoebes vultus, aut Phoebi mei :
> Tuusve potius

Racine, II, 5 : Tel qu'on dépeint nos dieux, ou tel que je vous vois.

152. — Sénèque, p. 185 :

> Domus sorores una corripuit duas :
> Te genitor, at me natus

153. — Sénèque, ibid. :

> Finem hic dolori faciet aut vitæ dies :
> Miserere amantis.

154. — Ancienne forme du verbe hurler.
155. — 1573 :

TH. Une femme de bien ne feroit pas ainsi.
NOUR. Elle est femme de bien, n'en soyez en soucy.
TH. Une femme de bien me feroit autre chère.
NOUR. Elle ne le peut faire en si grande misère.

156. — Sénèque, p. 194 :

> Quod sit luendum morte delictum indica.
> — Quod vivo.

Racine, IV, 6 : Misérable ! et je vis

157. — Ce monologue et le chœur qui suit sont de l'invention de Garnier.
158. — Racine, V, 6 : S'élève à gros bouillons une montagne humide.
159. — Sénèque, p. 202 :

> Pontus in terras ruit
> Suumque monstrum sequitur.

Garnier, qui se conforme à Sénèque, n'est-il pas plus naturel que Racine avec son « flot épouvanté »?

160. — Racine : Ils ne connaissent plus ni le frein ni la voix.

161. — Racine : Ils rougissent le mors d'une sanglante écume.

162. — Racine : De son généreux sang la trace nous conduit.

163. — Garnier, pour ces adieux de Phèdre à la vie, n'a pas suivi Sénèque et se montre supérieur au tragique latin. — Le corps d'Hippolyte a été apporté sur la scène.

164. — L'auteur emploie ici le rythme adopté par Ronsard pour l'ode *De l'élection de son sépulcre*. « Ce petit vers masculin de quatre syllabes, qui tombe à la fin de chaque stance, produit à la longue une impression mélancolique : c'est comme un son de cloche funèbre. » Sainte-Beuve, *Tableau de la Poésie française au XVIe siècle*.

165. — Racine : IV, 6 : Et des crimes peut-être inconnus aux enfers.

TABLE DES MATIÈRES

Notice sur Robert Garnier.................................... I
Bibliographie... LXI

PREMIÈRE PARTIE : Le Théatre.

Liminaires 3
Porcie 15
Cornélie.. 89
Marc-Antoine... 105
Hippolyte.. 239

Notes.. 327

Paris. — Imp. Paul Dupont (Cl.). — 90.5.1923 (France).